国家社会科学基金项目：四省涉藏地区深度贫困人口内生动[力]
提升路径及机制保障研究（18BMZ126）

刘艳　等／著

四省涉藏地区
相对贫困人口可持续发展动力
提升路径及机制保障研究

SISHENG SHEZANG DIQU
XIANGDUI PINKUN RENKOU KECHIXU FAZHAN DONGLI
TISHENG LUJING JI JIZHI BAOZHANG YANJIU

中国财经出版传媒集团
经济科学出版社
Economic Science Press

·北京·

图书在版编目（CIP）数据

四省涉藏地区相对贫困人口可持续发展动力提升路径及机制保障研究/刘艳等著．－－北京：经济科学出版社，2023.12

ISBN 978 - 7 - 5218 - 5467 - 1

Ⅰ. ①四… Ⅱ. ①刘… Ⅲ. ①藏族 - 民族地区 - 扶贫 - 研究 - 四川 Ⅳ. ①F127.71

中国国家版本馆 CIP 数据核字（2023）第 252714 号

责任编辑：孙怡虹 魏 岚
责任校对：齐 杰
责任印制：张佳裕

**四省涉藏地区相对贫困人口可持续发展动力
提升路径及机制保障研究**

刘 艳 等著

经济科学出版社出版、发行 新华书店经销
社址：北京市海淀区阜成路甲 28 号 邮编：100142
总编部电话：010 - 88191217 发行部电话：010 - 88191522
网址：www. esp. com. cn
电子邮箱：esp@ esp. com. cn
天猫网店：经济科学出版社旗舰店
网址：http://jjkxcbs. tmall. com
北京季蜂印刷有限公司印装
710×1000 16 开 17.75 印张 315000 字
2023 年 12 月第 1 版 2023 年 12 月第 1 次印刷
ISBN 978 - 7 - 5218 - 5467 - 1 定价：88.00 元
（图书出现印装问题，本社负责调换。电话：010 - 88191545）
（版权所有 侵权必究 打击盗版 举报热线：010 - 88191661
QQ：2242791300 营销中心电话：010 - 88191537
电子邮箱：dbts@ esp. com. cn）

本 书 著 者 *

刘　艳　贾　男　臧敦刚

程　亚　张华泉　蒋远胜

何思妤　吴　平　沈倩岭

---

* 本书著者的单位除了贾男（四川大学）外均为四川农业大学。

前　言

脱贫攻坚是一场必须打赢打好的硬仗，是我们党向全国人民作出的庄严承诺。自党的十八大至今，党中央领导各族人民进行了人类历史上规模最大、最有力的反贫困斗争。至2020年底，经过八年接续奋斗，我国现行标准下9899万农村贫困人口完成脱贫，同时12.8万个贫困村和832个贫困县实现脱贫摘帽，彻底消灭困扰中国几千年的绝对贫困问题，并为世界减贫事业作出了巨大贡献。2018年2月12日习近平总书记在打好精准脱贫攻坚战座谈会上的讲话中指出，脱贫攻坚，群众动力是基础。①必须坚持依靠人民群众，充分调动贫困群众的积极性、主动性、创造性，激发脱贫致富的内生动力。2021年《中共中央　国务院关于全面推进乡村振兴　加快农业农村现代化的意见》中再次提到要坚持开发式帮扶，帮助其提高内生发展能力，发展产业、参与就业，依靠双手勤劳致富。2021年国务院政府工作报告中进一步指出要做好巩固拓展脱贫攻坚成果同乡村振兴有效衔接。坚持和完善东西部协作和对口支援机制，发挥中央单位和社会力量的帮扶作用，继续支持脱贫地区增强内生发展能力。在全面脱贫后，如何实现脱贫攻坚与乡村振兴有效衔接是工作的重点，要持续巩固脱贫攻坚的胜利果实，需要接续推动乡村振兴战略，做好新时代"三农"工作。而提升相对贫困人口可持续发展动力是巩固脱贫攻坚成果的重要举措，也是衔接乡村振兴的关键传导。

在前期扶贫过程中，青海省、四川省、云南省、甘肃省涉藏地区（以下简称"四省涉藏地区"）是扶贫的重点区域。涉藏地区贫困面广，贫困程度

---

① 习近平：《在打好精准脱贫攻坚战座谈会上的讲话》，《求是》，2020第9期。

深，因灾因病致贫返贫现象突出，且教育发展落后，人均受教育年限低，人才短缺，是我国贫困面积最大、贫困程度最深的省级连片贫困区域，因此可持续发展动力不足表现得尤为突出。本书以具有特殊性和代表性的四省涉藏地区为研究区域，对可持续发展动力的基本内涵和减贫机理进行界定，依托内生增长理论与可持续生计框架理论展开论证，完善与构建相对贫困人口①可持续发展动力提升的理论框架，在对四省涉藏地区相对贫困人口可持续发展动力进行现状分析的基础上，定性分析与定量分析相结合，指出四省涉藏地区相对贫困人口可持续发展动力障碍与影响因素，进一步探索可持续发展动力的提升路径和保障机制，为可持续发展动力的提升提供可靠合理的依据，对于健全农村保障和救助制度，保障脱贫成果的巩固和乡村振兴的推进，具有重要意义。

本书将可持续发展动力分为可持续发展意愿与可持续发展能力两大部分，而可持续发展能力又涵盖人力资本、自然资本、物质资本、金融资本、社会资本五个方面。根据调研数据，涉藏地区相对贫困人口的可持续发展动力主要呈现以下特点：（1）可持续发展意愿较高，但经营发展计划不足。调研数据表明，超过九成的农户对可持续发展充满信心，超过七成的农户愿意依靠自身努力实现可持续发展，认为"我要富"更加重要，国家的帮扶不是理所应当的，可持续发展是每个人的责任，但也有接近半数的农户对未来的经营发展缺乏计划和目标性，在一定程度上阻碍着可持续发展主动性的提升。（2）可持续发展能力有较大改善，但较非涉藏地区仍有提升空间。在政府帮扶、地方扶持等外部力量的帮助下，加以农户自己的努力，我国实现了全面脱贫，四省涉藏地区农户的可持续发展能力得到了很大的提升。在人力资本方面，劳动负担以及教育状况有显著改善。但是，能流利使用汉语交流，参加过特殊教育培训的家庭数量占比仍然较低。在自然资本方面，种植、养殖的家庭占比在脱贫户中已有一定程度上的提高，绝大部分家庭的能源消费量能满足自家的需求。在物质资本方面，全面脱贫后四省涉藏地区基本每户都拥有电视、洗衣机、电冰箱，但较非涉藏地区而言，煤气灶、计算机的普及率仍然很低，亟待进一步提高。在金融资本方面，调研家庭人均年收入相较

---

① 在本书研究期间，我国已打赢脱贫攻坚战，研究对象从深度贫困人口变为相对贫困人口。

全面脱贫前①有了极大提高，农户经济生活状况有了明显改善，但是政府补贴的覆盖比例有所下降，部分依赖政府帮扶、可持续发展动力不足的农户随时可能会面临返贫的潜在风险。在社会资本方面，涉藏地区农户社会资本整体状况有明显改善，但可利用的社会资源较非涉藏地区相比有较大差距，需要不断整合提升。

在量化分析上，本书选取四省涉藏地区的农户作为研究对象，对相对贫困人口可持续发展动力的相关理论进行了梳理，并且采用 2018 ~ 2021 年间多次调研的数据，从可持续发展意愿和可持续发展能力两方面出发，运用可持续生计理论中的五大资本评估其对可持续发展动力贡献的大小。研究结果表明，在可持续生计理论的五大维度中，社会资本维度对农户的可持续发展现状产生主要影响，在一定程度上反映了社会资本的相对缺乏是阻碍涉藏地区农户可持续发展以及追求共同富裕不可忽视的关键因素之一。实证结果表明，人力资本、社会资本、物质资本、金融资本之间均存在显著的负相关关系，说明四个资本维度能够有效缓解农户的可持续发展现状。

本书从不同的维度对影响可持续发展动力的内在机理机制进行分析后，分别从党建引领、教育帮扶、产业支撑、健康保障及创新培育五个层面全面系统地梳理和分析了提升相对贫困人口可持续发展动力的路径及举措和机理机制。近年来，我国政府针对四省涉藏地区相对贫困的特殊性、复杂性，影响相对贫困人口可持续发展动力成因的多元性以及四省涉藏地区独特的区位特征，制定了一系列方针、政策，贯彻落实相应的支持措施，主要涉及财政支持、党建组织、教育、基础设施、健康保障、产业政策、贫困户收入来源等方面。本书针对四省涉藏地区相对贫困户提升可持续发展动力面临的主要挑战和相应的提升措施，提出了党建引领转观念，激发可持续发展动力；教育帮扶是本源，阻断代际贫困传递；产业支撑为依托，增强自主发展能力；健康保障做基石，防止返贫焕发活力四类提升路径。此外，还需要大力构建创新模式提升可持续发展动力的路径，充分利用电商平台、直播带货、数字普惠金融、绿色金融等多种新型模式，在乡村振

---

① 本书所指"全面脱贫前"是以 2020 年 10 月 17 日为参考。

兴阶段解决相对贫困问题。

在上述研究的基础上，结合四省涉藏地区相对贫困地区的独特区位特征，本书随后提出了更深层次的机制保障，着眼于如何通过内外联动做好可持续发展动力提升的机制保障工作。针对当前涉藏地区发展现状，对当前的党建引领、考核评价、帮扶工作、激励、监督问责与返贫阻断机制运行现状进行分析，并分别围绕可持续生计资本框架，从可持续发展意愿与可持续发展能力两方面着手，在五大可持续发展路径的基础上从党建引领机制、监督与问责机制以及考核评价机制三个方面构建党建引领路径下相对贫困人口可持续发展动力提升的机制保障，以此提升相对贫困人口的可持续发展意愿；从帮扶工作机制、激励机制以及返贫阻断机制三个方面构建教育帮扶路径下相对贫困人口可持续发展动力提升的机制保障，以此提升相对贫困人口的人力资本；从帮扶工作机制、激励机制以及返贫阻断机制三个方面构建产业支撑路径下相对贫困人口可持续发展动力提升的机制保障，以此提升相对贫困人口的可持续发展意愿、物质资本和自然资本；从帮扶工作机制和返贫阻断机制两个方面构建健康保障路径下相对贫困人口可持续发展动力提升的机制保障，以此提升相对贫困人口的人力资本；从帮扶工作机制与返贫阻断机制两个方面构建创新模式路径下相对贫困人口可持续发展动力提升的机制保障，以此提升相对贫困人口的金融资本和社会资本，对四省涉藏地区相对贫困人口可持续发展动力提升的工作机制进行了系统分析、融合创新以及保障优化。

最后，本书依据上述分析，以可持续发展动力提升为出发点，以可持续发展意愿和可持续发展能力为视角，通过多维度分析，形成了巩固脱贫攻坚成果与乡村振兴有效结合的相关政策建议。在可持续发展意愿提升方面，本书以调研农户的有效主体性为出发点，从政治意识和主观感受两个方面提出政策建议。政策建议指出要深化农户增收意识，继续强化乡镇干部的相对贫困帮扶意识，以及增强农户生活幸福感等主观感受。在可持续发展能力提升方面，加强教育培训医疗保障，促进人力资本保质增量；建立相关机构，合理开发利用自然资本；增加基础设施投资，提高物质资本的利用效率；培育农户金融素养，提高金融资本储备；开拓多渠道维稳，助力社会资本提质增效，激发四省涉藏地区农户走向共同富裕美好生活的幸福感。

　　本书的编写者是具有多年教学和科研经验的老师，其研究方向多为涉藏地区农村发展。同时，部分优秀的研究生及本科生参与了本书的资料搜集及整理工作，全书最后由刘艳统一修订定稿。

目　　录

第 1 章

绪　　论

1.1　研究背景

脱贫攻坚是一场必须打赢打好的硬仗，是我们党向全国人民作出的庄严承诺。党的十八大以来，党中央领导各族人民进行了人类历史上规模最大、最有力的反贫困斗争。至 2020 年底，经过八年接续奋斗，我国达到在现行标准下 9899 万农村贫困人口完成脱贫，12.8 万个贫困村和 832 个贫困县实现脱贫摘帽，[①] 建档立卡贫困户全面实现"不愁吃""不愁穿"，全面实现义务教育、基本医疗、住房安全、饮水安全有保障，[②] 年均收入增幅 29.2%，彻底消灭了困扰中国几千年的绝对贫困问题，[③] 并为世界减贫事业做出了巨大贡献。全面脱贫后，我国开启全面建设社会主义现代化国家的新征程，其中将脱贫攻坚与乡村振兴有效衔接是工作的重点，要持续巩固脱贫攻坚的胜利果实，推动乡村振兴战略的实施，做好新时代"三农"工作。[④]

2012 年，习近平总书记向全党全国发出脱贫攻坚的动员令。2013 年，习

---

① 习近平：《在全国脱贫攻坚总结表彰大会上的讲话》，新华社，2021 年 2 月 25 日。

② 国家统计局、国家脱贫攻坚普查领导小组办公室：《国家脱贫攻坚普查公报（第二号）——建档立卡户"两不愁三保障"和饮水安全有保障实现情况》，2021 年 2 月 25 日。

③ 国家发展和改革委员会规划司：《"十四五"规划〈纲要〉解读文章之 1｜"十三五"时期经济社会发展的主要成就》，2021 年 12 月 25 日。

④ 本书课题立项时间为 2018 年，在研究期间我国已取得脱贫攻坚战的全面胜利。

近平总书记首次提出"精准扶贫"理念。2015 年,全国扶贫开发工作会议举行,吹响脱贫攻坚战的冲锋号。2015 年后,围绕打赢脱贫攻坚战的阶段性重点任务,习近平总书记连续召开七个专题会议,推进脱贫攻坚任务的落实。2018 年 1 月 2 日发布的《中共中央 国务院关于实施乡村振兴战略的意见》坚持扶贫扶志相结合,多次强调激发可持续发展动力的重要性。因此,本书将针对可持续发展动力提升路径与机制保障进行研究。

四省涉藏地区曾是扶贫的重点区域。一直以来,四省涉藏地区贫困面广,包括 10 个自治州和 2 个自治县(见表 1 - 1),贫困程度深,扶贫之初曾是国家层面的低收入地区。四省涉藏地区地质灾害和自然灾害频发,交通、通信极其闭塞,人畜饮水和取暖困难,大多数地区群众需要实施易地扶贫搬迁。不仅如此,四省涉藏地区因灾因病致贫返贫现象突出,且教育发展落后,人均受教育年限低,人才短缺,曾是我国贫困面积最大,贫困程度最深的省级连片贫困区域,可持续发展动力不足的表现尤为突出:其一,存在因前期相关政策制定实施不当而导致的可持续发展动力不足情况;其二,涉藏地区也因其受特殊的文化和个人影响较深而导致不少人安于现状,自主脱贫能力较低,自身可持续发展动力不足。四省涉藏地区是指除西藏自治区以外的青海、四川、云南、甘肃省等四省藏族与其他民族共同聚居的民族自治地方,分为青海省涉藏地区、四川省涉藏地区、云南省涉藏地区、甘肃省涉藏地区。早在 2016 年,习近平总书记在东西部扶贫协作座谈会上就强调,西部地区特别是民族地区、边疆地区、革命老区、连片特困地区贫困程度深、扶贫成本高、脱贫难度大,是脱贫攻坚的短板。[①]2019 年全国政协主席汪洋在青海调研时强调扎实做好民族宗教和脱贫攻坚工作是筑牢涉藏地区长治久安的根基。要坚持扶贫与扶志扶智相结合,激发内生动力,推动移风易俗,营造勤劳致富、光荣脱贫氛围。同时,四川、云南、甘肃、青海四省党委要对涉藏地区的扶贫工作承担起重大责任,加强同西藏自治区的协调和合作,中央政府也要加强对四省涉藏地区脱贫工作的连续支持。

---

① 习近平:《认清形势聚焦精准深化帮扶确保实效 切实做好新形势下东西部扶贫协作工作》,新华社,2016 年 7 月 21 日。

表1-1 四省涉藏州县

省份	州县名称
青海	海北藏族自治州（以下简称"海北州"）
	黄南藏族自治州（以下简称"黄南州"）
	海南藏族自治州（以下简称"海南州"）
	果洛藏族自治州（以下简称"果洛州"）
	玉树藏族自治州（以下简称"玉树州"）
	海西蒙古族藏族自治州（以下简称"海西州"）
四川	阿坝藏族羌族自治州（以下简称"阿坝州"）
	甘孜藏族自治州（以下简称"甘孜州"）
	木里藏族自治县（以下简称"木里县"）
云南	迪庆藏族自治州（以下简称"迪庆州"）
甘肃	甘南藏族自治州（以下简称"甘南州"）
	天祝藏族自治县（以下简称"天祝县"）

精准脱贫的核心要素在于激发内生动力。2003年1月20日，在浙江两会期间，时任浙江省委书记的习近平就指出，在欠发达地区，要倡导自力更生，不等不靠的观念，强化自我发展能力。习近平总书记在2012年多次深入全国各省区市考察，于革命老区河北阜平进村入户，首次提出了内源扶贫。总书记强调，贫困地区发展要靠内生动力，如果凭空救济出一个新村，简单改变村容村貌，内在活力不行，劳动力不能回流，没有经济上的持续来源这个地方下一步发展还是有问题。一个地方必须有产业，有劳动力，内外结合才能发展。① 而贫困地区和扶贫对象是否具备了内生动力则是脱贫攻坚目标能否实现的根本标志，只有内生动力和"造血"功能不断增强，其发展才具有可持续性。2013年全国扶贫工作会议指出要形成政府、市场和社会的扶贫合力，增强贫困地区内生动力和发展活力，加快贫困群众脱贫致富、贫困地区全面建成小康社会的步伐。2015年《中共中央 国务院关于打赢脱贫攻坚战的决定》中同样提到要发扬自力更生、艰苦奋斗、勤劳致富精神，充

---

① 习近平总书记在河北阜平县考察扶贫开发工作时的讲话，2012年12月29~30日。

分调动贫困地区干部群众的积极性和创造性，注重扶贫先扶智，增强贫困人口自我发展能力。2016 年中共中央办公厅、国务院办公厅印发《关于进一步加强东西部扶贫协作工作的指导意见》，再次指出要不断激发脱贫致富的内生动力。2017 年中央经济工作会议进一步指出要向深度贫困地区聚焦发力，激发贫困人口内生动力。2020 年 10 月 17 日，习近平总书记对脱贫攻坚工作作出重要指示时强调，要不断激发贫困地区人口的内生动力，鼓励低收入劳动者群体通过勤奋劳动迈向富裕的道路，逐步朝着实现全体人民共同富裕的美好目标前进。①

2020 年是我国脱贫攻坚收官之年，各项扶贫工作稳步推进，各项政策举措逐步见效，脱贫攻坚事业不断迈出坚实步伐。党的十九届四中全会提出要坚决打赢脱贫攻坚战，并提到脱贫不仅要注重数量，更要提升质量，要建立起长效脱贫机制，形成可持续发展动力。而 2017 年国务院办公厅《关于支持深度贫困地区脱贫攻坚的实施意见》中就曾明确提出西藏、四省涉藏地区、南疆四地州和四川凉山州、云南怒江州、甘肃临夏州都属于典型的深度贫困地区，其中四省涉藏地区作为全国唯一的"三区三州"省级连片深度贫困地区，其自然环境承载力不足且历史文化独特，宗教氛围浓厚，贫困程度最深，扶贫难度最大，扶贫成本最高。四省涉藏地区特殊的风俗习惯也导致贫困人口陈规陋习较多，法治意识淡薄，对个人信仰影响较大，"等、靠、要"思想较为严重，精神贫困与物质贫困交织，政策制定实施尚待完善，存在可持续发展动力明显不足的问题。2019 年在解决"两不愁三保障"突出问题座谈会上习近平总书记就指出，脱贫攻坚，群众动力是基础。必须坚持依靠人民群众，充分调动贫困群众积极性、主动性、创造性，激发脱贫致富内生动力。② 2021 年发布的《中华人民共和国国民经济和社会发展第十四个五年规划和 2035 年远景目标纲要》中首次提出要实现巩固拓展脱贫攻坚成果同乡村振兴有效衔接。在西部地区脱贫县中集中支持一批乡村振兴重点帮扶县，巩固其脱贫成果及增强其内生发展能力。2021 年《中共中央 国务院关于全面推进乡村振兴 加快农业农村现代化的意见》再次提到要坚持开发式帮扶，帮助其提高内生发展能力，发展产业、参与就业，依靠双手勤劳致富。2021

---

① 《习近平对脱贫攻坚工作作出重要指示》，新华社，2020 年 10 月 17 日。
② 习近平：《在解决"两不愁三保障"突出问题座谈会上的讲话》，《求是》，2019 年第 16 期。

年国务院政府工作报告中进一步指出要做好巩固拓展脱贫攻坚成果同乡村振兴有效衔接。坚持和完善东西部协作和对口支援机制，发挥中央单位和社会力量帮扶作用，继续支持脱贫地区增强内生发展能力。综上，2020 年全国实现全面脱贫后，四省涉藏地区进行乡村振兴的过程中，对相对贫困人口可持续发展动力的研究不容忽视。

1.2　研究意义

1.2.1　理论意义

四省涉藏地区可持续发展动力及其保障机制研究有一定的学术价值。从学术价值层面，提升可持续发展动力，一大关键在于设计激发贫困群众可持续发展动力的合理机制，即研究可持续发展动力提升路径及其保障机制。本书以具有特殊性和代表性的四省涉藏地区为研究区域，对可持续发展动力的基本内涵和相对贫困减贫机理进行界定，坚持理论与实践相结合的原则，依托国内外研究贫困的理论和四省涉藏地区的实践，定性分析和定量分析兼用，规范方法和实证方法并重，主要采用文献研究法、田野调查法、计量模型法、案例分析法等方法研究可持续发展动力提升路径及其保障机制，依托内生增长理论与可持续生计框架理论展开论证，同时完善与构建相对贫困人口可持续发展动力提升的理论框架，进一步探索可持续发展动力的提升路径和保障机制，为可持续发展动力的提升提供可靠合理的依据，对于健全农村保障和救助制度，保障脱贫成果的巩固和乡村振兴的推进具有重要意义。

1.2.2　实践意义

提升四省涉藏地区可持续发展动力是防范大规模返贫的重要举措，也是巩固脱贫成果衔接乡村振兴的关键环节。可持续发展动力即可持续发展内部驱动力，关于可持续发展动力，国内外学者已就其内生发展理论、可持续生计理论进行了研究探讨。本书从实际出发，认为可持续发展动力作为巩固脱贫攻坚成果和衔接乡村振兴的内在驱动力和实现脱贫长效性的关键，其重要性不言而喻。可持续发展动力是"要输血更要造血"中造血的进一步要求。2020年8月29日，习近平总书记在中央第七次西藏工作座谈会上指出，要巩固涉藏地区脱贫成果，同乡村振兴有效衔接。可持续发展动力不仅在脱贫过程中发挥作用，更在脱贫后的成果巩固以及乡村振兴的衔接上十分重要。2020年《中共中央关于制定国民经济和社会发展第十四个五年规划和二〇三五年远景目标的建议》中也明确提出，要在西部地区脱贫县中集中支持一批乡村振兴重点帮扶县，增强巩固其脱贫成果及内生发展能力。因此，本书在对可持续发展动力进行了解分析的过程中，从内源角度研究精神层面和外部因素的影响因素、作用机制等，有助于更具体有效地制定政策。2021年《中共中央 国务院关于全面推进乡村振兴 加快农业农村现代化的意见》设立脱贫五年衔接过渡期，再次强调要巩固脱贫成果，有效衔接乡村振兴。因此，可持续发展动力作为巩固脱贫成果和有效衔接乡村振兴必不可少的传导环节，之于实际，可谓至关重要。

1.3 研究方案

1.3.1 研究内容

本书的研究对象是四省涉藏地区相对贫困人口①的可持续发展动力，对可持续发展动力进行现状及影响因素分析，探索可持续发展动力的提升路径和保障机制。总体框架如下：

---

① 由于在本书研究期间，我国已打赢脱贫攻坚战，故本书中以相对贫困人口来代替之前的深度贫困人口。

第一部分，相对贫困人口可持续发展动力的研究背景和意义。

脱贫攻坚是一场基于全面脱贫这一重大国家战略所发起的全国范围内的伟大战役。脱贫攻坚完成后，相对贫困人口可持续发展动力的提高就逐渐成为贯彻脱贫攻坚以及乡村振兴的重点发展驱动力与防止返贫的关键因素。四省涉藏地区不仅存在地域宽广，自然条件恶劣，灾害频发的先天劣势；也存在当地教育健康及社会保障制度不完善，基础设施建设落后，人力资本质量不高，人才短缺，劳动力流动不足的后天发展劣势。如何巩固四省涉藏地区脱贫攻坚成果，保持可持续性发展是政府面临的重大课题。在党中央与各级政府相关政策的支持下，本书围绕四省涉藏地区相对贫困人口的可持续发展动力这一主题进行现状评估、影响分析，通过实证分析为相对贫困地区可持续发展政策的后续制定提供科学依据与专业性建议。

第二部分，四省涉藏地区相对贫困人口可持续发展动力提升的理论支撑。

首先，在相对贫困与可持续发展相关理论的基础上，结合国家重要战略指示和涉藏地区的地缘、经济、人口等特征，界定本书所涉及的重要概念，即四省涉藏地区、相对贫困人口、可持续发展动力、路径、机制的基本内涵；其次，从中国特色反贫困理论、内生增长理论、可持续生计理论与贫困的代际传递理论出发，梳理相对贫困人口可持续发展动力相关理论的发展演变过程，为分析四省涉藏地区相对贫困人口的特殊行为习惯、探究如何提升可持续发展动力、建立合理的保障机制提供理论支撑；最后，依托可持续生计理论，基于可持续生计理念，聚焦相对贫困人口的生产能力、教育培训能力、医疗保障能力、就业能力、自我发展能力、可持续发展能力，重在激发相对贫困人口的可持续发展动力，为其提升路径与机制保障的构建提供理论基础。

第三部分，四省涉藏地区相对贫困人口的异质性分析与可持续发展动力的现状描述。

首先，阐述四省涉藏地区的地理概况，从区位与气候环境、地形与自然资源、人口与民族构成的角度分析自然条件对四省涉藏地区成为相对贫困地区的影响。其一，自然环境。四省涉藏地区高原、高山、高寒特征突出，匮乏的自然资源、阻塞的道路交通等因素对相对贫困人口可持续发展的影响。其二，风俗文化习惯。相对贫困人口宗教意识强、市场意识与法治意识相对淡薄、陈规陋习相对较多，相对贫困人口主观可持续发展意愿不足对可持续发展的影响。其三，人口素质。四省涉藏地区相对贫困人口受教育水平普遍较低，偶有学龄儿童"不进学校进寺庙"的现象对其可持续发展能力的提升具有一定影响。其次，阐述当前四省涉藏地区的社会经济发展概况，并分析其社会经济发展水平较低的原因，分析四省涉藏地区相对贫困人口异质性与家庭异质性。其一，四省涉藏地区的经济发展水平相对较低，虽然近些年来四省涉藏地区经济增长保持较快速度，但人均水平差距大，四省涉藏地区发展不平衡、不充分的问题依然很严重。其二，四省涉藏地区的社会发展和人民生活质量仍处于较低水平，具体表现在公共基础设施的建设水平较低、社会公共服务供给较为匮乏，部分公共政策在四省涉藏地区适用性不强等方面。最后，对四省涉藏地区相对贫困人口可持续发展动力现状进行分析，基于可持续发展意愿与可持续发展能力情况进行调研与论述。基于前期调研数据，研究发现四省涉藏地区相对贫困人口可持续发展意愿较高，但在可持续发展能力方面仍存在缺乏可持续发展计划、生计资本不足等问题。由于四省涉藏地区相对贫困的异质性，激发相对贫困人口可持续发展动力愈发重要，因此，结合四省涉藏地区的相对贫困现状和成因制定方针政策，有效激发相对贫困人口可持续发展的可持续发展动力，使外部多元帮扶与内部自我发展有机结合，从而精准施策确保巩固脱贫攻坚成果目标显得尤为必要和紧迫。

第四部分，四省涉藏地区相对贫困人口可持续发展动力的障碍。

四省涉藏地区相对贫困人口可持续发展动力不足的局面依旧存在，分析其动力障碍及成因才能因地制宜提出相应的政策建议。通过本部分研究，总结四省涉藏地区相对贫困人口可持续发展动力的主要障碍包括：商业素养不高，市场经济意识不足；生计资本不足，协调性不高；生态理念与产业形式冲突，经济发展水平较低；奋斗创新观念不足，主体性不强；政策依赖性强，造血能力较弱。本书通过进一步对调研地区可持续发展现状进行分析阐述，深入剖析存在的各类障碍，为相对贫困人口的可持续发展研究提供参考借鉴。

第五部分，四省涉藏地区相对贫困人口可持续发展动力的影响因素研究。

首先，利用可持续生计理论，运用调研的一手数据，统筹考虑相对贫困人口可持续生计资本的五个维度，即人力资本、自然资本、物质资本、金融资本及社会资本，阐述各个维度的内涵及其相互作用机理；其次，运用描述性统计、Probit 回归等方法评估相对贫困人口可持续发展动力的状况，并分析各个维度对相对贫困人口可持续发展动力的影响程度差异；最后，考虑到涉藏地区农户具有独特的宗教文化特点，本书讨论了宗教文化对可持续发展动力影响的重大意义，运用 PSM 倾向评分匹配法、多因素方差分析法，对身体健康、宗教信仰等进行相关关系检验，为研究相对贫困人口实现可持续发展提供新思路。

第六部分，四省涉藏地区相对贫困人口可持续发展动力提升的路径构建。

在构建四省涉藏地区相对贫困人口可持续发展动力的提升路径方面，本书从党建引领、教育帮扶、产业支撑、健康保障、创新培育五个维度分析提升可持续发展动力的传导逻辑，梳理四省涉藏地区提升相对贫困人口可持续发展动力的路径和机理机制。第一，阐述党建引领的内涵和工作模式，通过调研启示分析党建引领激发可持续发展动力的路径；第二，通过教育帮扶的内涵和具体措施论述其如何发挥阻断代际贫困的作用；第三，聚焦产业支撑的内涵，结合产业支撑的战略举措，彰显其增强自主发展能力的作用；第四，围绕健康保障，结合 2017 年来国家和四省涉藏地区提升可持续发展动力的相关政策和开展落实情况，凸显健康保障在防止返贫方面的保障作用；第五，关注创新培育，结合当前的政策指向，强调创新培育新型方式在增强相对贫困人口可持续发展动力方面的作用。

第七部分，四省涉藏地区相对贫困人口可持续发展动力提升的机制保障研究。

可持续发展动力提升保障机制的本质是激励和保障相对贫困地区人口实现自我发展。本书从党建、教育、产业、健康以及创新五条路径出发，分别针对可持续发展意愿与以可持续生计资本框架为核心的可持续发展能力提出了相应的提升工作机制，主要包括党建引领路径下的监督与问责以及考核评价机制；教育帮扶路径下的帮扶工作、激励、返贫阻断机制；产业支撑路径下的帮扶工作、激励、返贫阻断机制；健康保障路径下的帮扶工作、返贫阻断机制以及创新培育下的帮扶工作和返贫阻断机制。对四省涉藏地区当前的工作机制运行状况进行总结，同时在五大路径的基础上进一步优化当前的工作机制，以提升相对贫困人口可持续发展动力。

第八部分，四省涉藏地区相对贫困人口可持续发展动力提升的政策建议研究。

根据上述研究结论，本部分从六个维度为提升四省涉藏地区相对贫困人口可持续发展动力提供政策建议，为相对贫困可持续发展政策的后续制定提供科学依据。

第一，加强教育培训医疗保障，促进人力资本保质增量。人力资本的提升能帮助相对贫困人口提升收入，实现脱贫后的进一步发展。相关政府部门应注重相对贫困人口人力资本的质量与存量，从完善四省涉藏地区相对贫困地区的教育条件、健康保障体系、社会保障制度三个层面逐渐提升四省涉藏地区相对贫困家庭可持续发展的内生发展能力，防止贫困代际传递。第二，建立相关机构，合理开发利用自然资本。自然资本虽然在涉藏地区农户的第一主导产业中发挥着关键的作用，但具有抗外来风险能力较为脆弱的特点。相关政府部门应建立健全四个方面的作用机制，即建立政策解读研究室、建立相应规章制度、建立健全智库支持、建立长效监督治理机制，促进涉藏地区可持续发展。第三，增强基础设施投资，提高物质资本的利用效率。针对四省涉藏地区基础设施建设与非涉藏地区相比依然表现出较为落后、物质资本较为不足的状况，相关政府部门应从创造人力资本回报环境、实行物质资本投资优惠政策、保障涉藏地区受教育机会公平、转变涉藏地区投资方向四个方面着手，加大对涉藏地区物质资本的投入，保障当地百姓可持续发展动力的稳步提升。第四，培育农户金融素养，提高金融资本储备。金融素养具体体现为农户对金融资源和金融相关问题做出决策的意识、技能和知识。受当地金融服务行业发展情况以及自身信息获取能力限制，涉藏地区相对贫困人口缺乏对相关金融政策的了解，金融服务获取不及时、不到位，加之涉藏地区金融体制尚有许多不完善之处，金融资本不足，较难获取金融体制所带来的经济增长效应，因此完善涉藏地区金融体制尤为重要，相关政府部门的具体规划应从以下六个方面展开：提高四省涉藏地区农户金融教育的可获得性；建立全面有效的监督、考核管理机制；完善四省涉藏地区金融机构体系，增加乡村振兴资金供给；转变思路主动作为，创新金融产品和服务；建立健全风险补偿机制，保障金融促进乡村振兴的可持续性；加强四省涉藏地区信用体系建设，营造良好的金融信用环境，增加当地金融资本。第五，开拓多渠道维稳，助力社会资本提质增效。社会资本是提高相对贫困群众资源禀赋的有效途径，能有效降低相对贫困户的生计脆弱性，特别是对于四省涉藏地区，社会资本在贫困治理实践中有着重要的作用。相关政府部门应从拓宽民族信任半径、增强社会关系网络、鼓励建立民间组织三个角度出发，充分利用社会资本所带来的正向效应。第六，推进观念现代化，促进四省涉藏地区相对贫困人口思维转变；去粗取精，充分发挥宗教文化的经济功能，深入推进乡村振兴进展。

第九部分，四省涉藏地区相对贫困人口可持续发展动力提升及机制保障研究的结论与展望。

本书主要内容围绕四省涉藏地区相对贫困人口可持续发展动力的提出与相关发展背景、理论梳理、人口的异质性分析、相对贫困人口可持续发展内生动力障碍、可持续发展内生动力影响因素、可持续发展内生动力提升的路径构建、可持续发展内生动力提升的机制保障研究以及与未来发展相关的针对性政策与配套建议展开，在相关理论结合实证分析的基础上，得出以下结论与展望：第一，从理论层面明确四省涉藏地区相对贫困人口可持续发展动力的内涵，构建可持续发展动力提升路径与机制保障的理论分析框架，未来可进一步提升相对贫困人口可持续发展动力，实现防范返贫风险的目标；第二，四省涉藏地区经济社会发展水平较低，相对贫困地区仍然缺乏主动"造血"和自我发展能力；第三，四省涉藏地区相对贫困人口致富意愿较高，致富能力不足；第四，四省涉藏地区相对贫困人口人力资本、社会资本方面可持续发展问题突出，且经营发展计划不明晰；第五，四省涉藏地区相对贫困人口可持续发展动力障碍较深，生计资本和意识理念亟待提高和优化；第六，生计资本在农户增收致富过程中发挥着重要作用；第七，探索不同维度的可持续发展路径有助于提升四省涉藏地区相对贫困人口的可持续发展动力；第八，促进四省涉藏地区相对贫困人口提升可持续发展动力的机制保障发挥了一定的作用，但仍需进行进一步创新与优化。

围绕四省涉藏地区相对贫困人口可持续发展动力，未来应进一步从理论框架、自主发展能力及意愿、理念意识等方面提升相对贫困人口可持续发展动力，实现巩固拓展脱贫攻坚成果的目标，接续推进乡村振兴。相对贫困地区后续应注意提升当地公共设施基础建设，拓展信息渠道，革新民众思想，从而提升可持续发展动力。一方面，应有倾向地借鉴成功的优秀脱贫案例，提升党建、教育、产业、健康、创新五方面的可持续发展动力；另一方面，应充分发挥主体性，助力开发当地特色，实施产业振兴。同时，要结合四省涉藏地区的实际情况，完善现有的保障机制，扬长避短，优化创新激励机制、考核机制等，从而进一步提升当地可持续发展能力，助力乡村振兴。针对相对贫困人口，政府应注重引导相对贫困人口理性规划，降低其政策依赖性。一方面，应注重自身可持续发展能力提升，注意提升农户个体商业素养，降低福利依赖性；另一方面，社会应给予更多关注，注重可持续发展问题，在教育、人际往来方面给予帮助。着重加强对农户人力资本、物质资本、金融资本、社会资本的培育与提升，发挥这四类生计资本的促进作用。从多角度、多路径出发，更进一步提升相对贫困人口的可持续发展动力，助力乡村振兴。

1.3.2 研究目标

本书聚焦四省涉藏地区相对贫困人口，从民族学视角探究四省涉藏地区相对贫困人口可持续发展动力的提升路径和机制保障（包括党建驱动机制、帮扶工作机制、激励机制、监督与问责机制、考核评价机制、返贫阻断机制等），为提升与稳固四省涉藏地区贫困治理成效提供支撑。具体包括以下五点：

第一，分析四省涉藏地区相对贫困人口可持续发展动力现状与障碍；第二，从理论的角度梳理相对贫困人口可持续发展动力提升的逻辑；第三，利用问卷数据检验各影响因素与可持续发展动力的关系；第四，构建、创新并优化四省涉藏地区相对贫困人口可持续发展动力的提升路径和机制保障；第五，对四省涉藏地区相对贫困人口的可持续发展提出政策建议。

总体而言，本书通过分析四省涉藏地区相对贫困人口可持续发展动力的现状和障碍，探究其可持续发展动力不足的根源，研究其提升路径和机制保障，确定其是否能够发挥激励正效应，为四省涉藏地区巩固脱贫攻坚成效、有效衔接乡村振兴提供理论支撑和政策建议。

1.3.3　研究思路

本书坚持以问题为导向，选择四省涉藏地区为研究区域，以四省涉藏地区相对贫困人口可持续发展动力的提升为切入点，立足于四省涉藏地区相对贫困的特殊性，依托四省涉藏地区相对贫困人口的内生增长理论以及可持续生计框架理论，围绕四省涉藏地区相对贫困人口可持续发展动力进行现状成因分析，并通过创新、优化机制与政策以保障相对贫困人口可持续发展动力的提升，本书研究的技术路线如图 1-1 所示。

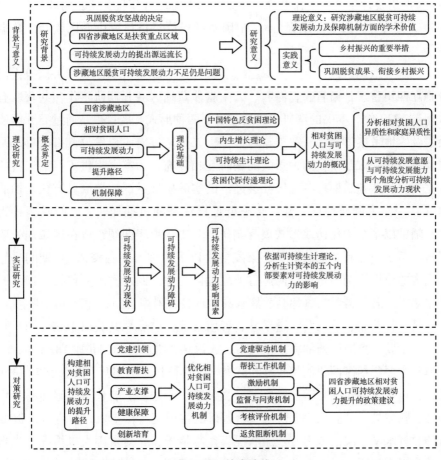

图 1-1　技术路线

1.4　数据来源与研究方法

1.4.1　数据来源

本书的数据来源主要包括两个方面：官方统计数据和实地调研数据。

一是官方统计数据。主要包括：《中国统计年鉴》《中国农村贫困监测报告》《四川统计年鉴》《甘肃统计年鉴》《青海统计年鉴》《云南统计年鉴》等，以及《中国扶贫开发报告》、中国西部民族经济研究中心民族经济数据库等。

二是实地调研数据。本书课题组于 2018～2021 年先后组织相关调研人员分别在四川省、甘肃省、青海省、云南省涉藏地区展开调研工作，共获取有效问卷 1720 份。本书的调研主要通过以下两种形式开展：一是通过召开座谈会以及实地考察等活动获取资料与数据；二是通过向农户发放调查问卷以及访谈等方式获取数据。两种形式的调研互相补充，为本书提供了更加丰富的数据资料。课题组根据各地区社会经济的实际发展状况，选取具有代表性的州（县）作为调研地区，并结合整群抽样法和随机抽样法，以问卷调查为主，辅助以半结构化访谈形式展开调研。其中，由于课题组所在区域地处四川省，基于遵守新型冠状病毒感染疫情（以下简称"新冠疫情"）期间尽量不出省的原则，调研重点以四川省涉藏地区为主。四川省主要包括阿坝州的马尔康市、若尔盖县、红原县、黑水县、理县、阿坝县等，甘孜州的康定市、泸定县、甘孜县、丹巴县、道孚县、理塘县等，前后总共获取 1066 份问卷；云南省主要包括迪庆州的香格里拉市、德钦县、维西县，共获取 182 份问卷；青海省主要包括海西州的都兰县和海南州的贵德县、贵南县，共获取 79 份问卷；甘肃省主要包括甘南的迭部县、夏河县、卓尼县、合作市、碌曲县、玛曲县、临潭县，共获取 393 份问卷。调研的主要内容涵盖农户户主及家庭成员的教育水平、汉语能力、健康状况等基本情况，相对贫困人口情况，对当地政府工作的感受，对村干部的感受及满意程度，对政府相关政策的感受、依赖和增收信心，经营发展计划，疫情影响，房屋居住情况，医疗救助情况，教育帮扶情况，产业支撑情况，农民合作组织情况，企业支持情况，生态补偿情况，日常生活及人情往来等的支出，社会参与，家庭年收入的人均收入及收入组成，借贷能力，实物资产，民风民俗等方面，多维度开展研究，以获取本书所需的数据支撑。

1.4.2　研究方法

本书坚持理论与实践相结合的原则，把国内外研究贫困的理论和四省涉藏地区的实践相结合，定性分析和定量分析兼用，规范方法和实证方法并重，主要采用了以下研究方法：

第一，定性与定量分析法。本书以民族学理论为基础，依据中国特色反贫困理论、内生增长理论、可持续生计理论、代际传递理论等构建课题研究的理论分析框架，通过对四省涉藏地区相对贫困人口可持续发展动力现状及问题的阐述与分析，进一步构建相对贫困人口可持续发展动力提升的理论框架。一方面，需要明确相对贫困与可持续发展动力相关概念的内涵；另一方面，需要厘清这些概念之间的内在逻辑关系，为构建可持续发展动力的提升路径与保障机制提供科学的理论依据。同时，利用可持续生计法以及多元回归分析、相关性分析、聚类分析、多因素方差分析方法等对四省涉藏地区相对贫困人口可持续发展动力进行分析，将理论分析与实证分析相结合，共同探讨四省涉藏地区相对贫困人口的可持续发展现状与可持续发展动力概况。

第二，文献研究法。搜集可持续发展及可持续发展动力的文献研究资料，通过对现有研究中提出的事实、理论与实践内容及研究成果和历程进行客观全面的评述，提纲挈领，突出重点，攻克难点。结合现有文献，分析四省涉藏地区相对贫困人口可持续发展动力，深化对相对贫困人口现状及成因的剖析。

第三，田野调查法。深入四省涉藏地区开展实地调查，结合问卷法、访谈法和观察法，详细了解四省涉藏地区相对贫困人口的行为习惯、相对贫困的现状以及可能存在的返贫风险等，掌握一手资料与数据，与已有文献资料互相补充，从而为本书的研究提供翔实的数据支撑。

第四，案例分析法。本书采用抽样的方法，从四省涉藏地区中选取典型的调研区域，通过实地调研，将四省涉藏地区相对贫困人口提升动力的实践归纳成调研启示，并作相应分析，系统研究其行为习惯。

1.5 特色创新及不足

1.5.1 特色创新

一是研究视角和方法创新。一方面，本书对中西方反贫困理论进行对比，特别梳理了内生增长理论与可持续生计框架理论，构建且完善了相对贫困人口可持续发展动力提升的理论框架；另一方面，本书采用了民族学、经济学等多学科交叉融合的研究视角和方法进行分析，包括规范分析、田野调查、实证分析以及案例分析等，其中特别针对涉藏地区的民族特色，采用了观察与参与观察法、个别访问与座谈会法、问卷调查法、数理统计法等，为本书的研究提供科学的方法支撑。利用田野调查等方法，在四省涉藏地区进行深入调研走访，获取一手资料与数据。调研对象为四省涉藏地区的农户，以提升农户的可持续发展动力为核心，多层次、多维度瞄准具有劳动能力，但可持续发展意愿不足、可持续发展能力不足的相对贫困人口，提炼四省涉藏地区相对贫困人口提升动力的经典模式，系统研究其行为习惯。进一步地，通过定量分析的研究方法，对四省涉藏地区相对贫困的现状进行描述性统计分析，并运用可持续生计法实证分析四省涉藏地区相对贫困人口可持续发展动力现状，从而为其可持续发展动力提升路径的构建提供实践依据。

二是研究区域和内容创新。本书以四省涉藏地区为研究区域，探究相对贫困人口可持续发展动力不足的根源问题，分别从非个体及个体角度进行分析。同时，本书将相对贫困人口分为完全或部分丧失劳动能力和有劳动能力两类。对于前者（完全或部分丧失劳动能力的相对贫困人口），除重点实施保障性支持政策，如发放食品券或者实行免费医疗教育政策等外，还可在此基础上逐步提升其可持续发展动力；对于后者，则通过教育帮扶、产业支撑及就业扩大等途径，提升其发展生产和务工经商的基本技能，实现可持续发展。

1.5.2 不足之处

本书的研究主要存在以下几个方面的不足：第一，由于相对贫困民族地区具有交通复杂性、地域广阔性、人口复合性、文化多样性等特征，数据收集受到客观条件的限制，不能全面翔实地获得，只能利用部分数据来进行深层次分析。课题组依托单位是地处四川省的四川农业大学，因此获取的调研样本中，四川省涉藏地区数据最为翔实，其余三省数据则略微欠缺。同时，因为调研区域为民族地区，汉语水平普遍不高，问卷调研须经当地人员翻译才能获得调研数据，因此可能会由于翻译并非绝对准确而导致数据存在一定程度的缺失和偏差。第二，由于数据调研期间新冠疫情暴发，导致调研进度在原计划基础上一定程度减慢，数据的获取也相应变得更为困难，调研区域更加集中而难以获取更广泛地区的数据。第三，本书的研究方法在实证方面主要利用调研所得一手数据对四省涉藏地区相对贫困人口可持续发展动力的动力阻碍影响因素等进行计量研究，受数据所限，匹配所用的计量方法可能导致研究不够深入。第四，对四省涉藏地区相对贫困人口的可持续发展动力现状进行测评，考虑到涉藏地区文化和地域的特殊性，设定的相关测度指标，可能造成与实际情况稍有偏差。

第 2 章

理论基础与文献综述

2.1 相关概念界定

2.1.1 四省涉藏地区

"四省涉藏地区"最初的提法是"四省藏区",是指除西藏自治区以外的青海省、四川省、云南省、甘肃省等四省藏族与其他民族共同聚居的民族自治地方;① 现称为"四省涉藏地区",包括青海省涉藏地区、四川省涉藏地区、云南省涉藏地区、甘肃省涉藏地区,分别为:云南省迪庆藏族自治州,甘肃省天祝藏族自治县、甘南藏族自治州,四川省阿坝藏族羌族自治州、甘孜藏族自治州、木里藏族自治县,以及青海省海北藏族自治州、黄南藏族自治州、海南藏族自治州、果洛藏族自治州、玉树藏族自治州和海西蒙古族藏族自治州,共 10 州 2 县。四省涉藏地区共有 77 个县,其中青海省有 33 个县,四川省有 32 个县,云南省有 3 个县,甘肃省有 9 个县,77 个县全部是民族县,其中有 69 个牧业、半牧业县。

四省涉藏地区距离各省的经济中心较远,且在地理上位于青藏高原外廊区域,有着复杂的地形地貌,属于经济与地理的"双重边缘"地带。在人口构成上,根据第七次全国人口普查数据统计得出,四川省涉藏地区人口有

---

① 中共中央、国务院第五次西藏工作座谈会,2010 年 1 月 23 日。

201.2 万人，其中藏族人口占 69.34%；云南省涉藏地区人口有 40 万人，其中藏族人口占 32.36%；青海省涉藏地区人口有 182.9 万人，其中藏族人口占 60.71%；甘肃省涉藏地区人口有 94.8 万人，其中藏族人口占 47.93%。在民族组成方面，除藏族与汉族为主体外，还有羌族、蒙古族、回族等几十个少数民族（在云南省迪庆州内就有多达 26 个少数民族居住），民族构成复杂，文化丰富多彩，宗教特点鲜明。总的来说，青海省涉藏地区区域面积是四地区中最大的，但四川省涉藏地区藏族人口最多，占比最高，因此本书课题组在四川省涉藏地区选择较多样本进行调研。

四省涉藏地区对我国的经济发展、社会稳定以及生态保护具有重要作用。该区域集中了恶劣的自然条件、脆弱的生态、欠发达的经济等发展不友好条件，以及经济欠发达区域、高原连片贫困区域、藏民族聚居区域等特殊区域。2020 年我国脱贫攻坚战取得全面胜利前，四省涉藏地区在全国 14 个集中连片特殊困难地区中，是面临脱贫面大、脱贫难问题最严重的地区。

脱贫攻坚战取得全面胜利前，四省涉藏地区贫困特征包括：农户量多面广、人口分布偏远。实现全面脱贫后，四省涉藏地区可持续发展困难程度较重、难度较大。四省涉藏地区可持续发展困难根源包括：生存条件恶劣、经济发展滞后、生产方式原始、思想观念落后。四省涉藏地区作为相对贫困地区 "三区" 之一，是全国第二大藏族聚居地，其可持续发展困难的原因和表征的特殊之处在于特殊的自然地理环境、人文风俗和宗教信仰，其可持续发展状况和空间分布均存在典型的异质性。

2.1.2 相对贫困

相对贫困的概念最早是由英国经济学家彼得·汤森（Peter Townsend）在 1971 年提出的。在特定的社会生产方式和生活方式下，依靠个人或家庭的劳动力所得或其他合法收入虽能维持其食物保障，但无法满足在当地条件下被认为是最基本的其他生活需求的状态。

2020 年我国实现全面脱贫后，解决了绝对贫困问题，但相对贫困问题依然严峻。解决相对贫困将比解决绝对贫困更复杂，持续时间更长，遇到问题更多，需要更大的决心、更明确的思路、更精准的举措。老、少、山、穷是相对贫困人口较为集中地区的特点，由于地形与地理的阻隔，形成了天然的屏障，使得这些地区的人口难以联系外界，长期以来形成的生活方式代代相传，又在一定程度上形成了落后的意识与生产方式的代际传递，更难使当地的相对贫困人口实现可持续发展。由于地理因素导致的信息闭塞、交通不畅以及地理之外的经济发展落后等问题的制约，这些地区的人口难以接触外界，与时代发展严重脱轨，更加导致了相对贫困的加深，尤其是"等、靠、要"的思想难以短时间内发生转变。贫困的代际传递则体现在年轻的一代从小耳濡目染受到处于相对贫困的中老年人在思想、行为上的影响，从而潜移默化地被影响。在经济层面，由于存在大量的"老人村""空心村"等现象，导致绝大部分相对贫困地区缺乏青壮年劳动力以及高素质劳动人才，经济基础薄弱，严重阻碍了地区开发与经济发展，导致发展潜力和后劲不足。而落后的经济使得当地人口只能守住"一亩三分地"，难以思考与从事其他工作，这是一种精神束缚，阻碍了思想的进步。精神上的落后与可持续发展动力的缺乏逐渐形成固化思维，并不断延续下去，导致了精神贫困的代际传递。

相对贫困人口主要表现为：第一，生存制约型，即丧失劳动能力，有可能导致因病致贫返贫的人口。第二，思维制约型，即不缺劳动能力但主要靠帮扶脱贫，没有意愿参与可持续发展，或者有参与可持续发展意愿但不能付诸行动的人口。由于长期生活在相对贫困之中，受文化习俗、思维定式和价值取向的影响，或者由于对待事物的认知不同，部分相对贫困人口对现有生存状态满意，对相对贫困产生了自我适应和自我维护，缺乏走出困境的勇气和想法。第三，能力制约型，即有参与可持续发展的意愿，有劳动能力，但缺乏谋生技能的能力制约型相对贫困人口。第四，资源匮乏型，即受限于有限的资源条件，即使有劳动能力和某些谋生技能但仍难以实现可持续发展的人口。

2.1.3 可持续发展动力

世界上第一次提出"可持续发展"概念是 1987 年由布伦特兰（Gro Har-lem Brundtland）夫人担任主席的联合国环境与发展委员会提出来的。可持续发展是指既满足当代人的需求，又不损害后代人满足需求的能力的发展模式。

可持续发展动力是推动可持续发展的重要因素和力量。本书中的可持续发展动力是指主体在实践的过程中，因为自身能动性而产生的动力，强调主体的自主性。相对贫困人口的可持续发展动力可以理解为在谋求发展的过程中，相对贫困人口由个体内部需求激发的自主性、积极性以及创造性，并能够影响行动的产生。可持续发展动力并不是独立、自主、与社会相分离的，中国情境中的可持续发展是由政府主导的，基于集体力量和智慧的一种从上而下的一致行为，因此本书中的可持续发展动力是一个中国化的概念，通常是与个体的道德、权利、责任等集体信念相联系的。综上所述，可持续发展动力是指相对贫困人口自发产生的可持续发展意愿、需要和动力。

本书所界定的相对贫困人口可持续发展包括两个方面：一是相对贫困人口参与可持续发展的意愿，二是相对贫困人口实现可持续发展的能力。具体体现为以下四点：第一，在可持续发展过程中相对贫困人口的责任感和使命感；第二，相对贫困人口可以意识到自身的能力与价值；第三，相对贫困人口想通过个人努力实现自我价值，有着一定的职业规划；第四，相对贫困人口能够从自身需求出发，通过发挥主观能动性改造客观现状以满足自身生存与发展的需求。

2.1.4 提升路径

路径的含义在不同领域中有所不同。在互联网上，路径是指由始到终的全程路由；在日常生活中指的是道路。一般来说，路径通常用来比喻达到某种目标的途径或办事的门路、办法。《中国经济路径与政策》一书中谈到，路径是指不断从历史中汲取有益的经验和教训，继续寻求解决现实问题的途径和方法。随着本书研究的不断深入，在可持续发展过程中，路径主要有：经济可持续发展、社会可持续发展、资源可持续发展、生态可持续发展、经济与环境协调发展。自党的十八大以来，可持续发展就是以习近平同志为核心的党中央治国理政的重要工作，应坚持以人民为中心的发展思想，发挥政治优势和制度优势，探索中国特色可持续发展道路。

中国特色反贫困理论以"能力扶贫"和"机会扶贫"为核心主题，是马克思主义中国化的重要成果，极大丰富了当代反贫困理论，对我国实现全面建成小康社会目标具有重要指导意义（朱方明等，2019）。在中国特色反贫困理论指导下，首先，对于成果要进行巩固，在巩固的基础上进行拓展，兜底保障要落实到相对贫困的群体。社会保障兜底扶贫是一项系统工程，相关参与主体基于扶贫开发与社会保障整合联动，通过筹集资金、精准识别、发放保障与有效监督等途径保障目标人群的基本生活（公丕明等，2017）。其次，对于已脱贫地区的发展，要有效衔接乡村振兴，实现可持续发展以及自我发展、主动发展，仍然需要较长时间的帮扶和支持。特别是要进一步发展产业，以产促发，让产业发展适应乡村振兴的要求，实现扶贫产业向特色产业的转变，以产业的持续壮大为当地经济发展注入活力，同时稳定当地的就业形势。李长安（2018）指出我国就业扶贫具有精确性、系统性和发展性的特点，增加贫困农民的非农就业，继续实施以工代赈，提高农民工的就业质量，是缓解农村贫困现象的有效手段。同时，在人才培养、文化振兴、生态保护等方面仍需进一步发展，有助于已脱贫地区整体发展水平的提升。最后，相对贫困的解决机制需要发挥长效性与平稳性的作用。对于下一步工作的部署，要进行经验教训的总结，发挥脱贫攻坚体制机制作用，深刻认识下一阶段防返贫工作主要矛盾的变化，理清思路、找准路径，使防返贫工作与推动乡村振兴协同发展、一体推进。习近平总书记在2018年中共中央政治局第八次集体学习时指出，打好脱贫攻坚战是实施乡村振兴战略的优先任务。[①] 中共中央、国务院印发的《乡村振兴战略规划（2018~2022年）》中也明确指出要推动脱贫攻坚与乡村振兴有机结合相互促进。对此，关键是在体制机制的建设中要实现长短结合与标本兼治，根据发展阶段动态调整机制作用，在推动乡村振兴的实践中不断将防返贫治理引向深入。

基于此，本书重在探索提升四省涉藏地区相对贫困人口可持续发展动力的有效路径。

2.1.5 机制保障

机制一词最初属于物理学范畴，指机器的构造和工作原理，后来的机制

---

① 《习近平主持中共中央政治局第八次集体学习并讲话》，中国政府网，http://www.gov.cn/xinwen/2018-09/22/content_5324654.htm?eqid=c3757003000355a3000000036460d4df，2018年9月22日。

主要指一个工作系统的组织或者部分之间相互作用的过程和方式，它揭示的是系统各要素之间的相互制约关系。对于"机制"概念的理解，主要是把握两点：一是事物各个部分的客观存在是机制存在的前提，进一步延伸出的问题则是如何协调各个部分之间的关系；二是机制的运行方式是协调各个部分之间的关系，机制联系各个部分并使其协调运行，需要一定的运作方式。"机制"的重点在于"制"，表示规则、条件、约束，"机制"强调的是一个系统在整体层面上的限制与规则。

不同机制的产生是由于机制被不断地引入各个领域。经济学意义上的机制是指在经济运行的主体内，互相联系与作用的各构成要素之间的关系及其功能。在研究社科问题时，"机制"可以表述为在事物各个部分存在的前提下，协调各个部分之间的关系以更好地发挥作用的具体运行方式，按功能可以分为吸引机制、竞争机制、激励机制、流动机制、约束机制、成长机制、评价机制、退出机制等。赫德斯特罗姆（Peter Hedström）和斯威德伯格（Richard Swedberg）主编的《社会机制：社会理论的分析性取向》（*Social Mechanisms：An Analytical Approach to Social Theory*）一书出版以后，机制解释作为社会学研究中的一种方法论取向受到广泛关注（Hedström & Swedberg，1998；Hedström & Ylikoski，2010）。探索为生产发展活动提供物质和精神条件的保障机制成为社会研究的重要目标，如在乡村振兴战略背景下，陈红花等（2020）提炼出贫困地区长效脱贫管理机制及脱贫路径优化模型，沈权平（2020）探讨构建边疆民族地区返贫预警的有效机制。

本书则是从民族学、社会学角度，着眼于如何通过内外联动提升可持续发展动力的机制保障。

2.2　相关理论基础

本书主要以四省涉藏地区相对贫困人口的可持续生计为框架，重点围绕可持续发展动力进行现状评估、影响因素分析，探索可持续发展动力的提升路径和保障机制。第一，多理论交叉界定了可持续发展动力的基本内涵和可持续发展动力的机制研究，结合中国特色反贫困理论、内生增长理论、可持续生计理论和贫困代际传递理论来梳理相对贫困人口可持续发展动力相关理论的发展与演变过程。第二，依托可持续生计框架理论，基于英国国际发展署（Department for International Development，DFID）提出的可持续生计分析框架（sustainable livelihoods analysis，SLA），遵循"生计环境—生计资本—生计策略—生计产出"的生计循环过程，研究五项生计资本对可持续发展动力的影响，识别可能存在的返贫风险，为帮助相对贫困人口构建可持续生计策略，最终实现自我发展能力的提升、可持续的生计产出和巩固脱贫攻坚成果的目标奠定理论基础。第三，基于民族学视角，本书通过对青海、四川、云南、甘肃四省涉藏地区可持续发展动力的实践探索，深挖涉藏地区相对贫困人口可持续发展进程中的约束或障碍因素，针对性地提出适宜当地生存环境和民族人口发展的政策建议。民族地区由于自然、历史等原因，成为我国相对贫困的集中地带，由于地域和风俗习惯的特殊性，少数民族人口陈规陋习较多，医疗、教育水平低，加之深受宗教信仰影响，成为可持续发展的重难点。因此，习近平总书记多次强调：全面建成小康社会，一个民族都不能少，坚持精准扶贫，决不让一个少数民族、一个地区掉队。① 本书聚焦于四省涉藏地区相对贫困人口，从民族学视角探究可持续发展动力的提升路径和保障机制。

2.2.1 中国特色反贫困理论

（1）中国特色反贫困理论的产生及内涵

贫困是人类社会的顽疾。一部中国史，就是一部中华民族同贫困作斗争的历史。党的十八大以来，党带领全国各族人民攻坚克难，抓好脱贫攻坚工作。2012 年，党中央突出强调，小康不小康，关键看老乡，关键在贫困的老乡能不能脱贫，承诺决不能落下一个贫困地区、一个贫困群众，拉开了新时代脱贫攻坚的序幕；2013 年，党中央提出了精准扶贫理念；2015 年，党中央召开扶贫开发工作会议，提出实现脱贫攻坚目标的总体要求，实行"六个精准""五个一批"，发出打赢脱贫攻坚战的总指令；2017 年，党的十九大把精

---

① 《决不让一个兄弟民族掉队》，《人民日报》，2021 年 2 月 23 日。

准脱贫作为三大攻坚战之一进行全面部署。

2021 年 2 月 25 日，全国脱贫攻坚总结表彰大会召开，习近平总书记在会上宣布经过全党全国各族人民共同努力，在迎来中国共产党成立一百周年的重要时刻，我国脱贫攻坚战取得了全面胜利，区域性整体贫困得到解决，完成了消除绝对贫困的艰巨任务。

习近平总书记指出，脱贫攻坚取得举世瞩目的成就，靠的是党的坚强领导，靠的是中华民族自力更生、艰苦奋斗的精神品质，靠的是新中国成立以来特别是改革开放以来积累的坚实物质基础，靠的是一任接着一任干的坚守执着，靠的是全党全国各族人民的团结奋斗。党中央立足我国国情，把握减贫规律，出台一系列超常规政策举措，构建了一整套行之有效的政策体系、工作体系、制度体系，走出了一条中国特色减贫道路，形成了中国特色反贫困理论。[①]

（2）中国特色反贫困理论对于巩固脱贫攻坚成果的实践应用

自全面脱贫以来，党中央始终将全心全意为人民服务作为宗旨，从体现我国社会主义政治制度优势出发，从我国现代化建设的战略高度，深入研究、部署巩固脱贫攻坚的成果工作。尤其是习近平总书记亲自指挥、亲自部署，提出巩固脱贫攻坚成果的指导思想、主要任务、基本方略、根本途径等，为巩固脱贫攻坚成果描绘了蓝图。伟大的实践产生伟大的理论，习近平总书记的反贫困论述中蕴含着一套科学完整、行之有效的中国特色社会主义扶贫开发理论。其指导着中国特色反贫困实践沿着正确方向推进，是推动我国巩固脱贫攻坚的成果工作取得成功的根本遵循和重要法宝。

巩固脱贫攻坚成果，坚持党的领导是根本。加强和改善党的领导，为巩固脱贫攻坚成果的实现提供了根本保证。中国共产党是中国特色反贫困国家治理体系的中枢，只有中国共产党强有力地掌控党和国家的政治领导权，发挥总揽全局、协调各方的能力，才能够保证中国特色反贫困治理的有效性、科学性、实践性。习近平总书记多次强调脱贫攻坚，加强领导是根本。[②] 必须坚持发挥各级党委总揽全局、协调各方的作用，落实巩固脱贫攻坚的成果一把手负责制，省市县乡村五级书记一起抓，为巩固脱贫攻坚的成果提供坚强的政治保证。巩固脱贫攻坚的成果，要坚持以人民为中心的理念。在巩固

---

① 习近平：《在全国脱贫攻坚总结表彰大会上的讲话》，新华社，2021 年 2 月 25 日。

② 侯选明：《党的领导是打赢脱贫攻坚战的根本保证》，《光明日报》，2020 年 4 月 7 日。

脱贫攻坚成果的过程中，要将群众的满意度作为衡量巩固脱贫攻坚成果的重要尺度，集中力量解决最困难的基本民生问题，把实现好、维护好、发展好最广大人民的根本利益作为一切工作的出发点和落脚点，使改革发展成果更多更公平地惠及全体人民，才能使得巩固脱贫攻坚的成果取得实质进展。巩固脱贫攻坚的成果，要发挥我国社会主义政治制度的优势。中国特色社会主义政治优势表现为坚持全国一盘棋，调动各方面积极性，集中力量办大事。巩固脱贫攻坚的成果不仅是相对贫困地区的事，也是全社会的事，需要调动各方力量，形成全社会参与格局。巩固脱贫攻坚需要继续压实工作责任。既要强化省级党委和政府统筹协调的主体责任，又要压实市级党委和政府统筹协调的直接责任，还要强化县级党委和政府承担兜底保障的属地责任。

在此基础之上，亟须充分调动群众的积极性、主动性、创造性，着力激发相对贫困人口可持续发展生产的主动性，着力培育相对贫困人口自力更生的意识和观念。同时，广泛调动社会各界参与可持续发展的积极性，大力弘扬中华民族帮扶济困的优良传统，营造社会扶危济困的氛围。大力搭建社会参与平台，加大东部地区和中央单位对相对贫困地区的帮扶支持，在帮扶过程中要注意由"输血式"向"造血式"转变，从而最终实现经济、社会、生态可持续发展让脱贫攻坚成果真正获得群众认可、经得起实践和历史检验。

（3）中国特色反贫困理论在本书中的实践运用

本书立足于中国特色反贫困理论，提出了党建引领可持续发展，即将基层党组织建设和可持续发展有效结合，以基层党建引领精准帮扶，为精准帮扶提供政治保证和组织支持。在此基础上，精准帮扶作为有效途径，使得党组织的凝聚力和战斗力提升，构建了党建引领提升可持续发展动力的路径。同时，本书还提出了教育帮扶、产业支撑等来调动相对贫困个体的积极性、主动性，激发相对贫困人口可持续发展动力，将救急纾困和可持续发展结合起来、将发展短平快项目和培育特色产业结合起来，变"输血式"发展为"造血式"发展，实现可持续巩固脱贫攻坚成果。

2.2.2 内生增长理论

（1）内生增长理论的产生及内涵

内生增长理论由保罗·罗默（Paul M. Romer）在 20 世纪 80 年代中期提

出。其观点认为，技术进步、人力资本、制度变革这些内生因素能够长期促进经济增长，并且部分因素也存在互相影响，如技术进步受人力资本积累的影响，产业的发展速度和质量受政府政策制度的干预影响。人力、技术、制度与投资之间具有相互促进的关系，他们之间相互影响，循环发展，从而形成长期、稳定的良性经济增长体系。

（2）内生增长理论对于可持续发展的实践应用

内生增长理论是基于不完全竞争、规模报酬等假设提出的，与时俱进，很多新的观点和认识与现实结合紧密，如其中的内生技术变化理论，对我国经济建设以及当今的反贫实践有重要的理论导向和指导意义。

该模型并不局限于经济长期增长的理论解释。近年来，学术界涌现出多种运用内生增长理论和模型，对民族文化、民族产业振兴、可持续发展动力增长等诸多领域进行的研究。譬如，对于民族旅游产业，需要利用技术创新丰富民族文化体验形式；需要培养和吸纳相关民族文化的人才，保障融合的可持续发展动力；完善政策与法律支持，为民族文化与旅游产业融合提供良好环境。通过加强精神文明建设、摒弃落后的文化风俗、增加基层干部的培训交流、发挥一线关键作用、加强相对贫困人口自我发展能力建设、强化相对贫困人口主体地位，给予权利和制度保障以提高相对贫困人口可持续发展动力。

同时，人力资本也是内生因素之一，结合由舒尔茨和贝克尔（Schultz & Becker, 1960）提出的人力资本理论——人力资本包括人口数量与质量，而提升人力资本的核心是提高人口质量，教育投资是人力投资的主要部分。国外许多著名经济学家和教育学家研究发现，各个国家的经济发展与其在教育方面的投资成正比。提升人力资本能够有效推动国民经济增长，提高劳动者收入水平，有助于实现相对贫困人口的可持续发展。由此可见教育这一内生性人力资本对可持续发展的重要性。

我国的可持续发展强调政府主导，突出表现在相关政策的制定、执行、资源决策权、使用权和控制权等方面。而这种依靠行政主力推行的防返贫容易引致可持续发展动力不足，并不利于相对贫困个体的可持续发展，实际上还可能导致贫困压力转嫁和行政能力内耗。根据内外因辩证关系可知，事物发展的基本趋势由其内在因素决定，可持续发展动力作为内因，在相对贫困人口可持续发展的过程中起到的是根本性的作用,外界帮扶作为外因是必不可少的条件。只有外援与自立的融合才是相对贫困人口实现可持续发展的必然路径。"自立"即可持续发展的自主意识——可持续发展动力的提升。这主要从其四个表现入手:第一,在可持续发展行动中相对贫困人口的责任感和使命感;第二,相对贫困人口对于自身的能力与价值的认知;第三,相对贫困人口想通过个人努力实现自我价值所形成的一定的职业规划;第四,相对贫困人口能够从自身需求出发,通过发挥主观能动性改造客观现状以满足自身生存与发展的需求。

(3)内生增长理论在本书中的实践运用

本书围绕四省涉藏地区相对贫困人口可持续发展动力的提升路径及机制保障研究展开,内生增长理论是本书的核心,引入内生增长理论的目的在于探究人力资本增长的着力点,从而保证内生增长模型中技术、人力、制度与经济增长的良性循环;将本书研究嵌入该模型,探究可持续发展动力提升的因素和路径。基于内生增长理论,本书提出了相对贫困人口可持续发展动力的提升路径:第一,政府应针对相对贫困地区人力资本薄弱的问题,加强有关教育投资建设、职业技能培训等;第二,提升相对贫困人口对于"贫困"的多维理性认知,形成追求美好生活的意愿、增强针对性的多样化能力建设——鼓励相对贫困个体成为自身生计资本的经营者、改善相对贫困人口参与长期发展的方式、以益贫的市场机制和包容的保障政策来保证可持续发展动力稳定增长。

2.2.3　可持续生计理论

(1)可持续生计理论的产生及发展

1970 ~ 1990 年早期,人们在实践过程中认识到,不只有物质的缺乏被称为贫困,能力的匮乏、权利的缺失也是贫困的体现,因此,贫困治理也应该注重增长发展的能力。"可持续生计"的概念也在此过程中形成,并逐渐推动形成分析框架。1970 年左右,美国经济学家舒尔茨(Theodore W. Schultz)的观点蕴含了"可持续生计"理念,他认为农业产量增长不同最主要的因素是农民能力的差异,而不是土地或物资资本这类外在的差异。

1980 年左右，印度学者阿马蒂亚·森（Amartya Sen）拓展了"可持续生计"理念，提出社会贫困的根源是权力被掠夺。1990 年左右，钱伯斯（Tom Chambers）等在"可持续生计"的系统探究中将能力因素引入其中，标志着"可持续生计"框架基本成型。1992 年，获得"可持续生计"被联合国环境和发展大会作为贫困消除的主要目标。2000 年，英国国际发展署提出了可持续生计分析框架，自此，可持续生计从理论分析层面扩展到社会实践的决策层面。

（2）可持续生计框架的基本内涵

英国国际发展署（DFID）提出生计资本的五大构成分别为金融资本、物质资本、人力资本、社会资本以及自然资本，其对农户生计结果的确定、生计策略的选择具有决定性作用，家庭贫困深度取决于生计资本。这一理念从相对贫困人口个体视角和外部环境视角揭示了影响贫困的多维度因素，阐明了生计资本可以帮助脆弱性环境下的相对贫困人口实现不同的生计策略，得到不同的生计结果，为探究相对贫困人口防返贫因素和制定防返贫策略提供了新思路。

可持续生计是指人们在不同的环境下，利用自身的生计资本随机组合，以达到对自身资本利用和家庭福利增长的持续性的一种生计状态。换言之，如果人们不过度消耗自然资源，并且在面对压力、冲击时能够维持或改善其能力和资产，那么该生计具有持续性。中国政府提出的科学发展观，倡导以人为本，全面、和谐、可持续发展，深刻地体现了生计发展的可持续性。该框架以人为中心，认为当人处于一个脆弱性的环境下谋生时，他们自身拥有的这些生计资本（人力资本、自然资本、金融资本、物质资本、社会资本）在政策与制度环境的相互影响下，会对发展动能、发展能力和生计收入产生良性影响，以改善长远的生活状况。所以贫困农户生计资本的提升和生计策略的优化是该框架的核心。

（3）我国对于可持续生计框架的研究

自 21 世纪初，我国学者针对可持续生计进行了研究。在探索初期，学者们主要分析城市扶贫与可持续生计（唐钧，2003）、失地农民可持续生计问题（朱秀变和崔志坤，2005；卢宝蕊，2007）。随着我国全面解决绝对贫困和乡村振兴战略的提出，学者们逐渐将研究重点放至相对贫困地区，探索可持续生计框架下如何激发相对贫困人口可持续发展动力和能力。

（4）可持续生计理论在本书中的实践应用

本书根据该理论框架对四省涉藏地区相对贫困人口可持续发展动力的动力障碍及影响因素展开研究，研究人力资本、物质资本、自然资本、社会资本以及金融资本对可持续发展动力的影响，精准识别可持续发展动力贫困的返贫因素。梳理相对贫困人口可持续发展动力相关理论的发展与演变过程，为解释四省涉藏地区相对贫困人口特殊的行为习惯和探究可持续发展动力保持长期增长的因素和路径提供理论支撑。基于可持续生计扶贫理念，聚焦相对贫困人口的能力，重在激发相对贫困人口的可持续发展能力，为可持续发展动力提升路径与机制保障的构建提供理论基础。

2.2.4 贫困代际传递理论

（1）贫困代际传递理论内涵

贫困代际传递理论源自贫困理论流派，在西方影响深远。目前，美国社会学家奥斯卡·刘易斯（Oscar Lewis，1959）关于贫困代际传递概念获得学术界普遍认可，他指出：贫困以及导致贫困的相关条件和因素，在家庭内部由父母传递给子女，使子女在成年后重复父母的境遇——继承父母的贫困和不利因素并将贫困和不利因素传递给后代这样一种恶性遗传链；也指在一定的社区或阶层范围内贫困以及导致贫困的相关条件和因素在代与代之间延续，使后代重复前代的贫困境遇。这不仅仅指贫困现象的继承，且包含导致贫困的不利因素在代际之间的传递。

"代"的概念原本是在生物学范畴内所广泛使用的，借用到社会学中，也就赋予了其自然和社会的双重属性，自然属性和社会属性的"代"含义是有所区别的。一个社会或一定区域范围内的后代与前代之间会表现出思想观念、文化习俗和行为方式等方面明显的继承性，即"代际传递"。刘易斯认为贫困具有文化属性，贫困文化会造成贫困的代际传递，主要通过家庭成员之间互相影响的方式进行传递。后来有很多学者将人力资本理论、福利依赖理论和贫困的代际传递现象相结合（Becker & Thomas，1979；Ghatak，2015）。

传统的贫困代际理论主要是指从收入的角度分析，但随着近些年研究的不断深入，贫困代际理论研究的角度已扩展到更多层面，如社会排斥、人力资本以及脆弱性等因素。不仅收入会对贫困代际传递产生影响，这些因素也会对贫困代际传递产生影响。

（2）贫困代际传递理论与可持续发展的内在关联

相对贫困的关键问题之一是贫困代际传递。因此，对贫困代际传递理论进行深入研究，并据此提出相应的对策建议是十分必要的。相关研究表明，我国相对贫困地区大多集中于地理位置偏僻的农村地区。主要是地理位置偏僻造成这些地方信息闭塞，居民文化程度低、安于现状，由此形成了贫困陷阱，这种贫困陷阱就是"贫困代际传递"的表现。此外，贫困的代际传递"惯性"也是影响可持续发展的重要因素。例如，儿童贫困是贫困代际传递的原因，也是其结果，这便充分体现了在反贫困实践中高度关注儿童教育的重要性。因此，解决相对贫困地区的代际传递惯性应将教育和文化结合，才能真正巩固脱贫攻坚胜利成果。

（3）贫困代际传递理论在本书中的实践运用

本书根据该理论确定教育帮扶的具体措施，分析四省涉藏地区相对贫困人口可持续发展动力的障碍之一——教育因素，梳理相对贫困人口可持续发展动力相关理论的发展与演变过程，结合四省涉藏地区的相对贫困人口可持续发展动力现状，有效激发相对贫困人口可持续发展动力，使外部多元帮扶与内部自我可持续发展有机结合，从而精准施策巩固脱贫攻坚成果显得尤为必要和紧迫。

2.2.5 可持续发展动力提升路径与机制保障的理论框架

综上，在中国特色反贫困理论、内生增长理论、可持续生计理论、贫困代际传递理论的支撑下，可以通过相关路径和影响机制促进四省涉藏地区相对贫困人口可持续发展动力的提升，逐步实现防返贫目标。

基于习近平中国特色反贫困理论，我国总结了打赢脱贫攻坚战的重要经验，这些重要经验和认识，是我国脱贫攻坚的理论结晶，是马克思主义反贫困理论中国化的最新成果。脱贫攻坚战取得全面胜利之后，脱贫攻坚与乡村振兴的有效衔接将是工作的重点，持续巩固脱贫攻坚的成果，需要长期坚持并不断发展中国特色反贫困理论。因此，应该从坚持党的领导、坚持以人民的发展理念出发，充分发挥我国社会主义政治制度的优势，营造整个社会扶危济困的良好氛围，加大教育投入，加强扶志扶智让脱贫基础更加稳固，提高相对贫困人口的积极性、主动性，激发其可持续发展动力，最终实现可持续发展。

基于内生增长理论，主要从以下两个方面出发：第一，从可持续发展的责任感和意识、个体能力以及对能力的认知、实现自我价值的职业规划、从自身需求出发改造现状满足自身需求这四个方面入手，鼓励相对贫困个体成为自身生计资本的经营者，改善相对贫困人口参与可持续发展过程的方式，以益贫的市场机制和包容的保障政策维持可持续发展动力的长期增长；第二，由于人力资本对国民经济增长的正向影响，应考虑增大教育投资、提供职业技能培训→人力资本增加→促进可持续发展增长模型的良性循环。

基于可持续生计理论，本书清晰地勾勒了五项资本之间的关系，生计资本框架将各类资本融合在一起，不仅表明了各类资本缺乏的表现，也指出了各类资本提升的主要思路。因此，先是要识别相对贫困类型，然后依据不同相对贫困类型采取相应措施，以实现对应的生计产出目标，最终推动生计可持续发展。人力资本相对贫困型表现为文化程度低和缺乏劳动力技能，应通过注重培养农民的自主能力，实现稳定、充分的就业和可持续发展户收入的可持续性增加；自然资本相对贫困型表现为缺乏所需要的资源和相关服务，应及时弥补资源和服务短缺，减少生态脆弱性，促进资源环境可持续利用等。

基于贫困代际传递理论，本书分析了贫困代际传递由思想落后、信息闭塞以及儿童贫困等原因造成，是一种恶性遗传链。若任这种恶性循环自然发展下去，会形成代际传递"惯性"以及"惯性"的加重，最终陷入贫困困境。要从其根本上遏制，即针对贫困代际传递的"文化"属性、思想层面进行治理，即可持续发展要治愚、扶志。

综上所述，四省涉藏地区可持续发展动力提升路径与机制保障的理论框架具体如图2-1所示。

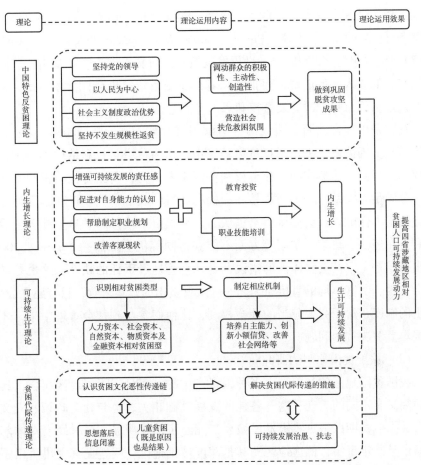

图 2-1 四省涉藏地区可持续发展动力提升路径与机制保障的理论框架

2.3 文 献 综 述

2.3.1 四省涉藏地区反贫困研究

（1）关于贫困内涵界定的研究

长期以来，贫困被广泛定义为收入的缺乏（林闽钢，2018）。而贫困实际上是从多方面来进行定义的，它不单指收入的不足，还意味着人们缺乏发展和选择的最基本权利，即寿命、健康、体面的生活标准、自由、社会地位、自尊和他人的尊重（The United Nations Development Programme，UNDP，1997）。世界银行《2000/2001世界发展报告：与贫困作斗争》指出：贫困不仅意味着低收入、低消费，而且意味着缺少受教育的机会，营养不良，健康状况差。贫困意味着没有发言权和恐惧等。

贫困是由综合性因素造成的，马歇尔（T. H. Marshall，2008）从公民权利资格与贫困关系的视角阐释贫穷的缘由，认为贫穷是权利结构不合理、公民权利未得到保障造成的。社会权利贫困学者认为，贫困与社会权利不能得到充分满足有关系，经济利益是社会权利获得的表现，社会权利是赢得经济利益的根本保障。社会排斥理论也认为，穷人由于被排斥了参与社会生活的权利，在经济、政策、空间等方面不能获得同等机会，伯恩（Byrne，2008）指出排斥是一个社会整体性的错误，是社会管理者责任的缺失，这也是导致社会贫困、贫富不均的直接原因之一。从反贫困的政策来看，只有建立公平、公正的制度，给予穷人应当的社会权利，让他们参与到社会管理中来，才能从根本上解决贫困问题。

（2）关于贫困原因的研究

我国贫困地区的贫困是由多种因素产生的，而且就不同地区而言，其致贫原因又有不同的表现，这与各地的发展基础相关，也与社会政策、人文风俗有关。但长期以来，我国发展城乡二元经济结构明显，乡村发展整体落后于城市是既定事实，偏远地区尤其是深度贫困地区，问题尤其突出。田园等（2018）指出不同地区的致贫因素有着一定的差别，东部地区的致贫因素主要是人力资本与信息化水平，而其他大部分贫困地区的致贫因素离不开不同地区的自然禀赋的关系。就贫困地区的家庭而言，罗一斌等（2020）认为家庭贫困的主要原因是疾病、贫困之间的恶性循环，研究发现影响"疾病—贫困"陷阱的环境因素主要有经济基础、物质资料、生产力、人力资源等。

（3）关于涉藏地区的致贫原因研究

首先是对贫困文化的研究。贫困文化会使得贫困人口在心理上产生强烈的无助感、自卑感和宿命感，进而逐步丧失脱贫内生动力，这种情况也被称为"贫困文化陷阱"（Lewis & Oscar，1959；Durlauf，2006）。

其次，涉藏地区恶劣的自然条件和落后的基础设施建设也是重要的致贫因素。孙向前和高波（2016）指出涉藏地区属于经济欠发达地区，生态环境脆弱、自然灾害频发。廖桂蓉（2014）研究发现人口极度稀薄、交通网络不齐全、经济基础落后等因素的共同作用使得涉藏地区的城镇化进程大大减缓。杨明洪（2017）指出涉藏地区的基础设施建设不完善、经济和社会事业发展缓慢等一系列问题，成为全面建成小康社会的薄弱环节。孙久文等（2019）认为在连片特困地区，信息化在助推经济增长和消除贫困的过程中发挥了重要作用，而网络设施是贫困地区获取外界信息和开拓市场的关键途径。

最后，教育落后导致的农户文化素质低下也会使涉藏地区陷于贫困。陈光军（2014）认为涉藏地区人民因为自身文化素养较低而缺乏可持续发展意识，致使大量自然资源被农户浪费，因此涉藏地区的教育帮扶是扶贫工作中的重点之一。李波等（2020）也对此持相同观点，并提出不仅要加强涉藏地区的教育，还应当对成年人进行适当的技能培训以提高其劳动素质。袁晓文等（2017）认为根据致贫原因的不同，可以将涉藏地区农牧民的贫困划分为因学致贫、因病致贫、技能缺乏致贫、劳动力缺乏致贫等。马胜春等（2019）认为四省涉藏地区人口受教育年限低，大专及以上学历人口比重仍较低，低于全国平均水平。因此，从四省涉藏地区人口经济的长远发展来看，较低的人口素质必将导致经济发展内生动力不足，不利于四省涉藏地区的长远发展和跨越式发展。

近年来，学者对涉藏地区致贫原因的研究更加多元化。张俊飚（2019）指出涉藏民族地区具有在经济发展、社会治理、文化建设、生态保护等方面的特殊性，因此在经济上比其他地区更易陷入收入贫困和福利贫困陷阱，在地理区位方面难以化边疆地区、边远山区的劣势为优势，在能力发展上容易形成贫困代际传递的问题等。张引（2020）应用 Logit 回归和决策树模型探讨致贫原因，结果表明家庭男性人口数量、家庭健康评分分值、家庭劳动力平均年龄、大型牲畜收入、打工收入、家庭生活支出、家庭看病支出等是贫困户致贫的主要因素。章文光（2021）认为贫困户致贫原因类型多样，当前缺乏技术是贫困户致贫的首要原因，缺乏资金是第二重要的原因，因病致贫是第三重要的原因，这也是涉藏地区群众致贫的主要原因。

（4）关于涉藏地区贫困特征的研究

全面脱贫实现以前，我国四省涉藏地区的贫困表现，主要有以下三大特征：

首先是恶劣的地理自然条件。四省涉藏地区范围涵盖 12 个州、77 个民族县。在这些地区有青藏高原、横断山脉，地处高山峡谷，立体气候显著，地质灾害频发。恶劣的自然条件成为影响人类生存、经济发展和改善社会服务等的巨大障碍（李小云，2018）。受制于地理环境，涉藏地区的贫困村、贫困户往往分布在相距较远的位置，各地的资源禀赋又不尽相同，地理的阻隔加上交通的不便使得规模产业难以发展（聂君等，2019），再加上地处山塬沟壑地区，植被稀疏，土地贫瘠，制约了农业生产发展和群众生活条件的改善（郭纹廷，2019）。

其次是落后的基础设施。四省涉藏地区经济长期不发达，发展缓慢，加上自然环境导致的建设成本剧增，仅以解决通路、通电、通水等基本社会服务为内容的措施为主，就使得财政承载能力不足的问题凸显，四省涉藏地区的财政严重失衡，无力承担庞大的基础设施建设（陈良兵等，2017）。

最后是贫困人口的人力资本不足。体现为贫困人口的市场意识不足（李卿，2014）。总体上看，民族地区的贫困表现出贫困发生率高、脆弱性程度高、返贫风险高的特征（张丽君等，2019）。胡原等（2020）运用 A－F 方法对四省涉藏地区村域的多维贫困状况进行了测度，结果表明四省涉藏地区遭受教育、经济、生产生活等多维度的贫困，其中基层组织能力禀赋会显著影响四省涉藏地区村域的多维贫困状况，在相对贫困地区这种影响更加显著。

（5）关于涉藏地区脱贫对策的研究

要实现涉藏地区的脱贫，需要形成贫困治理的机制，针对不同地区的特征因地制宜，设计与地区发展相适应的扶贫政策。首先，在实现涉藏地区脱贫的众多路径中，教育扶贫脱贫发挥着重要作用，教育脱贫是治理贫困问题的根本，要使涉藏地区摆脱深度贫困问题，需要依靠教育，其中包括学前教育、语言教育（李瑞华，2019）等，并且要进一步形成教育扶贫的长效机制（刘利，2019）；在精准扶贫工作开展的过程中，群众思想问题还相对比较严重，如果不能及时进行解决，后续问题将会更加严重，所以我们要首先引导并解决涉藏地区群众的思想问题（覃青兰，2020）。其次，提升涉藏地区就业质量、针对涉藏地区进行就业培训能显著提升涉藏地区贫困人口的收入水平（平卫英等，2020）。再次，通过向涉藏地区派遣科技人员、施行科技项目帮扶、加强科技基础设施建设，同时开发涉藏地区特色的旅游资源与基础设施建设相配合（陈井安等，2019；李治兵等，2019），亦能帮助涉藏地区贫困人口有效脱贫（陈传波等，2020）；充分发挥涉藏地区的优势，如旅游资源、药材资源等，利用优势产业将其转化为收入，对于不同的地区精准选取不同的优势产业是脱贫的关键（贾圳珠，2018）。最后，发挥政府的政策引导及支持作用，是对涉藏地区脱贫的有力补充，尤其是在脱贫之后，返贫的问题依然在涉藏地区长期存在，且在涉藏地区尤为突出，要防止涉藏地区形成大规模的返贫，需要政府发挥智库的作用（甘娜，2020）。深刻把握贫困演变趋势和相对贫困治理的现实困境与挑战，探索构建益贫性经济增长机制、可持续增收的包容性社会发展机制和相对贫困治理的基础性机制，实现相对贫困治理常态化、相对贫困治理机制长效化（王家斌等，2020）。

2.3.2　可持续发展内涵研究

可持续发展理论源于 20 世纪后期，在 1980 年由国际自然资源保护联合会、联合国环境规划署和世界自然基金会共同出版的文件《世界自然保护策略：为了可持续发展的生存资源保护》中第一次被提及。其理论与概念正式发展起来的标志是世界环境与发展委员会（WCED）在 1987 年所发表的《我们共同的未来》（*Our Common Future*）报告，该报告将"可持续发展"定义为"既满足当代人需求，又不损害后代人满足其自身需求的能力的发展"，由此，"可持续发展"这一理念逐步被人们熟知。中国学者对其进行不断引进吸收，推动这一理念实现创新与本土化。刘培哲（1994）首次定义可持续发展：可持续发展是能动地调控"自然—经济—社会"复合系统，使人类在不超越资源与环境承载能力的条件下，促进经济发展、保持资源永续和提高生活质量。刘思华（1997）则从经济学角度进行分析，指出可持续发展经济必须以生态可持续发展为基础，以社会可持续发展为根本目的，实现三者的有机统一。关于可持续发展理论的内涵，目前国际上接受度较高的说法是指既满足当代人的需要，又不对后代人满足其需要的能力构成危害的发展。可持续发展倡导将经济发展与资源、生态和环境保护相结合，主张当代人在追求发展的同时要考虑后代人的发展需求，以实现人类与自然环境的持续性发展。从本质上来看，可持续发展理论追求人与人之间以及人与自然之间的和谐共存和持续性发展；从内容上来看，可持续发展理论包括可持续性原则、公平性原则、共同性原则的内容。可持续发展理论是一种兼顾整体利益和局部利益、结合长期利益与短期利益的科学发展理念（吕晓洁，2023；江晓军等，2023）。

2.3.3 可持续发展要素及政策研究

一是可持续发展要素研究。经过不断本土化创新后，可持续发展理论对中国发展影响深远，中国科学院可持续发展战略研究组于2003年按照可持续发展的系统学方向，在世界上独立地设计了一套"五级叠加，逐层收敛，规范权重，统一排序"的可持续发展指标体系，同时依照人口、资源、环境、经济、技术、管理相协调的基本原理，把可持续发展指标体系分为总体层、系统层、状态层、变量层和要素层五个等级。针对可持续发展的要素方面，多聚焦于经济可持续方向，关于民族地区内容相对偏少，刘春（2003），牛新国、李月彬和冀平（2000）等经过研究论证，认为环境与经济的矛盾运动是可持续发展的动力。周苏娅（2015）认为当前我国农业发展的矛盾日益凸显，部分问题已成为制约农业可持续发展的因素，诸如农业制度的滞后缺位、资源的硬性约束、科技创新能力不足、产业集群发展缓慢、政府行为相对迟滞等。对此，卢秀容和陈伟（2002）通过研究论证，提出农业可持续发展的微观动力在于技术创新，宏观动力在于制度创新，技术创新与制度创新二者合力推动着农业的可持续发展。而张复明（2000）通过对当前中国发展过程中所面临的不可持续性现象，指出问题源头在于发展方式不当，其中体制不合理、技术落后是造成发展方式不当的根本动因。所以，实现可持续发展必须从根本原因入手，抓牢技术与制度两点，以技术进步和制度创新切实增强发展能力，提高发展质量，使发展逐步进入可持续发展的良性循环轨道。

二是可持续发展政策研究。改革开放以来，中国把节约资源和保护环境确立为基本国策，将可持续发展确立为国家战略，党和国家的多个"五年计划"中均将可持续发展战略放在重要位置。《中华人民共和国国民经济和社会发展第十四个五年规划和2035年远景目标纲要》明确提及要坚持绿水青山就是金山银山理念，坚持尊重自然、顺应自然、保护自然，坚持节约、保护优先，以自然恢复为主，实施可持续发展战略，进而完善生态文明体系，建设美丽中国。为实现民族地区的可持续发展，党中央和国务院先后颁布多项政策举措，例如在《关于深化国家自然保护地体制改革试点工作的指导意见》（2012 年）中强调民族地区的生态环境保护和建设，推进可持续发展；在《关于加强民族团结进步教育工作的意见》（2010 年）中提及促进民族地区的文化可持续发展；在《新时代民族地区脱贫攻坚规划（2016～2020 年）》（2016 年）中点明通过全面深化改革、精准扶贫、产业带动等手段，推动民族地区脱贫攻坚，实现贫困地区的可持续发展。进入新发展阶段，中国根据时代需求与实践变化对可持续发展政策进行逐步调整，提出全球发展倡议、全球安全倡议，深化务实合作，积极参与全球环境与气候治理，为落实联合国 2030 年可持续发展议程，推动全球可持续发展继续贡献中国力量。

2.3.4 可持续发展提升路径研究

《中共中央关于制定国民经济和社会发展"九五"计划和 2010 年远景目标的建议》提到必须把社会全面发展放在重要战略地位，实现经济与社会相互协调和可持续发展。研究可持续发展提升路径对于制定和实施可持续发展政策具有重要意义，能够提供科学依据、指导决策和推动创新，以实现经济、社会和环境的可持续发展。在《中国落实 2030 年可持续发展议程进展报告（2023）》中提及湖羊模式通过调动贫困人口和生产经营主体的积极性，打造了规模化的特色产业链条，并及时出台相关政策，推进农村三产融合，推动协调发展，引导贫困人口由单一养殖业向加工业、服务业发展，开辟了贫困人口持续增收的新路径。何植民和朱云鹏（2021）借鉴公共政策评估理论中构建主义的价值理性，在"以人民为中心"发展思想的指引下，明确脱贫群体的需求导向与可持续发展导向，从评估体系上保障并推动脱贫群体可持续生计能力的持续提升，为回应理论与实践之间的问题，探究脱贫摘帽后脱贫效果的可持续性提供了新思路。

众多学者对于可持续发展提升路径也从环境保护、创新、政策等角度进行了深入的探索。

一是环境保护是可持续发展提升路径中的基石。刘春（2003）指出，可持续发展路径是建立可持续发展的经济体系，把经济发展放在第一位，在保护环境中发展经济是可持续发展的有效路径。孙咏和熊坤新（2020）基于恩施州可持续发展中存在的问题，提出培养可持续发展意识、实现经济结构转型发展、加强生态环境保护力度等路径，以提升恩施州经济可持续发展能力。

二是创新是第一动力，驱动着社会的发展和进步。同时，创新也是可持续发展提升路径中的关键步骤。张复明（2000）指出，当前中国发展过程中所面临的不可持续性是由发展方式不当问题引发的，其中体制不合理、技术落后是其根本动因。所以，必须从造成不可持续性问题的根本原因入手，加大技术进步和制度创新步伐，切实增强发展能力，不断改进发展质量，逐步进入可持续发展的良性循环轨道。卢秀容和陈伟（2002）论证了农业可持续发展的微观动力在于技术创新，宏观动力在于制度创新，技术创新与制度创新合力推动着农业的可持续发展。周苏娅（2015）在科学厘清我国农业可持续发展的制约因素的基础上，提出发挥农业产业集群优势，推进农业循环经济发展，创新涉农资金运行机制，构建新型农业经营体系，强化政府的服务性职能等路径，是实现我国农业可持续发展的指向性选择。汪占成（2015）认为可以从优化创新、优化动力结构等方面构建民族地区经济可持续发展的战略。民族地区的可持续发展可以通过个例的特殊性表现出来，进而衔接到普遍性。康涛和周真刚（2019）通过对四川阿坝州民族村寨个例的研究，找到民族特色村寨的可持续发展路径：通过村民责任、政府职责、社会责任的履行达成问题的解决。

如果想要让创新这一提升路径实现最大化能效，就需要人才的积极参与。杨高升、庄鸿和田贵良等（2023）指出乡村精英是联结政府、资本与农民的关键纽带，一方面带领农户在政府的支持下，成立合作社并扩充为合作联社，充分发挥党建联盟在联社中的"联心"作用；另一方面吸纳政府投资，成立乡镇企业，与优质资本达成合作，构建"政府＋企业＋基地＋农户"的利益联结体，推动乡村产业实现环保高效生产，农民获得持续稳定收益，从而推动乡村经济可持续发展。

三是政策是可持续发展提升路径上的重要推力。马胜春（2020）指出自2000年西部大开发战略实施以来，在财政税收、民族贸易、扶贫开发、兴边富民、精准扶贫等政策支持下，我国民族地区的经济发展取得了一系列重大进步。这些进步不仅带动了民族地区的经济增长，也为改善当地民众的生活条件和促进社会稳定作出了积极贡献。

可持续发展提升路径需要不断完善和调整，根据具体国家和地区的情况以及时代的发展进行制定和实施。韩宇飞（2021）认为后疫情时代，农业经济的可持续、产业结构的调整以及区域间经济合作的加强，有利于推动四川民族地区的经济可持续发展。吴海琳和曾坤宁（2023）指出，关注"附近"视域下的乡村数字化转型，处理好传统与现代、全球与地方、个体与社会的关系，扩大数字技术在社会领域的赋能效应，是激发乡村内生动力，推进数字乡村建设高质量和可持续发展的有效路径。

2.3.5 可持续发展提升机制研究

《新时代的中国绿色发展》提到改革开放以来，中国把节约资源和保护环境确立为基本国策，把可持续发展确立为国家战略。许多学者就可持续发展相关机制展开了深入研究。张复明（2000）认为中国发展不持续性的根本动因是体制不合理和技术落后，因此推动可持续发展的根本动力机制是制度创新和技术进步。于琳（2006）将制度创新机制细化为两方面：一是计划决策机制；二是宏观调控机制，同时提出利益分配机制、约束机制、资金投入整合机制。后续学者基于此对可持续发展机制展开详细研究并不断完善。杨照等（2019）从制度、法律、行政和标准这四个方面详细分析约束机制，并且认为可持续发展也可从激励机制入手，具体来说分为财政支持、农村金融、农村保险、产业政策、补偿机制这五个方面。李化等（2007）认为农业可持续发展的核心问题是资金问题，从融资角度提出财政投入机制、资金"回流"机制、利益提升机制、价格稳定机制、风险补偿机制、融资担保机制这六大机制。农业可持续发展三大动力机制为科学技术的支撑、法律法规的健全、新型职业农民的培养（周苏娅，2015）。农村经济发展方式向可持续发展转变，与农业生产的模式、土地资源、人力资源等方面密切相关，可持续发展可从农业生产转型机制、农村生态环境保护机制、农村土地资源的规划和利用机制、农村人力资源的开发和培训机制这几方面着手（王彤，2017）。而董跃民（2021）认为可持续发展除了关注农业生产、农业生态环境保护、法律规制这几方面外，还应该注意风险与利益分配法律法规。杨高升等（2023）探索可持续发展研究新视角，从内生式发展角度研究可持续发展机制，并提出多方利益联结机制与以农为主、环境友好的经营机制这两个核心机制。

2.4 本章小结

基于四省涉藏地区相对贫困人口可持续发展动力研究提供的理论基础，本章对四省涉藏地区，相对贫困人口，可持续发展动力、路径、机制的概念进行了界定。本书研究主要涉及三类相对贫困人口可持续发展动力问题。相对贫困人口脱贫的可持续发展动力可以理解为在谋求可持续发展的过程中，相对贫困人口由个体内部需求激发的自主性、积极性以及创造性，并影响行动的产生。"路径"的多种表达方式用来解释到达目的地的过程，例如我国农村兜底保障帮扶的优化路径，需要完善农村兜底帮扶保障制度，健全农村兜底保障筹资机制，优化农村兜底帮扶机制，加强农村兜底保障监管等制度体系，以提升返贫监测帮扶机制。"机制"是在一定的系统内部形成的，由系统内各要素之间的互相联系和作用的基本形式、运动原理和工作方式构成的。例如坚持和完善防返贫长效机制，需要保持政策总体稳定、投入力度不减、帮扶队伍不撤，各级财政投入与巩固拓展脱贫攻坚成果，乡村振兴做好衔接匹配。

本章对相关理论基础也进行了分析，包括内生增长理论、可持续生计理论等。内生增长理论的观点为：经济能够长期增长是由于技术进步、人力资本、制度变革这些内生因素而非任何外生因素，并且人力资本的积累在一定程度上能够影响技术的进步，政府政策制度的干预也影响着产业的发展速度和质量。投入要素增加时，技术、人力、制度能够促进资本收益率的提高；反过来，投资也会增加三者的价值，从而形成长期、稳定的良性经济增长体系。可持续生计理论是指在不同的环境下，人们根据自身能力对其所拥有的资产进行组合，以实现自身资产的持续利用和家庭福利的持续增长的生计状态。贫困代际传递理论是指贫困及其形成原因，在家庭内部或一定的社区或阶层范围内代代相传，使后代重复前代的贫困境遇，不断循环往复。基于生命周期理论的反贫困视角是指由于生命周期中的不同阶段相互关联并且贫困及贫困文化存在着代际传递，因此前一阶段的经历会对其后一阶段的经历产生作用和影响。人的全面发展理论根本上是指人的劳动能力的全面发展，包括人的智力和体力的充分有机的发展。同时，也涵盖人的才能、志趣和道德品质等的多方面发展。

本章依据可持续生计分析框架，阐述了本书的理论依据与研究视角。本书主要围绕可持续发展动力进行现状分析、影响因素分析，探索可持续发展动力的提升路径和保障机制，聚焦于四省涉藏地区相对贫困人口，从民族学视角探究可持续发展动力的提升路径和保障机制，结合上述理论分析，梳理相对贫困人口可持续发展动力相关理论的发展与演变过程。依据英国国际发展署（DFID）提出的可持续生计分析框架，研究人力资本、社会资本、金融资本、物质资本以及自然资本对可持续发展动力的影响，识别相对贫困原因。基于民族学视角，有针对性地提出适宜当地生存环境和民族人口发展的政策建议。

第 3 章

四省涉藏地区相对贫困人口
可持续发展动力概况

3.1 四省涉藏地区概况

3.1.1 地理概况

（1）青海省涉藏地区

青海的藏族自治州有六个，分别是玉树藏族自治州、黄南藏族自治州、果洛藏族自治州、海北藏族自治州、海西藏族蒙古族自治州以及海南藏族自治州。

玉树州的总体地势为南北高、中间低，西高东低，地形复杂且气候多变，因此属于典型的高寒性气候。玉树州太阳辐射程度强，年日照时数多，因此光能丰富，属于长日照区。

海西州是典型的高寒干燥大陆性气候区，可分为盆地四周山地高寒区以及柴达木盆地干旱荒漠区。深居大陆腹地，导致柴达木盆地降水稀少，气候干燥。海西州属青海省内地势较低地区，因此气温较高。盆地四周则属于山地寒区，气候寒冷且地势高峻。所以，海西州降水的主要特点呈现为降水日数少、降水量小。

其余四个自治州均具有显著且典型的高原大陆性气候特点，即高寒缺氧、气温低、昼夜温差大、光辐射强。春季干旱多风，夏季短促凉爽，秋季阴湿多雨，冬季漫长干燥。

（2）四川省涉藏地区

四川省涉藏地区包含甘孜藏族自治州、阿坝藏族羌族自治州和凉山州的木里县。甘孜州的气候主要具有青藏高原的气候特点，因海拔高低呈显著的垂直分布姿态。降水量少、日照充足、气温低下、冬季较长是其主要特点。按地理纬度，甘孜州属于亚热带气候区，但由于地势抬升强烈且地形复杂，且位于内陆深处，所以绝大部分区域无亚热带气候特征，反而形成了大陆性高原山地型季风气候，复杂多变，地域有显著差异。南北纬度差距为 6 度，因此气温随自南向北增加的纬度而逐渐降低，年均气温差达到 17℃以上。阿坝州垂直气候显著，光照充沛，昼夜温差大，无霜期短。冬季寒冷漫长，夏季短暂且呈南部温热、北部温凉的特征。春冬季节空气干燥，多阵性大风，各类灾害性天气如旱、霜、大雪、低温等出现较为频繁。大部分地区春秋季相连，干雨季分明。全州属于高原季风气候，分高山、山原、高山河谷三种气候类型。

（3）云南省涉藏地区

云南省涉藏地区的主要范围是迪庆藏族自治州，地处滇、川、藏三省份交界的横断山脉、标志性的三江并流自然奇观的腹心地带。迪庆州地处青藏高原南延部分，是云南省海拔最高的地方。"一山有四季、十里不同天"是云南省涉藏地区特殊气候的真实写照。

（4）甘肃省涉藏地区

甘肃省涉藏地区的地理范围主要是甘南藏族自治州，位于青藏高原东北边缘，南边连接四川阿坝州，西南连接青海黄南州、果洛州，东部和北部与陇南市、定西市、临夏州接壤。甘南州的气候属于大陆性季风气候，降水充沛，地理分布差异显著；光照充裕，但利用率低；热量不足，垂直差异大。全州大部分地区长冬无夏，春秋短促，部分地区除外。全州降水量的地理分布极不均匀，各地降水量差别很大。

表 3-1 为四省涉藏地区面积概况。由表 3-1 可知，青海省和四川省涉藏地区面积占比均较大，达到 50% 及以上，云南省和甘肃省涉藏地区面积占比较小，地域面积差距明显。

表 3－1	四省涉藏地区面积概况	单位：平方千米
涉藏地区所属省份	涉藏地区所属州、县	面积
青海（总面积：678989）	海北州	33893
	黄南州	8298
	海南州	44290
	果洛州	76432
	玉树州	205548
	海西州	280337
四川（总面积：486000）	阿坝州	84242
	甘孜州	153000
	凉山州木里县	13252
云南（总面积：394100）	迪庆州	23870
甘肃（总面积：425800）	甘南州	38521
	武威市天祝县	7149

资料来源：由 2019 年《中国县域统计年鉴》数据整理所得。

3.1.1.1 人口与民族构成

（1）青海省涉藏地区

截至 2019 年末，青海省户籍人口中藏族有 149.72 万人，占全省人口的 25.26%。

（2）四川省涉藏地区

截至 2019 年末，阿坝州户籍人口中藏族为 53.50 万人、羌族为 16.71 万人、汉族为 16.73 万人，占总人口的比例分别为 59.5%、18.6%、18.6%。甘孜州境内有彝族、藏族、羌族等 25 个民族，总人口为 109.7 万人，其中，藏族占 78.29%。

（3）云南省涉藏地区

截至 2019 年末，云南省涉藏地区常住总人口为 40.03 万人，其中，户籍人口为 36.96 万人。在户籍人口中，少数民族人口占总人口的 89.17%。其中，藏族占总人口的 36.11%，傈僳族占总人口的 30.29%，纳西族占总人口的 12.63%。

（4）甘肃省涉藏地区

甘南州是中国十个藏族自治州之一。截至 2019 年末，甘南州总人口有 74.97 万人，其中藏族人口为 42.38 万人，藏族人口占 56.53%。①

由表 3-2 可知，青海省藏族人口比例为四省涉藏地区中最大，其余省份占比在 2% 以下，人口比例差距明显。但从绝对数看，四川省的藏族人口人数也超过 100 万人，与青海省相差较小，同样值得关注。

表 3-2 四省涉藏地区人口概况

省份	藏族人口数（万人）	占全省人口比例（%）
青海	149.72	25.26
四川	124.06	1.48
云南	13.35	0.27
甘肃	41.51	1.57

资料来源：由 2019 年青海省、四川省、云南省、甘肃省统计年鉴（以下简称"四省统计年鉴"）数据整理所得。

3.1.1.2 地形与自然资源

（1）青海省涉藏地区

海西州以昆仑山、阿尔金山、祁连山环抱着的柴达木盆地为主体，地势西北、东南低。果洛州海拔平均在 4200 米以上，整个地形呈现西北高，多丘陵且地形平缓；东南低，多高山且坡陡谷深，从西北向东南倾斜。海南州地形以山地为主，平均海拔在 3000 米以上，四周环山，盆地居中，高原丘陵和河谷台地相间其中，地势起伏较大，复杂多样。海北州境内的祁连山地处中国地势第三台阶，青藏高原东北部，黄土高原西缘。海北州位于祁连山中部地带，州内地貌特点为地势高，骨架明显，类型多样。黄南州地势南高北低，南部泽库、河南两县属于青南牧区，海拔高于 3500 米，气候高寒，成为

---

① 资料来源于 2019 年青海省、四川省、云南省、甘肃省统计年鉴，2019 年阿坝藏族羌族自治州、四川省、云南省、甘南藏族自治州国民经济和社会发展统计公报。

自治州发展畜牧业的主要基地。

海西州内的柴达木盆地是青海省野生动物重点保护区之一，其地形峻山、丘陵、盆地、河谷、湖泊交叉分布，复杂多样，形成特殊的自然环境，且人口稀少，适宜野生动物繁衍生息。此外，柴达木盆地具有丰富的矿产资源，储备量大、品位高、类型齐全、分布集中、资源组合好。

玉树州独特的地理位置孕育了较为丰富的植物资源，栖息着各种珍禽异兽。

果洛州的药用动植物资源相当丰富，冬虫夏草、当归、党参、川芎、黄芪等药用植物遍布州内大部分地区；矿产资源丰富，德尔尼铜矿是国家已探明的大型铜钴矿，位居中国前五位，铜、钴、硫、金为中型规模，潜在经济价值约几百亿元人民币。

海南州境内黄河流程 411.3 千米，是水电资源的"富矿区"；野生植物资源十分丰富，有野生经济植物 300 余种，其中药用植物 134 种；矿产资源丰富，已发现有 58 种矿藏，铜储量相当可观，占全省保有资源储量的 20%以上。

海北州蕴藏着极为丰富的水利资源，地域辽阔，地质构造复杂，成矿条件优越，矿产品种多、储量较大，动植物资源丰富。

黄南州也蕴藏有丰富的水能资源、矿产资源和丰富的药材生物资源。

(2) 四川省涉藏地区

甘孜州境内地形呈现出中部突起、东南缘深切、北高南低、地势高亢、山川平行相间、地域差异显著等特征。地貌依地势高程、河流切割深度和地表特征主要分为丘状高原区、高山原区、高山峡（深）谷区三种类型。境内最高海拔达 7556 米，北部高原与南部河谷海拔差达 3000 余米，最低海拔为1000 米。甘孜州境内有着丰富的水力和地热资源；矿产资源有金、银、铜、铁、钼、锂、大理石、花岗岩等；名贵中药材有天麻、虫草、贝母、当归、黄芪等；野生动物有大熊猫、小熊猫、金丝猴、白唇鹿等。此外，四川甘孜属于"中华水塔"的重要组成部分，是涵养长江水源、保护水质的天然屏障，是生物多样性的宝库和特有资源的中心，在维系长江流域的生态平衡中发挥着重要作用。同时，其也是全国第二大林区西南林区的重要组成部分，是世界上自然生态最完整、气候垂直带谱与动植物资源垂直分布最多的地区之一，林地面积占全省的近 1/3，森林覆盖率达 33.9%。

阿坝州呈典型高原特征，平均海拔在 3500～4000 米之间，地势高亢，高原由丘状高原面和分割山顶面组成。山势南高北低，山川呈西北至东南走向，河谷地势东南低、西北高。阿坝州蕴藏的矿产资源丰富，已发现矿种 54 个，大型矿床 12 处，中型矿床 10 处，小型矿床 36 处；大宗药材资源丰富，有"天然药库"之称。

（3）云南省涉藏地区

云南省涉藏地区呈现近肺状的地形，以山地、古高原面和岭峰为主的地貌形态，呈"三山挟两江"的境内地理。云南省涉藏地区拥有丰富的矿产资源。东南亚锡矿带和玉树—义敦横贯全境的铜、铅、锌、银、金、汞矿带，是有色金属和稀有金属、非金属矿的富集区之一。全域有金属矿产 17 种、非金属矿产 20 种，矿床和矿点达 323 处；云南省涉藏地区是地球上生物资源多样性最具代表性的地区之一，享有"滇西北物种基因库""动植物王国""天然高山生物园"等美称，有野生哺乳动物 125 种，鸟类野生动物 337 种，同时还是世界著名花卉杜鹃、报春、龙胆、绿绒蒿、细叶莲瓣等植物的分布中心。云南省涉藏地区还是"三江并流"水资源最富集的地方，水资源总量为 119.7 亿立方米，可利用量达 95.7 亿立方米，水能资源开发潜力巨大，水能资源理论蕴藏量达 517 万千瓦。

（4）甘肃省涉藏地区

甘南州地处青藏高原东北边缘，位于青藏高原、黄土高原和陇南山地的过渡地带。呈现西北高、东南低的板块地势，由西北向东南呈倾斜状。矿产资源丰富，矿种多且类型比较齐全。甘南位于黄河、长江的上游，洮河、大夏河以及长江支流白龙江发源于此。东部呈典型的高山峡谷地貌，河谷深邃且河道落差集中，水能资源蕴藏丰富。甘南州内植物区系因复杂的地理成分，树种资源丰富。甘南州是甘肃珍贵动物的主要栖息区之一，野生动物资源丰富，尤其是珍贵动物的种类和数量，在全省占有较大比重。

3.1.2　社会经济发展概况

"四省涉藏地区"作为概括性名称，包含了分布在四川、甘肃、云南和青海四个省份的藏族自治州（县）。位于青藏高原及其延伸段的中国藏族聚居区，是我国较少有的少数民族人口比例高、地势海拔高、相对贫困人口比例高且返贫率高，以及经济社会发展水平较低的"四高一低"特殊区域，已成为全国乡村振兴的重难点区域。在国家实施精准帮扶策略后，涉藏地区的针对性反贫困问题研究引起了普遍关注。

3.1.2.1　四省涉藏地区经济概况

进入 21 世纪以来，尽管我国四省涉藏地区经济社会已经快速发展，但出于原生基础差、底子薄的问题，绝对发展水平较低的现实问题仍然存在。近年四省涉藏地区保持较快速度的经济增长，但仍存在严重的人均水平落差大，少数四省涉藏地区不平衡、不充分发展的问题。一些地区还普遍存在生产方式相对传统、落后的问题。由 2021 年《中国统计年鉴》和 2021 年《青海省统计年鉴》数据计算得出，2020 年四省涉藏地区人均国内生产总值（GDP）为 20380.9 元，而同期全国人均 GDP 为 70724.6 元，四省涉藏地区人均 GDP 仅约为全国人均水平的 28.8%。2020 年四省涉藏地区人均消费支出为 17135.5 元，同期全国水平为 21558.9 元，相差 4423.4 元（见表 3-3）。

表 3-3　　　　　2020 年全国与四省涉藏地区经济社会发展基本情况

指标	全国平均	四省涉藏地区
人均 GDP（元）	70724.6	20380.9
人均消费支出（元）	21558.9	17135.5
三次产业比重（%）	0.07∶0.39∶0.54	0.12∶0.35∶0.53
城镇化率（%）	60.6	51.7
城镇居民人均可支配收入（元）	42359	21228
农村居民人均可支配收入（元）	16021	11925
公共预算收入（亿元）	6141.6	1819.3

资料来源：由 2021 年《中国统计年鉴》和 2021 年《青海省统计年鉴》数据整理所得。

四省涉藏地区经济基础薄弱,其经济结构中主要存在三种矛盾:一是三次产业的结构性矛盾。2020 年,四省涉藏地区三次产业结构比例为 0.12∶0.35∶0.53,同期全国三次产业结构比例为 0.07∶0.39∶0.54。第一产业比重仍较高;第二产业资源型、传统加工型产业较多,而多数产品附加值和科技含量低;第三产业餐饮、商贸服务业较多,现代服务业较少,社会发展整体仍处于工业化初期阶段,工业化、信息化进程缓慢。涉藏地区少数民族劳动者综合素质较低,增收渠道单一,生产结构单一,生产手段落后,收入主要依靠农业、畜牧业,多数地方还处于"靠天吃饭""靠天养畜"的阶段。此外,特色产业无项目支撑,缺乏龙头企业支撑,没有完整的产业链,相对贫困地区"造血"和自我发展能力较弱。二是由于国家的非均衡发展战略在前期实施,东部地区发展早于四省涉藏地区,城镇化水平领先于四省涉藏地区。2020 年,四省涉藏地区城镇化率平均为 51.7%,同期全国城镇化率为 60.6%,其中甘肃的城镇化率仅为 48.49%,云南、四川、青海的城镇化率分别为 48.91%、53.79%、55.52%。① 三是城乡收入水平差距较大。2020年四省涉藏地区城镇居民人均可支配收入为 21228 元,农村居民人均可支配收入为 11925 元,相差 9303 元(见表 3 - 3)。

四省涉藏地区相对贫困人口的务工收入在全国相对贫困人口水平的1/2以下,说明相对贫困人口仍存在自身资本积累严重不足的问题。四省涉藏地区相对贫困人口的收入状况主要呈现出两个特点:一是务工收入的占比过低,而对转移性收入依赖较大;二是收入水平较低。这表明,目前四省涉藏地区相对贫困家庭收入渠道多元化不足,比较单一,这也意味着未来对相对贫困人口的大量帮扶政策撤出后,原先已脱贫的人口重返贫困的可能性较大。

3.1.2.2 四省涉藏地区经济社会发展水平仍然较低的原因

(1)外部约束:环境的阻碍性

常见的外部环境约束有自然资源禀赋、公共服务、公共部门政策以及社会文化背景等。而在四省涉藏地区,上述外部因素较为明显地阻碍了相对贫

---

① 资料来源于 2020 年四省统计年鉴。

困人口的发展，应给予更多关注，着重考察。自然环境作为基础性要素之一，其产生的影响体现在四省涉藏地区区域发展的各方面。独特的自然环境和地理地貌决定了四省涉藏地区的经济、政治、文化、社会都与平原地区有着较大差异。在平原地区，社会发展程度较高，政府减轻和消除自然因素对于社会和个人发展干扰的方法往往是通过构建社会安全网。而在四省涉藏地区，则大多依靠个人自我防范，这也就导致了严重的自然因素冲击。并且在此基础上，政治以及文化因素的约束可能还会对相对贫困人口产生二次或多次冲击。

外部环境对于相对贫困人口的阻碍作用常见于具有一些共同特征的区域性相对贫困地区。首先，就地貌而言，四省涉藏地区难以像平原地区那样发展规模化的市场，劳动力市场不够充分，难以实现高水平的工资和充分就业。其次，四省涉藏地区的民族构成复杂，不同的语言、文字、生活习惯等阻隔了少数民族之间的交流合作。再次，高昂的交通成本以及远离家庭在一定程度上抑制了劳动力向外流动以获得更多就业机会的意愿，尤其对于缺乏足够劳动力的家庭影响更为突出。最后，由于四省涉藏地区是我国众多大江大河的发源地和汇集地，境内包含多个生态保护区，其中，甘肃省的甘南州超过90%的国土面积都因生态保护而被列入限制或禁止开发区，相应地，国家给予了该地区相对其他地区而言更多的生态补贴。因此生态补贴也逐渐成为相对贫困人口收入中较为重要的一部分，从而造成了目前四省涉藏地区相对贫困人口收入水平较低、对转移支付性收入较为依赖的现状。

（2）内部原因：可持续发展动力与自身发展能力不足

根据对已有文献的梳理和前期调研成果，可以总结出在四省涉藏地区可持续发展实践中仍存在这些现象：农户在可持续发展中存在不劳而获的机会主义行为；"我要发展"意识缺乏，缺乏改变自身生计状况的动机、意愿和行动；相对贫困地区存在与现代社会发展不兼容的文化贫困、精神贫困；高寒山区、干旱山区和沙漠化地区的涉藏地区人口易发生贫困世代传递等。一方面，一直以来，政府的主体责任在涉藏地区脱贫的过程中过于强大，导致现在一些相对贫困人口认为享受政府帮扶是理所应当的，依旧存在"等、靠、要"思想和意志力薄弱等现象；另一方面，涉藏地区大部分地区经济发展以牧业为主，工业总体上处于工业化初级阶段，受思想观念、教育程度等因素制约，涉藏地区群众的市场参与程度低，自身愿意可持续发展的意愿低。另外，教育帮扶是实现提升可持续发展目标的有效武器，而涉藏地区相对贫困人口受教育程度普遍较低，学龄儿童"不进学校进寺庙"的现象偶有发生，导致可持续发展能力严重不足。

3.1.2.3　四省涉藏地区社会概况

（1）供给相对匮乏的社会公共服务，水平普遍低下的公共基础设施建设

由于四省涉藏地区缺乏可用于发展的自然和人力资源，因此，在一定的税收制度以及财政收入划分制度下，四省涉藏地区的财政收入更依赖于上级政府的转移支付。全面脱贫前，四省涉藏地区基本处于严重的入不敷出的状态。在省级财政方面，四省均面临着省级公共财政能力弱的问题，发展支持补贴仍较为不足。在低财政收入、高建设成本、高维护成本以及严开发政策的共同作用下，四省涉藏地区的公共服务和公共基础设施严重供给不足。全面脱贫后，四省涉藏地区虽然在很大程度上改善了公共服务水平和公共基础设施的供给，但是相比非涉藏地区仍然较差，存在较大的提升和改善空间。

（2）部分公共政策在四省涉藏地区推广性相对较差

实地调研发现，四省涉藏地区的部分公共政策由于诸多原因，难以达到预期效果。这种政策的不适应性导致政策的目标群体实际受益程度与名义受益程度存在较大偏差。尽管四省涉藏地区的支柱产业为农牧业，但其农牧业企业规模较小、分布较为分散，难以达到省级政府政策规定的申请规模和产值标准，因此无法获得相关项目的各种支持。在社会保障方面，由于社会养老保险缴费时间长（累计缴费 15 年）、待遇领取起步年限高（居民养老保险满 60 周岁），与四省涉藏地区人均预期寿命低、相对贫困人口人均收入水平低的现实情况匹配度有偏差，因此从了解到的情况来看，居民参与社会养老保险的情况也未能达到预期效果。

（3）高原特色生态文化旅游开发较为不充分

四省涉藏地区内独特的自然风光和以藏传佛教为特色的人文景观使其成为旅游胜地。但目前大部分景区道路通行能力较差，基础设施建设以及服务

质量仍然停留在过去，没有得到提升。相对非涉藏地区，四省涉藏地区景区的旅游资源无法充分发挥作用，因此难以进一步带动经济增长。

（4）生态环境面临一定程度的持续恶化

在四省涉藏地区，相对贫困人口的分布特征与区域的生态脆弱性有着高度的耦合性，并且生计脆弱与生态环境恶化之间也存在着一定的因果关系。现有生态补偿机制补偿标准的不科学、范围的不明确、模式的单一，导致涉藏地区发展权益损失的补偿不足，生态环境不能得到充分保护，更加加剧了农户的生计脆弱性，严重制约了经济的可持续发展。

（5）思想观念仍然相对保守

老一辈农户受限于落后的文化水平，其接受新事物、新观念的能力相对较弱，导致当前农户可持续发展的思想动力和行为能力较为不足，年幼的孙辈受其影响，思想容易固化，创新发展观念严重不足。与此同时，相对贫困地区"老人村""空心村"的大量存在，阻碍了经济发展的步伐，这在一定程度上也束缚了当地群众的思想观念，思想进步的壁垒难以打破。思想观念落后、可持续发展动力不足等精神落后的问题会随着时间的推移在相对贫困群众中逐渐固化，难以彻底消除，并有延续至下一代的可能性。全面脱贫后，四省涉藏地区居民可持续发展意愿有很大的改善，大部分农户都认为要靠自己实现增收，不能过度依赖政府。但是四省涉藏地区的居民普遍对自己未来的经济发展没有明确规划，主观能动性较差。

（6）涉藏地区人口健康水平仍然不高

在自然、经济与社会条件的共同影响下，相对贫困人口的健康水平低下。一方面，涉藏地区的居民为了应对当地独特的自然环境而形成的饮食、居住等生活行为习惯可能会诱发部分地方病的产生，如包虫病、结核病、高原性心脏病等；另一方面，严苛的气候可能会诱发身体疾病，并且陡峭的地貌使由意外事故造成的伤残、死亡的概率增大。

（7）涉藏地区人力资本稍显薄弱

四省涉藏地区缺乏可持续发展动力的根本原因是人力资本的薄弱以及医疗卫生条件、教育、社会文化、科技等的落后。人力资本是指在教育、迁移、职业培训、健康等方面的投资，以及劳动者在接受教育时的机会成本的总和。

四省涉藏地区人力资本发展的限制因素主要体现在以下三个方面。

一是医疗卫生方面。全面脱贫前，四省涉藏地区医疗服务质量整体不高，具体表现在优质医疗资源不足并且其分布不均；基层卫生人员待遇较低；基层医疗机构对人才的吸引力不够，难以引进和留住人才；诊疗技术条件差；乡村卫生机构基础设施较差等方面。另外，更多附加的看病成本（如交通和住宿）带来的家庭经济负担极大地阻碍了涉藏地区居民进入医疗条件更好的高等级医院治疗的意愿。全面脱贫后，四省涉藏地区的医疗水平有了很大提高，但是相比非涉藏地区仍然较低，还有较大提升和改善空间。

二是教育方面。全面脱贫前，部分深度贫困家庭由于家庭收入有限，花费在子女教育上的费用很少，甚至没有；也有少部分深度贫困家庭认为其子女接受教育带来的机会成本较低，且会使本就拮据的家庭经济压力增加，对子女的教育未给予足够重视，不愿在子女读书上花费更多的金钱。因此，较低的教育水平使得年轻一代的发展被严重局限，加剧了精神贫困的代际传递。全面脱贫后，家庭对子女教育的资金投入程度有了较大提升，这不仅反映了义务教育的全面普及，还反映了教育帮扶工作的有效成果。此外，师资力量仍较为缺乏。绝大部分的相对贫困地区处在大石山区地带，地理位置较为偏远、交通闭塞、教学条件差、生活不便，并且由于特岗教师待遇较差及教师编制问题长期得不到有效解决，难以吸引师资队伍，引进人才的计划也常被搁置。

三是文化设施建设方面。全面脱贫前，大部分地区公共文化设施建设起步较晚，财政收入项目少，但财政支出项目多，对公共文化设施的投入资金较少且投入总量较小。此外，政府的帮扶资金主要用于发展生产和改善相对贫困人口的物质生活，因此对于文化设施的建设关注较少，导致当前公共文化服务供需不平衡，文化设施建设并不能满足人民日益增长的文化需求。另外，人口较少、位置偏远的相对贫困村屯中的公共文化设施建设仍存在较大空白。全面脱贫后，对文化设施建设的认识以及文化建设的基础有了较大提升，但是，仍有一些公共文化设施基本处于闲置状态，对公共文化设施的使用以及管理方面仍显不足。

3.2　四省涉藏地区相对贫困人口可持续发展动力现状

3.2.1　四省涉藏地区相对贫困人口可持续发展动力整体状况

3.2.1.1　可持续发展意愿概况

相对贫困人口可持续发展意愿不仅关系到相对贫困人口致富增收，更对后续脱贫攻坚成果的巩固具有重要影响。为了更真实地了解四省涉藏地区相对贫困人口的基本情况，本书对涉藏地区的1720户农户进行了实地调研，其中全面脱贫前获得四省涉藏地区数据664份，全面脱贫后获得1056份，详细了解了相对贫困人口的可持续发展能力与可持续发展意愿概况。

基于前期调研数据，分析发现四省涉藏地区相对贫困人口可持续发展意愿较高，83.9%的访谈对象认为靠自己的努力能够实现致富增收，93.0%的相对贫困人口对致富增收充满信心，90.6%的相对贫困家庭认为国家支持、干部帮扶不是理所应当的，并且对可持续发展充满信心，认为"我要富"更加重要。但是，研究发现52.5%的家庭缺乏经营计划，12.1%的家庭对帮扶资源依赖性较强（见表3-4）。

表3-4　　　　　四省涉藏地区相对贫困人口可持续发展意愿概况

指标	类型	频次	百分比（%）
您认为您会以何种方式实现可持续发展	靠政府	107	8.2
	靠自己	1091	83.9
	二者都有	102	7.8
您认为国家支持、干部帮扶是理所应当的吗	是	122	9.4
	否	1178	90.6
您认为"我要富"和"要我富"谁更重要	我要富	1237	95.8
	要我富	54	4.2

续表

指标	类型	频次	百分比（%）
可持续发展信心	很没信心	28	2.2
	没信心	63	4.8
	有信心	815	62.7
	很有信心	394	30.3
是否有发展经营计划	是	613	47.5
	否	678	52.5
帮扶资源依赖性	不依赖	148	11.4
	一般	995	76.5
	十分依赖	157	12.1

资料来源：问卷整理所得。由于取值精度问题，数据可能会大于或小于100%。后文同。

3.2.1.2　可持续发展能力概况

可持续发展能力主要包含人力资本、自然资本、物质资本、金融资本、社会资本五个方面。

（1）四省涉藏地区相对贫困人口人力资本

根据问卷调查统计的数据，四省涉藏地区相对贫困人口人力资本普遍较低。劳动力只有0~2人的家庭占比超过60%，34.7%的家庭人口抚养比大于1，这表明多数家庭的劳动力数量不足并且承担着较大的抚养负担，这部分农户更加容易陷入可持续发展动力困境。36.1%的户主没有上过学，小学文化水平占41.3%，能够使用汉语流利交流的仅占45.3%，超过一半的受访对象不会使用汉语交流，农户的受教育程度普遍较低，可持续发展能力不足。1300个访谈对象中只有109人次参加过特殊教育培训，表明当前还需加大力度实施帮扶政策，才能有效激发脱贫户的可持续发展动力。在自评健康时，超过20%的户主认为自身健康存在问题（见表3-5）。总体而言，劳动力数量缺乏、受教育程度低、儿童就学难、健康状况有待加强是目前涉藏地区相对贫困人口人力资本方面存在的问题。

表 3 - 5　　　　　　　四省涉藏地区相对贫困人口人力资本概况

指标	类型	频次	百分比（%）
劳动力数量	0	125	7.7
	≤2	930	57.3
	≥3	569	35.0
人口抚养比	≤1	1063	65.3
	>1	565	34.7
户主学历	没上过学	583	36.1
	小学	668	41.3
	初中及以上	366	22.6
儿童教育	就学困难（是）	187	12.0
	就学困难（否）	1368	88.0
自评健康	不健康	122	7.8
	一般健康	241	15.3
	比较健康	457	29.0
	很健康	436	27.7
	非常健康	318	20.2
汉语能力	不会	359	22.4
	一般	516	32.3
	流利交流	725	45.3
特殊教育培训	是否参加（是）	109	8.5
	是否参加（否）	1179	91.5

资料来源：问卷整理所得。

（2）四省涉藏地区相对贫困人口自然资本

自然资本也是影响相对贫困人口可持续发展动力的因素之一。结合调研数据，四省涉藏地区相对贫困人口中有 69.4% 的家庭种植农作物，63.2% 的家庭有饲养家禽。50.5% 的农户比较了解生态补偿政策，且有 77.4% 的农户得到了生态补偿金。超过 90% 的农户认为有必要进行环境保护，并且其能源消费量能满足自身需求（见表 3 - 6）。

表 3 - 6 四省涉藏地区相对贫困人口自然资本概况

指标	类型	频次	百分比（%）
您家是否种植	是	1116	69.4
	否	493	30.6
您家是否养殖	是	950	63.2
	否	554	36.8
您是否得到过生态补偿资金	是	963	77.4
	否	281	22.6
您家当前的能源消费量是否能满足自家的需求	完全不能满足	5	0.4
	不太能满足	31	2.3
	仅满足生存需求	77	5.7
	基本满足	673	49.8
	完全满足	566	41.9
您是否了解生态补偿政策	没听说过	193	15.8
	听说过但不了解	177	14.5
	比较了解	615	50.5
	非常了解	234	19.2
您认为有必要进行环境保护吗	完全没必要	31	2.4
	保不保护都可以	30	2.3
	有必要	742	57.8
	非常必要	480	37.4

资料来源：问卷整理所得。

（3）四省涉藏地区相对贫困人口物质资本

接近 96% 的家庭都有电冰箱、电视、洗衣机，60.6% 的家庭拥有热水器，仅有 18.6% 的家庭拥有煤气灶，16.4% 的家庭拥有计算机，四省涉藏地区计算机的普及率仍有待进一步提升（见表 3 - 7）。

表 3 - 7 四省涉藏地区相对贫困人口物质资本概况

指标	类型	频次	百分比（%）
您家有以下哪些家用电器	电冰箱	1236	95.1
	电视	1241	95.5
	洗衣机	1242	95.5
	热水器	788	60.6
	煤气灶	242	18.6
	计算机	213	16.4

资料来源：问卷整理所得。

（4）四省涉藏地区相对贫困人口金融资本

结合调研数据，四省涉藏地区相对贫困人口 2020 年人均收入水平较高，但政府补贴力度亟待加强，2020 年仅有 69.6% 的家庭收到了不同程度的政府补贴；小额信贷帮扶力度有待提高，2020 年申请小额信贷的相对贫困家庭仅占 39.8%，不利于相对贫困人口发展生产力（见表 3 - 8）。总体而言，四省涉藏地区相对贫困人口收入水平已有明显改善，但政府补贴力度和小额信贷帮扶力度仍需加强。

表 3 - 8 四省涉藏地区相对贫困人口金融资本概况

指标	类型	频次	百分比（%）
人均收入	<4000 元	220	13.8
	4000～9999 元	587	36.8
	10000～19999 元	360	22.6
	≥20000 元	426	26.8
是否获得政府补贴	是	1101	69.6
	否	480	30.4
是否申请小额信贷	是	631	39.8
	否	956	60.2

资料来源：问卷整理所得。

（5）四省涉藏地区相对贫困人口社会资本

社会资本是衡量涉藏地区相对贫困人口可持续发展动力的一个重要组成部分，结合实地调研数据发现四省涉藏地区相对贫困人口社会资本存量仍有不足，40.0%的相对贫困家庭 2020 年人情支出较高，支出金额超过了国家贫困线标准。一般来说，支出金额越高的家庭社会资本可能越大，但过高的人情支出也会给家庭增添不必要的负担，进而影响脱贫户的可持续发展动力。89.9%的家庭缺乏领导能力，而领导能力有助于家庭成员提高政治觉悟、积极响应政府的号召，从而更好地落实帮扶政策。58.3%的家庭未加入合作社，生产经营组织程度不高，生产技术水平低，生产规模较小（见表 3 - 9）。总体而言，领导能力缺乏、生产经营组织化程度低是目前涉藏地区相对贫困人口社会资本方面存在的问题。

表 3 - 9　　　　　　　四省涉藏地区相对贫困人口社会资本概况

指标	类型	频次	百分比（%）
人情支出	≤4000 元	977	60.0
	>4000 元	650	40.0
家中成员是否有村干部（领导能力）	是	165	10.1
	否	1461	89.9
是否加入合作社	是	542	41.7
	否	758	58.3

资料来源：问卷整理所得。

除人力资本、自然资本、物质资本、金融资本、社会资本五个方面外，涉藏地区还存在基础设施、生产手段较为落后的问题，这可能会使部分农户高度依赖政府提供的物质资本支持，进而导致可持续发展动力的缺乏。

3.2.2　全面脱贫前四川省涉藏地区人口可持续发展动力状况

3.2.2.1　可持续发展意愿概况

2018～2020 年本书课题组对四川省涉藏地区的 367 户农户进行了实地访

谈调查，详细了解了农户的可持续发展能力与可持续发展意愿概况。基于前期调研数据，分析发现四川省涉藏地区农户可持续发展意愿较高，75.4%的访谈对象认为靠自己的努力能够实现脱贫致富，96.4%的贫困户对脱贫致富充满信心，98%的贫困家庭认为国家支持、干部帮扶不是理所应当的，并且有96.4%的相对贫困家庭对脱贫充满信心，有99.6%的家庭认为"我要富"更加重要。但是，研究发现46.7%的家庭缺乏经营计划，18.9%的家庭对扶贫资源依赖性较强（见表3-10）。

表3-10　　　　全面脱贫前四川省涉藏地区农户可持续发展意愿概况

指标	类型	频次	百分比（%）
您认为您会以何种方式实现可持续发展	靠政府	52	21.3
	靠自己	184	75.4
	两者都有	8	3.3
您认为国家支持、干部帮扶是理所应当的吗	是	4	1.6
	否	240	98.4
您认为"我要富"和"要我富"谁更重要	我要富	243	99.6
	要我富	1	0.4
您对自己未来实现脱贫致富的信心程度	很没信心	5	2.1
	没信心	4	1.6
	有信心	97	39.8
	很有信心	138	56.6
是否有发展经营计划	是	130	53.3
	否	114	46.7
扶贫资源依赖性	不依赖	8	3.3
	一般	190	77.9
	十分依赖	46	18.9

资料来源：问卷整理所得。

3.2.2.2　可持续发展能力概况

可持续发展能力主要包含人力资本、自然资本、物质资本、金融资本、社会资本五个方面。

（1）全面脱贫前四川省涉藏地区农户人力资本

根据问卷调查统计的数据，四川省涉藏地区农户人力资本普遍较低。劳动力只有 0~2 人的家庭占比接近 80%，52.9% 的家庭人口抚养比大于 1，这表明大多数家庭的劳动力数量不足并且承担着较大的抚养负担，这部分家庭更加容易陷入可持续发展能力困境。48.8% 的户主没有上过学，小学文化水平占 33.5%，能够使用汉语流利交流的仅占 35.2%，33.5% 的受访对象不会使用汉语交流，脱贫户的受教育程度普遍较低，可持续发展能力不足。367 个访谈对象中只有 1 人参加过特殊教育培训，表明当前还需加大力度实施能力精准帮扶措施，以有效激发脱贫户的可持续发展动力。在自评健康时，接近 20% 的户主认为自身健康存在问题（见表 3-11）。

表 3-11   全面脱贫前四川省涉藏地区农户人力资本概况

指标	类型	频次	百分比（%）
劳动力数量	0 人	24	6.5
	≤2 人	253	68.9
	≥3 人	90	24.5
人口抚养比	≤1	174	47.4
	>1	194	52.9
户主学历	没上过学	179	48.8
	小学	123	33.5
	初中及以上	65	17.7
儿童教育	就学困难（是）	17	4.6
	就学困难（否）	350	95.4
自评健康	不健康	45	5.7
	一般健康	29	17.6
	比较健康	78	7.9
	很健康	90	21.3
	非常健康	83	24.5

指标	类型	频次	百分比（%）
汉语能力	不会	123	33.5
	一般	115	31.3
	流利交流	129	35.2
特殊教育培训	是否参加（是）	1	0.4
	是否参加（否）	243	99.6

资料来源：问卷整理所得。

（2）全面脱贫前四川省涉藏地区农户自然资本

自然资本也是影响农户可持续发展能力的因素之一。结合调研数据，四川省涉藏地区农户62.7%的家庭有种植农作物，81.2%的家庭有养殖。95.9%的农户了解生态补偿政策，有98.8%的农户认为有必要和非常必要进行环境保护，以及有99.2%的农户的能源消费量能满足自身需求，99.2%的农户得到了生态补偿金（见表3-12）。

表3-12　　　　全面脱贫前四川省涉藏地区农户自然资本概况

指标	类型	频次	百分比（%）
您家是否种植	是	230	62.7
	否	137	37.3
您家是否养殖	是	198	81.2
	否	46	18.8
您是否得到过生态补偿资金	是	242	99.2
	否	2	0.8
您家当前的能源消费量是否能满足自家的需求	完全不能满足	0	0.0
	不太能满足	0	0.0
	仅满足生存需求	2	0.8
	基本满足	60	24.6
	完全满足	182	74.6

续表

指标	类型	频次	百分比（%）
您是否了解生态补偿政策	没听说过	1	0.4
	听说过但不了解	9	3.7
	比较了解	104	42.6
	非常了解	130	53.3
您认为有必要进行环境保护吗	完全没必要	0	0
	保不保护都可以	3	1.2
	有必要	132	54.1
	非常必要	109	44.7

资料来源：问卷整理所得。

（3）全面脱贫前四川省涉藏地区农户物质资本

99%左右的家庭都有电冰箱、电视、洗衣机，63.9%的家庭拥有热水器，仅有5.3%的家庭拥有煤气灶，2.5%的家庭拥有计算机（见表3-13）。

表3-13　　　　全面脱贫前四川省涉藏地区农户物质资本概况

指标	类型	频次	百分比（%）
您家有以下哪些家用电器	电冰箱	242	99.2
	电视	242	99.2
	洗衣机	240	98.4
	热水器	156	63.9
	煤气灶	13	5.3
	计算机	6	2.5

资料来源：问卷整理所得。

（4）全面脱贫前四川省涉藏地区农户金融资本

收入是衡量贫困最直接的方法，结合调研数据，四川省涉藏地区农户2020年人均收入水平较高，有19.1%的家庭人均收入低于国家贫困线；政府补贴力度亟待加强，2020年有91.3%的家庭获得了不同程度的政府补贴；扶贫小额信贷帮扶力度有待提高，申请过小额信贷的贫困家庭占59.4%（见表3-14）。

表3-14　　　　　　全面脱贫前四川省涉藏地区农户金融资本概况

指标	类型	频次	百分比（%）
人均收入	<4000 元	70	19.1
	4000～9999 元	249	67.9
	10000～19999 元	40	10.9
	≥20000 元	8	2.2
是否获得政府补贴	是	335	91.3
	否	32	8.7
是否申请小额信贷	是	218	59.4
	否	149	40.6

资料来源：问卷整理所得。

（5）全面脱贫前四川省涉藏地区农户社会资本

结合实地调研数据发现四川省涉藏地区农户社会资本存量仍有不足，27.0%的贫困家庭2020年人情支出较高，支出金额超过了国家贫困线标准，一般来说，支出金额越高的家庭社会资本可能越大，但过高的人情支出也会给家庭增添不必要的负担，进而影响脱贫户的可持续发展能力。94.3%的家庭缺乏领导能力，而领导能力有助于家庭成员提高政治觉悟、积极响应政府的脱贫号召，从而更好地落实扶贫政策。54.5%的家庭未加入合作社，生产经营组织程度不高，生产技术水平低，生产规模较小（见表3-15）。

表3-15　　　　　　全面脱贫前四川省涉藏地区农户社会资本概况

指标	类型	频次	百分比（%）
人情支出	≤4000 元	268	73.0
	>4000 元	99	27.0

续表

指标	类型	频次	百分比（%）
家中成员是否有村干部（领导能力）	是	21	5.7
	否	346	94.3
是否加入合作社	是	111	45.5
	否	133	54.5

资料来源：问卷整理所得。

经过 2018 年对甘肃、青海、云南三省涉藏地区的实地调研，发现问卷在设计指标方面有所不足，因此在 2021 年的问卷中更换、增添了一些新的指标，以保证针对可持续发展动力调研的真实性、全面性。在分析全面脱贫前甘肃、青海、云南三省涉藏地区可持续发展动力的时候采用的是 2018 年的问卷，由于缺失相关数据，因此在后续分析中仅针对人力资本、自然资本、金融资本、社会资本四个方面进行研究。

3.2.3 全面脱贫前甘肃省涉藏地区人口可持续发展动力状况

本书对甘肃省涉藏地区的 128 户农户进行了实地访谈调查。详细了解了农户的可持续发展能力与可持续发展意愿概况，其中，可持续发展能力主要包含人力资本、自然资本、金融资本、社会资本四个方面。

（1）全面脱贫前甘肃省涉藏地区农户人力资本

根据问卷调查统计的数据，甘肃省涉藏地区农户人力资本普遍较低。劳动力数量低于 2 的家庭占比超过 50%，31.0% 的家庭人口抚养比大于 1，多数家庭的劳动力数量不足并且承担着较大的抚养负担，大部分脱贫户都处于容易陷入可持续发展动力的困境之中。74.2% 的户主没有上过学，小学文化水平占 17.7%，能够使用汉语流利交流的仅占 19.8%，超过一半的受访对象不会使用汉语交流。教育在人力资本的形成中发挥着重要作用，受教育程度高的劳动者生产效率更高，而甘肃省涉藏地区脱贫户的受教育程度普遍较低，可持续发展动力不足，非常不利于生产。在自评健康时，10.8% 的户主认为自身"不健康"，多数户主健康状况相对较好（见表 3 - 16）。

表 3 – 16　　　　全面脱贫前甘肃省涉藏地区农户人力资本概况

指标	类型	频次	百分比（%）
劳动力数量	≤2 人	79	62.7
	3~4 人	46	36.5
	≥5 人	1	0.8
人口抚养比	≤1	87	69.0
	>1	39	31.0
户主学历	没上过学	92	74.2
	小学	22	17.7
	初中及以上	10	8.1
儿童教育	就学困难（是）	69	56.1
	就学困难（否）	44	43.9
自评健康	不健康	13	10.8
	一般健康	44	36.7
	比较健康	55	45.8
	很健康	7	5.8
	非常健康	1	24.0
汉语能力	不会	34	29.3
	一般	59	50.9
	流利交流	23	19.8

资料来源：问卷整理所得。

（2）全面脱贫前甘肃省涉藏地区农户自然资本

种植业和养殖业能为农户带来良好的经济效益。根据问卷调查统计的数据，全面脱贫前，甘肃省涉藏地区进行种植或养殖的农户占比均为60%左右，超过一半的农户愿意通过勤奋脱贫，这十分有利于激发农户的可持续发展动力，使农户从"要我脱贫"向"我要脱贫"转变。但仍有40%左右的农户并未通过种植或养殖脱贫，政府应当发挥引导作用，让更多的农户加入到种植业和养殖业中去（见表3-17）。

表3-17　　　　全面脱贫前甘肃省涉藏地区农户自然资本概况

指标	类型	频次	百分比（%）
您家是否种植	是	76	59.8
	否	51	40.2
您家是否养殖	是	78	61.4
	否	49	38.6

资料来源：问卷整理所得。

（3）全面脱贫前甘肃省涉藏地区农户金融资本

结合调研数据，甘肃省涉藏地区农户人均收入水平有一定提升，但仍有33.6%的家庭人均收入低于国家贫困线；政府补贴力度进一步增强，调研发展有81.1%的家庭获得不同程度的政府补贴；扶贫小额信贷帮扶力度有一定改善，申请小额信贷的贫困家庭比例超过一半，对农户发展生产力有明显的促进作用（见表3-18）。总体而言，甘肃省涉藏地区农户小额信贷帮扶力度已有明显改善，政府补贴政策落实情况进一步好转，但仍存在提升空间。

表3-18　　　　全面脱贫前甘肃省涉藏地区农户金融资本概况

指标	类型	频次	百分比（%）
人均收入	<4000元	43	33.6
	4000~4999元	76	59.4
	5000~8999元	3	2.3
	≥9000元	6	4.7
是否获得政府补贴	是	103	81.1
	否	24	19.9
是否申请小额信贷	是	65	52.8
	否	58	47.2

资料来源：问卷整理所得。

（4）全面脱贫前甘肃省涉藏地区农户社会资本

社会资本是衡量涉藏地区农户可持续发展动力的一个重要组成部分，结合实地调研数据发现甘肃省涉藏地区农户社会资本存量仍有不足，22.2%的贫困家庭人情支出较高，支出金额超过了国家贫困线的标准。95.2%的家庭缺乏领导能力，领导能力的缺乏不利于家庭成员对于政府脱贫号召的积极响应，从而影响扶贫政策的有效落实（见表3-19）。

表3-19　　　　　全面脱贫前甘肃省涉藏地区农户社会资本概况

指标	类型	频次	百分比（%）
人情支出	≤4000元	98	77.8
	>4000元	28	22.2
家中成员是否有村干部（领导能力）	是	6	4.8
	否	120	95.2

资料来源：问卷整理所得。

3.2.4　全面脱贫前青海省涉藏地区人口可持续发展动力状况

为了更真实地了解青海省涉藏地区农户的基本情况，本书对涉藏地区的89户农户进行了实地访谈调查。详细了解了农户的可持续发展能力与可持续发展意愿概况，其中，可持续发展能力主要包含人力资本、自然资本、金融资本、社会资本四个方面。

（1）全面脱贫前青海省涉藏地区农户人力资本

根据问卷调查统计的数据，青海省涉藏地区农户人力资本普遍较低。问卷调查中不存在劳动力为0人的农户，但劳动力只有0~2人的家庭占比超过50%，超过90%的户主没有上过学，能够使用汉语流利交流的仅占22.73%，脱贫户普遍没有接受过教育，可持续发展动力不足。在自评健康时，仅有32.89%的户主认为自己非常健康（见表3-20）。总体而言，受教育程度低是青海省涉藏地区农户人力资本方面最大的问题；劳动力数量缺乏、儿童就学难、健康状况有待加强也是青海省涉藏地区农户人力资本方面存在的不可忽略的问题。

表 3 - 20　　　　　　全面脱贫前青海省涉藏地区农户人力资本概况

指标	类型	频次	百分比（%）
劳动力数量	0 人	0	0.00
	≤2 人	56	73.68
	≥3 人	20	26.32
户主学历	没上过学	73	90.12
	小学	6	7.41
	初中及以上	2	2.47
儿童教育	就学困难（是）	5	8.77
	就学困难（否）	52	91.23
自评健康	不健康	1	1.32
	一般健康	6	7.89
	比较健康	11	14.47
	很健康	33	43.42
	非常健康	25	32.89
汉语能力	不会	22	33.33
	一般	29	43.94
	流利交流	15	22.73

资料来源：问卷整理所得。

（2）全面脱贫前青海省涉藏地区农户自然资本

自然资本是衡量涉藏地区农户可持续发展动力的一个重要组成部分，大多数农民习惯于靠天吃饭的自然经济生产方式，那么对自然资本的要求也就很高，结合实地调研数据发现青海省涉藏地区农户自然资本存量比较丰富，77.78%的贫困家庭在 2017 年有种植业收入，不仅如此，超过 90% 的贫困家庭在 2017 年有养殖业收入，总体而言，青海省涉藏地区农户自然资本比较充裕（见表 3 - 21）。

表3-21　　　　　全面脱贫前青海省涉藏地区农户自然资本概况

指标	类型	频次	百分比（%）
您家是否种植	是	63	77.78
	否	18	22.22
您家是否养殖	是	73	90.12
	否	8	9.88

资料来源：问卷整理所得。

（3）全面脱贫前青海省涉藏地区农户金融资本

收入是衡量贫困最直接的方法，结合调研数据，青海省涉藏地区农户2018年人均收入水平偏低，人均收入不超过4000元的占比超过70%；政府补贴力度比较到位，2017年有80.25%的家庭获得不同程度的政府补贴；小额信贷帮扶力度也不错，2014~2017年申请小额信贷的贫困家庭占74.29%，有利于农户发展生产力（见表3-22）。总体而言，政府补贴力度和扶贫小额信贷帮扶力度还不错，但青海省涉藏地区农户收入水平还有待提高。

表3-22　　　　　全面脱贫前青海省涉藏地区农户金融资本概况

指标	类型	频次	百分比（%）
人均收入	<4000元	52	75.36
	4000~9999元	17	24.64
	10000~19999元	0	0.00
	≥20000元	0	0.00
是否获得政府补贴	是	65	80.25
	否	16	19.75
是否申请小额信贷	是	52	74.29
	否	18	25.71

资料来源：问卷整理所得。

（4）全面脱贫前青海省涉藏地区农户社会资本

社会资本是衡量涉藏地区农户可持续发展动力的一个重要组成部分，结合实地调研数据发现青海省涉藏地区农户社会资本存量仍有不足，87.18%的贫困家庭2017年人情支出较低，一般来说，支出金额越低的家庭社会资本也可能越低，农户的可持续发展动力也可能存在很多不足。超过90%的家庭缺乏领导能力，而领导能力有助于家庭成员提高政治觉悟、积极响应政府的脱贫号召，从而更好地落实扶贫政策（见表3-23）。总体而言，领导能力缺乏是青海省涉藏地区农户社会资本方面存在的最主要问题。

表3-23　　　　　全面脱贫前青海省涉藏地区农户社会资本概况

指标	类型	频次	百分比（%）
人情支出	≤4000元	68	87.18
	>4000元	10	12.82
家中成员是否有村干部（领导能力）	是	3	3.90
	否	74	96.10

资料来源：问卷整理所得。

3.2.5　全面脱贫前云南省涉藏地区人口可持续发展动力状况

为了更真实地了解云南省涉藏地区农户的基本情况，本书对涉藏地区的90户贫困户进行了实地访谈调查。详细了解了贫困人口的可持续发展能力与可持续发展意愿概况，其中，可持续发展能力主要包含人力资本、自然资本、金融资本、社会资本四个方面。

（1）全面脱贫前云南省涉藏地区农户人力资本

根据问卷调查统计的数据，云南省涉藏地区农户人力资本普遍较低。仍有78.41%的家庭劳动力不超过2人，62.50%的户主只有小学水平，35.23%的户主从未上过学，能够使用汉语流利交流的仅占13.64%，脱贫户普遍没有接受过教育，可持续发展动力不足。在自评健康时，仅有11.36%的户主认为自己非常健康（见表3-24）。总体而言，受教育程度、劳动力数量缺乏、儿童就学难、健康状况有待加强是云南省涉藏地区农户人力资本方面存在问题。

表3-24　　　　　　全面脱贫前云南省涉藏地区农户人力资本概况

指标	类型	频次	百分比（％）
劳动力数量	0 人	3	3.41
	≤2 人	66	75.00
	≥3 人	19	21.59
户主学历	没上过学	31	35.23
	小学	55	62.50
	初中及以上	3	3.41
儿童教育	就学困难（是）	2	2.27
	就学困难（否）	74	84.09
自评健康	不健康	0	0.00
	一般健康	9	10.23
	比较健康	23	26.14
	很健康	46	52.27
	非常健康	10	11.36
汉语能力	不会	12	13.64
	一般	63	71.59
	流利交流	12	13.64

资料来源：问卷整理所得。

（2）全面脱贫前云南省涉藏地区农户自然资本

结合实地调研数据发现，云南省涉藏地区农户自然资本存量比较丰富，超过90％的贫困家庭在2018年有种植业收入，不仅如此，还有84.44％的贫困家庭在2018年有养殖业收入，总体而言，云南省涉藏地区农户的自然资本比较充裕（见表3-25）。

（3）全面脱贫前云南省涉藏地区农户金融资本

收入是衡量贫困最直接的方法，结合调研数据，云南省涉藏地区农户2018年人均收入水平总体来说一般，但人均收入不低于20000元的占比为30％；政府补贴程度一般，2017年有68.89％的家庭获得不同程度的政府补贴；扶贫小额信贷帮扶力度还不错，2014～2017年申请小额信贷的贫困家庭占 70. 37%，有利于贫困户发展生产力（见表 3 – 26）。总体而言，人均收入和扶贫小额信贷帮扶力度还不错，但政府补贴力度还有待提高。

表 3 – 25　　　　　　全面脱贫前云南省涉藏地区农户自然资本概况

指标	类型	频次	百分比（%）
您家是否种植	是	82	90. 11
	否	9	9. 89
您家是否养殖	是	76	84. 44
	否	14	15. 56

资料来源：问卷整理所得。

表 3 – 26　　　　　　全面脱贫前云南省涉藏地区农户金融资本概况

指标	类型	频次	百分比（%）
人均收入	<4000 元	0	0. 00
	4000 ~ 4999 元	63	70. 00
	10000 ~ 19999 元	0	0. 00
	≥20000 元	27	30. 00
是否获得政府补贴	是	62	68. 89
	否	28	31. 11
是否申请小额信贷	是	57	70. 37
	否	24	29. 63

资料来源：问卷整理所得。

（4）全面脱贫前云南省涉藏地区农户社会资本

社会资本是衡量涉藏地区农户可持续发展动力的一个重要组成部分，结合实地调研数据发现，云南省涉藏地区农户社会资本存量仍有不足，85. 07% 的贫困家庭 2018 年人情支出较低，一般来说，人情支出金额越低的家庭社会资本可能越低，农户的可持续发展动力也可能存在很多不足。98. 89% 的家庭缺乏领导能力，而领导能力有助于家庭成员提高政治觉悟、积极响应政府的脱贫号召，从而更好地落实扶贫政策（见表 3 – 27）。总体而言，领导能力缺乏是目前云南省涉藏地区农户社会资本方面存在的最主要问题。

表 3 - 27   全面脱贫前云南省涉藏地区农户社会资本概况

指标	类型	频次	百分比（%）
人情支出	≤4000 元	57	85.07
	>4000 元	10	14.93
家中成员是否有村干部（领导能力）	是	1	1.11
	否	89	98.89

资料来源：问卷整理所得。

3.2.6 全面脱贫后四省涉藏地区相对贫困人口可持续发展动力状况

3.2.6.1 全面脱贫后四川省涉藏地区相对贫困人口可持续发展动力现状

将 2021 年前往四川省涉藏地区调研的 699 份数据与前文全面脱贫前的数据进行比较，认为靠自己的努力能够实现可持续发展的家庭增加了 12.2%，认为国家支持、干部帮扶不是理所应当的，并且对可持续发展充满信心，认为"我要富"更加重要的家庭增加了 5%，对帮扶资源依赖性较强的家庭减少了 6%。但是，研究发现缺乏经营计划的家庭不降反升，增加了 13.7%。在人力资本方面，劳动力小于等于 2 人的以及人口抚养比大于 1 的家庭占比均降低了 20%，这表明家庭承担的抚养负担有所改善。没有上过学的户主减少了 28%，能够使用汉语流利交流的增加了 18.2%，但仍有接近一半的受访对象不会使用汉语交流，农户的受教育程度有所提升但汉语交流能力仍需进一步提高。参加过特殊教育培训的农户占比增加了 10.7%，但仍然较低。存在教育困难的家庭较全面脱贫前增加了 1.9%，表明在四川省涉藏地区虽然义务教育已全覆盖，但一些相对贫困户可能仍存在较大的教育负担。在自评健康时，仍有超过 20% 的户主认为自身健康存在问题。在自然资本方面，种植农作物的家庭增加了 5.5%，饲养家禽的家庭却减少了 18%，表明可能在环境气候方面或是经济方面农户的养殖状况出现了一些问题。比较了解生态补偿政策的家庭减少了 15.6%，得到了生态补偿金的家庭减少了 12.9%，接近 95% 的农户认为有必要进行环境保护，并且其能源消费量能满足自身需求。在物资资本方面，全面脱贫前后，有电冰箱、电视、洗衣机、热水器的家庭变化不大，拥有煤气灶的家庭增加了 9.6%，拥有计算机的家庭增加了 17.8%，但普及率仍然较低。在金融资本方面，人均收入低于国家贫困线的家庭减少了 12.1%，在收入上全面脱贫成效显著，但在 2020 年申请小额信贷的家庭减少了 39%，不利于农户发展生产力。在社会资本方面，人情支出较高（超过 4000 元）的家庭占比增加了 28.3%，人情支出金额越高的家庭社会资本可能越大，但过高的人情支出也可能会给家庭增添不必要的负担，缺乏领导能力的家庭减少了 8%，加入合作社的家庭增加了 6%。

（1）可持续发展意愿概况

2021 年，通过对四川省涉藏地区的 699 户相对贫困人口访谈调查的调研数据进行分析，发现全面脱贫后四川省涉藏地区相对贫困人口可持续发展意愿较高，87.6% 的访谈对象认为靠自己的努力能够实现可持续发展，94% 的相对贫困人口对实现可持续发展充满信心，接近 95% 的相对贫困家庭认为国家支持、干部帮扶不是理所应当的，并且对实现可持续发展充满信心，认为"我要富"更加重要。但是，研究发现 60.4% 的家庭缺乏经营计划，12.9% 的家庭对帮扶资源依赖性较强（见表 3 - 28）。

表 3 - 28   全面脱贫后四川省涉藏地区相对贫困人口可持续发展意愿概况

指标	类型	频次	百分比（%）
您认为您会以何种方式实现可持续发展	靠政府	19	2.7
	靠自己	612	87.6
	两者都有	68	9.7
您认为国家支持、干部帮扶是理所应当的吗	是	40	5.7
	否	659	94.3
您认为"我要富"和"要我富"谁更重要	我要富	691	98.9
	要我富	8	1.1

续表

指标	类型	频次	百分比（%）
您对自己未来实现可持续发展的信心程度	很没信心	15	2.2
	没信心	27	3.9
	有信心	492	70.4
	很有信心	165	23.6
是否有发展经营计划	是	277	39.6
	否	422	60.4
帮扶资源依赖性	不依赖	85	12.2
	一般	524	74.9
	十分依赖	90	12.9

资料来源：问卷整理所得。

（2）可持续发展能力概况

其中，可持续发展能力主要包含人力资本、自然资本、物质资本、金融资本、社会资本五个方面。

一是全面脱贫后四川省涉藏地区相对贫困人口人力资本。

根据问卷调查统计的数据，四川省涉藏地区相对贫困人口人力资本仍然较低。劳动力只有0~2人的家庭占比接近56%，相比全面脱贫前有明显下降。31.8%的家庭人口抚养比大于1。20.5%的户主没有上过学，小学文化水平占47.5%，能够使用汉语流利交流的占53.4%，20.3%的受访对象不会使用汉语交流，农户的受教育程度普遍较低，可持续发展动力不足。699个访谈对象中只有77人参加过特殊教育培训，表明当前还需加大力度实施帮扶政策，才能有效激发农户的可持续发展动力。在自评健康时，接近23%的户主认为自身健康存在问题（见表3-29）。

二是全面脱贫后四川省涉藏地区相对贫困人口自然资本。

自然资本也是影响相对贫困人口可持续发展动力的因素之一。结合调研数据，四川省涉藏地区相对贫困人口68.2%的家庭有种植农作物，只有49.8%的家庭饲养家禽。仅有74.9%的农户了解生态补偿政策，85.1%的农户得到了生态补偿金。95%左右的农户认为有必要和非常必要进行环境保护，并且其能源消费量能满足自身需求（见表3–30）。

表3–29　　全面脱贫后四川省涉藏地区相对贫困人口人力资本概况

指标	类型	频次	百分比（%）
劳动力数量	0 人	16	2.3
	≤2 人	370	52.9
	≥3 人	313	44.8
人口抚养比	≤1	477	68.2
	>1	222	31.8
户主学历	没上过学	143	20.5
	小学	332	47.5
	初中及以上	224	32.0
儿童教育	就学困难（是）	47	6.7
	就学困难（否）	652	93.3
自评健康	不健康	54	7.7
	一般健康	101	14.6
	比较健康	164	23.5
	很健康	202	28.9
	非常健康	176	25.3
汉语能力	不会	142	20.3
	一般	184	26.3
	流利交流	373	53.4
特殊教育培训	是否参加（是）	77	11.1
	是否参加（否）	622	88.9

资料来源：问卷整理所得。

表3–30　　全面脱贫后四川省涉藏地区相对贫困人口自然资本概况

指标	类型	频次	百分比（%）
您家是否种植	是	477	68.2
	否	222	31.8

指标	类型	频次	百分比（%）
您家是否养殖	是	348	49.8
	否	351	50.2
您是否得到过生态补偿资金	是	595	85.1
	否	104	14.9
您家当前的能源消费量是否能满足自家的需求	完全不能满足	1	0.2
	不太能满足	3	0.4
	仅满足生存需求	16	2.3
	基本满足	381	54.5
	完全满足	291	41.6
您是否了解生态补偿政策	没听说过	71	10.2
	听说过但不了解	104	14.9
	比较了解	444	63.5
	非常了解	80	11.4
您认为有必要进行环境保护吗	完全没必要	9	1.3
	保不保护都可以	27	3.9
	有必要	431	61.6
	非常必要	232	33.2

资料来源：问卷整理所得。

　　三是全面脱贫后四川省涉藏地区相对贫困人口物质资本。

　　约93%的家庭都有电冰箱、电视、洗衣机，59.9%的家庭拥有热水器，14.9%的家庭拥有煤气灶，20.3%的家庭拥有计算机（见表3-31）。

　　四是全面脱贫后四川省涉藏地区相对贫困人口金融资本。

　　结合调研数据，四川省涉藏地区相对贫困人口2021年人均收入水平较高，但政府补贴力度亟待加强，2021年有67.1%的家庭获得不同程度的政府补贴；小额信贷帮扶力度有待提高，申请过小额信贷的家庭仅占20.5%，不利于农户发展生产力（见表3-32）。

表 3 - 31   全面脱贫后四川省涉藏地区相对贫困人口物质资本概况

指标	类型	频次	百分比（%）
	电冰箱	653	93.4
	电视	647	92.6
您家有以下哪些家用电器	洗衣机	654	93.6
	热水器	419	59.9
	煤气灶	104	14.9
	计算机	142	20.3

资料来源：问卷整理所得。

表 3 - 32   全面脱贫后四川省涉藏地区相对贫困人口金融资本概况

指标	类型	频次	百分比（%）
	<4000 元	49	7.0
人均收入	≥4000 元	229	32.8
	≥10000 元	281	40.2
	≥20000 元	140	20.0
是否获得政府补贴	是	469	67.1
	否	230	32.9
是否申请小额信贷	是	143	20.5
	否	556	79.5

资料来源：问卷整理所得。

五是全面脱贫后四川省涉藏地区相对贫困人口社会资本。

结合实地调研数据发现四川省涉藏地区相对贫困人口社会资本存量仍有不足，56.4%的农户2020年人情支出较高，支出金额超过了国家贫困线标准，一般来说，支出金额越高的家庭社会资本可能越大，但过高的人情支出也会给家庭增添不必要的负担，进而影响农户的可持续发展动力。86.3%的家庭缺乏领导能力，而领导能力有助于家庭成员提高政治觉悟、积极响应政府的号召，从而更好地落实帮扶政策。48.8%的家庭未加入合作社，生产经营组织程度不高，生产技术水平低，生产规模较小（见表3-33）。

表 3-33　　全面脱贫后四川省涉藏地区相对贫困人口社会资本概况

指标	类型	频次	百分比（%）
人情支出	≤4000 元	305	43.6
	>4000 元	394	56.4
家中成员是否有村干部（领导能力）	是	96	13.7
	否	603	86.3
是否加入合作社	是	358	51.2
	否	341	48.8

资料来源：问卷整理所得。

3.2.6.2　全面脱贫后甘肃省涉藏地区相对贫困人口可持续发展动力现状

　　将 2021 年前往甘肃省涉藏地区调研的 265 份数据与前文全面脱贫前的数据进行对比可知，认为靠自己的努力能够实现可持续发展，以及认为国家支持、干部帮扶不是理所应当的，并且对实现可持续发展充满信心，认为"我要富"更加重要的家庭增加了 4%。在人力资本方面，劳动力小于等于 2 人的以及人口抚养比大于 1 的家庭占比均降低了 2%，这表明家庭承担抚养负担有一定改善。没有上过学的户主减少了 45%，能够使用汉语流利交流的增加了 32.1%，但仍有接近一半的受访对象不会使用汉语交流，农户的受教育程度有所提高。存在教育困难的家庭减少了 36.7%，表明在甘肃省涉藏地区，教育状况较为良好。在自评健康情况时，仍有 10% 的户主认为自身健康存在问题。

　　在自然资本方面，种植农作物的家庭增加了 13.9%，饲养家禽的家庭增加了 1%。在金融资本方面，人均收入低于国家贫困线的家庭减少了 3.4%，在一定程度上农户的经济生活状况有所提高。但在 2020 年申请小额信贷的家庭减少了 20.2%，不利于农户发展生产力，小额信贷帮扶力度有待提高。在社会资本方面，人情支出较高（超过 4000 元）的家庭占比增加了 15.1%，缺乏领导能力的家庭减少了 8.2%。

　　（1）可持续发展意愿概况

　　2021 年，本书基于前期调研数据，通过对甘肃省涉藏地区的 265 户相对贫困人口访谈调查的调研数据进行分析，发现甘肃省涉藏地区相对贫困人口可持续发展意愿较高，87.4% 的访谈对象认为靠自己的努力能够实现可持续发展，93.3%的相对贫困家庭对实现可持续发展充满信心，74.7%的相对贫困家庭认为国家支持、干部帮扶不是理所应当的，83.4%认为"我要富"更加重要。但是，研究发现39.1%的家庭缺乏经营计划，7.9%的家庭对帮扶资源依赖性较强（见表3-34）。

表3-34　全面脱贫后甘肃省涉藏地区相对贫困人口可持续发展意愿概况

指标	类型	频次	百分比（%）
您认为您会以何种方式可持续发展	靠政府	36	14.2
	靠自己	221	87.4
	两者都有	8	3.2
您认为国家支持、干部帮扶是理所应当的吗	是	76	30.0
	否	189	74.7
您认为"我要富"和"要我富"谁更重要	我要富	211	83.4
	要我富	45	17.8
您对自己未来实现可持续发展的信心程度	很没信心	8	3.2
	没信心	21	8.3
	有信心	158	62.5
	很有信心	78	30.8
是否有发展经营计划	是	157	62.1
	否	99	39.1
帮扶资源依赖性	不依赖	52	20.6
	一般	193	76.3
	十分依赖	20	7.9

资料来源：问卷整理所得。

（2）可持续发展能力概况

第一，全面脱贫后甘肃省涉藏地区相对贫困人口人力资本。

根据问卷调查统计的数据，全面脱贫后甘肃省涉藏地区相对贫困人口人力资本有一定提升。劳动力只有0~2人的家庭占比超过60%，但只有21.5%的家庭人口抚养比大于1，这表明多数家庭的抚养负担有明显减轻，有助于农户提升可持续发展动力。70.7%的户主学历在小学及以上，超过一半的户主能够使用汉语流利交流，农户的受教育程度也有明显改善。253 个访谈对象中只有 27 人参加过特殊教育培训，表明当前的能力精准帮扶政策实施力度还有待加强，这样才能更有效地激发农户的可持续发展动力。在自评健康情况时，仅有 1.0%左右的户主认为自身"不健康"（见表 3 – 35）。总体而言，全面脱贫后甘肃省涉藏地区相对贫困人口家庭抚养负担、户主受教育程度、健康状况等指标都有明显改善和提升。

表 3 – 35　　　全面脱贫后甘肃省涉藏地区相对贫困人口人力资本概况

指标	类型	频次	百分比（%）
劳动力数量	0 人	5	2.0
	≤2 人	161	58.8
	≥3 人	98	39.2
人口抚养比	≤1	208	78.5
	>1	57	21.5
户主学历	没上过学	77	29.3
	小学	139	52.9
	初中及以上	47	17.8
儿童教育	就学困难（是）	44	19.4
	就学困难（否）	183	80.6
自评健康	不健康	2	1.0
	一般健康	34	12.9
	比较健康	111	42.0
	很健康	87	33.0
	非常健康	30	11.1
汉语能力	不会	20	7.7
	一般	105	40.4
	流利交流	135	51.9
特殊教育培训	是否参加（是）	27	10.3
	是否参加（否）	226	89.7

资料来源：问卷整理所得。

第二，全面脱贫后甘肃省涉藏地区相对贫困人口自然资本。

自然资本是指能从中导出有利于生计的资源和服务的自然资源存量（如土地和水）及环境服务（如水循环），是可持续发展的重要内容，既有促进经济增长的直接作用，又有非经济的作用，如提高作为人类社会背景的生态支持功能和文化愉悦功能。结合调研数据，全面脱贫后，甘肃省进行种植或养殖的农户占比均超过 60%，越来越多的农户愿意通过勤劳致富，激发自身的可持续发展动力，达成了从"要我致富"向"我要致富"的转变。甘肃省能源消耗达标，仅有 2.0% 的农户的能源消耗满足不了自身需求。90% 左右的农户都认为有必要和非常必要进行环境保护，环保意识也有明显提升。但在生态补偿方面，户主对补偿政策的了解程度较低，仅有 23.1% 的户主了解生态补偿政策，且政府的生态补偿力度不足，只有 19.1% 的家庭收到了生态补偿资金（见表 3 - 36）。生态补偿政策在加强自然保护方面发挥着非常重要的作用，政府应完善重要的生态平衡机制，推进环境保护补偿试点，调整不同类别的生态补偿资金，审查综合补偿程序。此外，应划定并严守生态保护红线，研究制定生态保护的相关补偿政策。

表 3 - 36   全面脱贫后甘肃省涉藏地区相对贫困人口自然资本概况

指标	类型	频次	百分比（%）
您家是否种植	是	179	73.7
	否	64	26.3
您家是否养殖	是	164	62.4
	否	97	37.6
您是否收到过生态补偿资金	是	40	19.1
	否	169	80.9
您家当前的能源消费是否能满足自家的需求	不能满足	4	2.0
	满足生存需求	26	10.3
	基本满足	53	21.0
	完全满足	169	67.7

指标	类型	频次	百分比（%）
是否了解生态补偿政策	没听说过	72	28.7
	听说过但不了解	121	48.2
	比较了解	54	21.5
	非常了解	4	1.6
您认为有必要进行环境保护吗	完全没必要	5	2.0
	保不保护都可以	22	8.8
	有必要	113	44.6
	非常必要	113	44.6

资料来源：问卷整理所得。

第三，全面脱贫后甘肃省涉藏地区相对贫困人口物质资本。

结合调研数据，全面脱贫后甘肃省涉藏地区电冰箱、电视机、洗衣机等家庭必备电器的普及率非常高，都超过了90%。拥有煤气灶的家庭只有21.6%，表明农户中使用天然气的数量较低，政府可结合天然气公司开展结对帮扶政策。拥有计算机的家庭为23.0%，互联网的普及率也在逐步提升。在互联网时代，以网络为基础的"信息高速公路"成为人们发展致富的"致富路"（见表3-37）。

表3-37　　全面脱贫后甘肃省涉藏地区相对贫困人口物资资本概况

指标	类型	频次	百分比（%）
您家有以下哪种家用电器	电冰箱	250	94.3
	电视机	261	98.5
	洗衣机	258	97.4
	热水器	126	47.5
	煤气灶	57	21.6
	计算机	61	23.0

资料来源：问卷整理所得。

第四，全面脱贫后甘肃省涉藏地区相对贫困人口金融资本。

结合调研数据，全面脱贫后甘肃省涉藏地区相对贫困人口人均收入水平有显著提升，但其中仅有部分家庭获得不同程度的政府补贴，表明政府补贴力度亟待加强；小额信贷帮扶力度不足，申请小额信贷的贫困家庭仅占 32.6%（见表 3 - 38），不利于相对贫困户发展生产力。总体而言，全面脱贫后甘肃省涉藏地区相对贫困人口收入水平有显著提升，但政府补贴力度和小额信贷帮扶力度仍需加强。

表 3 - 38　　全面脱贫后甘肃省涉藏地区相对贫困人口金融资本概况

指标	类型	频次	百分比（%）
人均收入	<4000 元	6	3.0
	4000 ~ 9999 元	13	5.0
	10000 ~ 19999 元	29	12.2
	≥20000 元	190	79.8
是否获得政府补贴	是	109	50.7
	否	106	49.3
是否申请小额信贷	是	77	32.6
	否	159	67.4

资料来源：问卷整理所得。

第五，全面脱贫后甘肃省涉藏地区相对贫困人口社会资本。

结合实地调研数据发现甘肃省涉藏地区相对贫困人口社会资本存量仍有不足，37.3% 的相对贫困家庭 2021 年人情支出较高，支出金额超过了国家贫困线标准，多数家庭的人情支出控制在相对合理的范围，在一定程度上减轻了家庭的经济负担，促进了农户可持续发展动力的提升。家庭领导能力不足的问题仍然存在，87.0% 的家庭缺乏领导能力，较低的领导能力不利于家庭成员提高政治觉悟、响应政府的号召，从而影响帮扶政策的落实。73.3% 的家庭未加入合作社，生产经营组织程度低，生产技术水平低，生产规模小（见表 3 - 39）。总体而言，领导能力缺乏、生产经营组织化程度低是全面脱贫后甘肃省涉藏地区相对贫困人口社会资本方面存在的主要问题。

表3-39　　　　全面脱贫后甘肃省涉藏地区相对贫困人口社会资本概况

指标	类型	频次	百分比（%）
人情支出	≤4000	166	62.7
	>4000	99	37.3
家中成员是否有村干部（领导能力）	是	34	13.0
	否	231	87.0
是否加入合作社	是	71	26.7
	否	194	73.3

资料来源：问卷整理所得。

3.2.6.3　全面脱贫后云南省涉藏地区相对贫困人口可持续发展动力现状

将2021年前往云南省涉藏地区调研的92份数据与前文全面脱贫前的数据作对比可以看出，认为靠自己的努力能够实现可持续发展，以及认为国家支持、干部帮扶不是理所应当的，并且对可持续发展充满信心，认为"我要富"更加重要的家庭增加了2%。在人力资本方面，劳动力小于等于2人的以及人口抚养比大于1的家庭占比均降低了30%，这表明家庭的抚养负担有了较大减轻。没有上过学的户主减少了12.3%，能够使用汉语流利交流的增加了40.7%，但仍有接近一半的受访对象不会使用汉语交流，并且存在教育困难的家庭增加了3.1%，这说明在教育政府扶持上还有待提高。在自评健康时，认为自身健康存在问题的户主增加了27%。在自然资本方面，种植农作物的家庭增加了8.8%，饲养家禽的家庭增加了12.3%。在金融资本方面，云南省涉藏地区没有人均收入低于国家贫困线的家庭，2020年申请小额信贷的家庭增加了12.2%，但收到不同程度政府补贴的家庭减少了47.2%，对非常依赖政府补贴的家庭而言，存在一定程度的返贫风险，应重点关注这部分家庭。在社会资本方面，人情支出较高（超过4000元）的家庭占比增加了6.8%，缺乏领导能力的家庭减少了4.6%。

（1）可持续发展意愿概况

基于对2021年云南省涉藏地区相对贫困人口共92户的调研数据的分析，发现当地农户可持续发展意愿较高，80.4%的访谈对象认为靠自己的努力能够实现可持续发展，97.8%的家庭认为国家支持、干部帮扶不是理所应当的，

100.0%认为"我要富"更加重要。但是，调查发现 46.7%的家庭缺乏经营计划，1.1%的家庭对帮扶资源依赖性较强（见表 3 – 40）。

表 3 – 40　　全面脱贫后云南省涉藏地区相对贫困人口可持续发展意愿概况

指标	类型	频次	百分比（%）
您认为您会以何种方式实现可持续发展	靠政府	0	0.0
	靠自己	74	80.4
	两者都有	18	19.6
您认为国家支持、干部帮扶是理所应当的吗	是	2	2.2
	否	90	97.8
您认为"我要富"和"要我富"谁更重要	我要富	92	100.0
	要我富	0	0.0
您对自己未来实现可持续发展致富的信心程度	很没信心	0	0.0
	没信心	11	12.0
	有信心	68	73.9
	很有信心	13	14.1
是否有发展经营计划	是	49	53.3
	否	43	46.7
帮扶资源依赖性	不依赖	3	3.3
	一般	88	95.7
	十分依赖	1	1.1

资料来源：问卷整理所得。

（2）可持续发展能力概况

第一，全面脱贫后云南省涉藏地区相对贫困人口人力资本。

根据问卷调查统计的数据，全面脱贫后云南省涉藏地区相对贫困人口人力资本有一定提升。劳动力数量大于等于 3 人的家庭占比超过 50%，且只有 25.3%的家庭人口抚养比大于 1，这表明多数家庭的抚养负担有很大程度上的减弱。77.1%的户主学历在小学及以上，超过一半的户主能够使用汉语流利交流，农户的受教育程度相较于脱贫前有明显提高。在儿童教育方面，92户家庭中仅有 5.4%存在儿童就学难的问题。但在 92 个访谈对象中只有 4 人参加过特殊教育培训，当前的精准帮扶政策的普及和实施力度亟须加强，这样才能更有效地激发农户的可持续发展动力。在自评健康时，有 7.6% 的户主认为自身"不健康"，整体健康状况良好（见表 3-41）。总体而言，全面脱贫后云南省涉藏地区相对贫困户家庭抚养负担、户主受教育程度、儿童就学、健康状况等指标都有明显提升，政府应该重视特殊教育培训方面政策的完善及落实。

表 3-41　　全面脱贫后云南省涉藏地区相对贫困人口人力资本概况

指标	类型	频次	百分比（%）
劳动力数量	0 人	1	1.1
	≤2 人	44	47.7
	≥3 人	47	51.1
人口抚养比	≤1	68	74.7
	>1	23	25.3
户主学历	没上过学	19	22.9
	小学	46	55.4
	初中及以上	18	21.7
儿童教育	就学困难（是）	5	5.4
	就学困难（否）	87	94.6
自评健康	不健康	7	7.6
	一般健康	27	29.3
	比较健康	38	41.3
	很健康	17	18.5
	非常健康	3	3.3
汉语能力	不会	18	19.6
	一般	24	26.1
	流利交流	50	54.3
特殊教育培训	是否参加（是）	4	4.3
	是否参加（否）	88	95.7

资料来源：问卷整理所得。

第二，全面脱贫后云南省涉藏地区相对贫困人口自然资本。

结合调研数据，全面脱贫后，云南省涉藏地区进行种植或养殖的农户占比均超过95%，几乎所有家庭都进行了种植或养殖，越来越多农户的态度变得更加积极，愿意通过勤劳致富，激发自身的可持续发展动力。能源供给充足，只有2.10%的农户认为能源消耗不能够满足自身需求。所有农户都认为有必要和非常必要进行环境保护，环保意识增强。在生态补偿方面，仅有10.90%的户主不了解生态补偿政策，户主熟悉程度高，政策就更加容易落实到位。政府的生态补偿力度也有明显提高，93.50%的家庭都收到了生态补偿资金（见表3-42）。总体而言，有关生态补偿的各方面指标都有提高。

表3-42　　全面脱贫后云南省涉藏地区相对贫困人口自然资本概况

指标	类型	频次	百分比（%）
您家是否种植	是	91	98.90
	否	1	1.10
您家是否养殖	是	89	96.70
	否	3	3.30
您是否收到过生态补偿资金	是	86	93.50
	否	6	6.50
您家当前的能源消费是否能满足自家的需求	不能满足	2	2.10
	满足生存需求	6	6.30
	基本满足	63	68.50
	完全满足	21	23.10
您是否了解生态补偿政策	听说但不了解	10	10.90
	比较了解	63	68.50
	非常了解	19	20.60
您认为有必要进行环境保护吗	有必要	66	71.70
	非常必要	26	28.30
	无必要	0	0

资料来源：问卷整理所得。

第三，全面脱贫后云南省涉藏地区相对贫困人口物资资本。

结合调研数据，全面脱贫后云南省涉藏地区电冰箱、电视机、洗衣机、热水器等家庭必备电器的普及率非常高，都超过了90%，几乎家家户户都能看上电视、用上热水。拥有煤气灶的家庭数量也有明显提升，达到73.90%。在互联网时代，计算机的普及率也影响着可持续发展的效率，拥有计算机能为家庭带来更好的经济收益，但全面脱贫后的云南省涉藏地区仅有4.30%的家庭有计算机，计算机的普及成为当下亟待解决的问题（见表3-43）。

表3-43　　　全面脱贫后云南省涉藏地区相对贫困人口物资资本概况

指标	类型	频次	百分比（%）
您家有以下哪种家用电器	电冰箱	91	98.90
	电视机	91	98.90
	洗衣机	90	97.80
	热水器	87	94.60
	煤气灶	68	73.90
	计算机	4	4.30

资料来源：问卷整理所得。

第四，全面脱贫后云南省涉藏地区相对贫困人口金融资本。

结合调研数据，全面脱贫后云南省涉藏地区相对贫困的家庭中，所有家庭的人均收入都超过了国家贫困线，89.8%的家庭收入超过20000元，收入水平有非常显著的提升。但仅有21.7%的家庭获得不同程度的政府补贴，表明政府补贴政策落实还不够到位，力度仍有待加强。小额信贷帮扶力度得到改善，申请小额信贷的相对贫困家庭达到了82.6%，为农户发展生产力提供了资金保障（见表3-44）。

第五，全面脱贫后云南省涉藏地区相对贫困人口社会资本。

结合实地调研数据发现全面脱贫后云南省涉藏地区相对贫困人口社会资本存量仍有不足。在人情支出方面，只有21.7%的家庭2021年人情支出金额超过了国家贫困线标准，多数家庭的人情支出控制在相对合理的范围，减少了不必要的支出、减轻了家庭的经济负担。家庭领导能力不足是社会资本方面存在的难题，94.3%的家庭缺乏领导能力，这非常不利于家庭成员响应政府的号召，会对帮扶政策的落实产生影响。97.8%的家庭未加入合作社，农户们的生产经营都只局限于个人，生产经营组织程度低，不利于提高生产效率、扩大生产规模（见表3-45）。总体而言，领导能力缺乏、生产经营组织化程度低是全面脱贫后云南省涉藏地区相对贫困人口社会资本方面存在的主要问题。

表3-44　　全面脱贫后云南省涉藏地区相对贫困人口金融资本概况

指标	类型	频次	百分比（%）
人均收入	<4000 元	0	0.0
	4000~9999 元	3	3.2
	10000~19999 元	7	7.6
	≥20000 元	82	89.8
是否获得政府补贴	是	20	21.7
	否	72	78.3
是否申请小额信贷	是	76	82.6
	否	16	17.4

资料来源：问卷整理所得。

表3-45　　全面脱贫后云南省涉藏地区相对贫困人口社会资本概况

指标	类型	频次	百分比（%）
人情支出	≤4000 元	72	78.3
	>4000 元	20	21.7
家中成员是否有村干部（领导能力）	是	5	5.7
	否	87	94.3
是否加入合作社	是	2	2.2
	否	90	97.8

资料来源：问卷整理所得。

通过对全面脱贫前后四省涉藏地区相对贫困人口可持续发展动力现状的对比分析发现，靠自己努力实现自我发展的农户比例有显著提高，并且农户对实现可持续发展更有信心,对帮扶资源的依赖性有所下降,说明在精准帮扶政策实施后,农户的可持续发展意愿有明显提高。但农户对未来有经营发展计划的比例仍然较低,说明全面脱贫后脱贫户实现增收的主动性有待进一步提高。目前来说,四省涉藏地区基本每户都拥有电视、洗衣机、电冰箱等,但拥有计算机的家庭仍在少数。全面脱贫后,四省涉藏地区相对贫困人口的人均收入有了显著提高,年人均收入在 20000 元以上的比例从 2.2% 上升到 20.1%,但政府补贴的覆盖比例有所下降,有些依赖政府帮扶、可持续发展动力不足的农户可能会面临返贫的风险。

3.2.7 四省涉藏地区相对贫困人口可持续发展动力共性与差异

对于全面脱贫前及全面脱贫后,四省涉藏地区区域间可持续发展动力的共性与差异情况,本章作出如下总结。

3.2.7.1 全面脱贫前四省涉藏地区农户可持续发展动力共性与差异

四省涉藏地区可持续发展动力共性:四省涉藏地区农户人力资本普遍较低,大多数家庭的劳动力数量不足并且有较大的抚养负担,农户的受教育程度普遍较低;自然资本存量比较富足,大多数农户家庭发展了种养殖产业且有良好的收入;金融资本有待进一步提高,农户的平均收入水平偏低,政府补贴力度和扶贫小额信贷帮扶力度亟待加强;社会资本存量仍有不足,大多数农户家庭的人情支出较低,且绝大部分家庭缺乏领导能力。

四省涉藏地区可持续发展动力差异:从人力资本来看,四川省涉藏地区和甘肃省涉藏地区的家庭虽然劳动力不足、受教育程度偏低,但是户主的健康状况相对较好;青海省涉藏地区农户人力资本方面最大的问题是受教育程度低;对于云南省涉藏地区而言,农户不仅受教育程度低、儿童就学难,而且家庭劳动力数量缺乏,人口健康状况不佳。从金融资本来看,四川省涉藏地区农户的收入普遍不高,且政府补贴力度和扶贫小额信贷帮扶力度亟待加强;甘肃省涉藏地区农户小额信贷帮扶力度已有明显改善,但政府补贴政策还没有落实到位;青海省涉藏地区政府补贴力度和扶贫小额信贷帮扶力度都较好,但农户收入水平还有待提高;而云南省涉藏地区人均收入和扶贫小额信贷帮扶力度都较好，但政府补贴力度还有待提高。

3.2.7.2 全面脱贫后四省涉藏地区相对贫困人口可持续发展动力共性与差异

四省涉藏地区可持续发展动力共性：在可持续发展意愿方面，全面脱贫后四省涉藏地区相对贫困人口可持续发展意愿较高且对可持续发展充满信心，但是仍有很大一部分的家庭缺乏经营计划；在人力资本方面，全面脱贫后四省涉藏地区相对贫困户家庭抚养负担、户主受教育程度、儿童就学、健康状况等指标都有明显改善和提升；在自然资本方面，进行种植或养殖的农户占比提高，越来越多的农户愿意通过勤劳致富，激发自身的可持续发展动力；在金融资本方面，相对贫困人口人均收入水平有所提高，但政府补贴力度和小额信贷帮扶力度有待进一步加强；在社会资本方面，多数家庭的人情支出控制在相对合理的范围，在一定程度上减轻了家庭的经济负担，促进了农户可持续发展动力的提升，但家庭领导能力不足的问题仍然存在，且仅有少数家庭加入合作社，生产经营组织程度低，生产技术水平低、规模小。

四省涉藏地区可持续发展动力差异：从人力资本来看，四川省涉藏地区平均家庭劳动力数量较脱贫前有所下降，受教育程度普遍较低，健康状况仍然不佳；甘肃省涉藏地区多数家庭的劳动力数量增加且抚养负担有明显减轻，脱贫户的受教育程度也有明显改善；云南省涉藏全面脱贫后相对贫困人口家庭抚养负担、户主受教育程度、儿童就学、健康状况等指标都有明显改善和提升，但政府应该重视特殊教育培训方面政策的完善及落实。从自然资本来看，甘肃省涉藏地区脱贫户的环保意识也有明显提升，但在生态补偿方面，户主对补偿政策的了解程度较低，且政府的生态补偿力度有待进一步加强；云南省涉藏地区仍有很大一部分农户环保意识需要进一步提升，在生态补偿方面，户主对补偿政策的了解程度较高，政府的生态补偿力度有明显提高，但需要加大环境保护的宣传力度。

3.3 本章小结

2020 年是全面建成小康社会目标实现的一年，也是脱贫攻坚战收官年。

攻克相对贫困地区发展问题，既是决定精准脱贫质量、全面小康社会的关键环节，也是影响到脱贫攻坚后，管控返贫风险与相对贫困工作的重中之重。作为全国第二大藏族聚居地，由于生态环境相对脆弱、自然资源较为稀缺、民族文化构成独特，四省涉藏地区具有致贫原因异质性、贫困代际传递严重和特殊贫困现象凸显的特征，并且还伴随着人力资源的低效使用与高素质劳动力的缺乏，相对贫困人口存在政策依赖性强、自我发展能力弱、抵御风险能力弱等突出问题。

由于长期处于资源匮乏、环境恶劣、发展方式落后、市场信息闭塞等"老、少、边、穷"地区，贫困面广，贫困程度深，脱贫难度大，脱贫成果巩固难，根据内生增长理论，综合已有研究成果与实地调研数据，分析发现四省涉藏地区相对贫困人口可持续发展动力主要表现为以下几个方面。

（1）可持续发展意愿较高，但缺乏可持续发展计划

在地方政府、帮扶组织、驻村干部等外部力量的帮扶下，相对贫困人口的可持续发展责任意识潜移默化地得到了增强。数据表明，被问及"您认为您会以何种方式实现可持续发展"时，83.9%的农户更愿意靠自己的努力实现可持续发展；超过90%的农户对实现可持续发展充满信心，认为"我要富"更加重要，国家的帮扶不是理所应当的，可持续发展是每个人的责任。但同时也发现66.7%的农户缺乏对未来的经营发展计划；13.6%的家庭对帮扶资源的依赖性较强，认为国家支持、干部帮扶是理所应当的，对未来实现可持续发展缺乏信心；8.8%的非相对贫困人口对仅针对相对贫困人口的重点帮扶感到心理不平衡；23.2%的非相对贫困人口认为自身也需要驻村帮扶；11%的非相对贫困户不认可本村相对贫困户评定，认为评定规则过于死板，在一定程度上阻碍着可持续发展主动性的提升。

（2）可持续发展能力有较大改善，但较非涉藏地区仍有进步空间

在政府帮扶、地方扶持等外部力量帮助下，四省涉藏地区的农户通过自己的努力，实现了全面脱贫，农户的可持续发展能力得到很大的提升。在人力资本方面，劳动力数量小于等于2人的家庭占比64%，人口抚养比大于1的家庭占比34.7%，存在教育困难的家庭占比12%，相较于全面脱贫前有明显下降，劳动负担以及教育状况有显著改善。然而，能使用汉语流利交流、参加过特殊教育培训的家庭数量虽然已经有所提升，但是占比仍然较低。在

自然资本方面，种植、养殖的家庭占比有了一定提高，70%的家庭都获得过生态补偿资金，绝大部分家庭的能源消费量能满足自家的需求。农户对生态政策的了解程度以及环境保护意识较全面脱贫前有了一定程度的提高。在物质资本方面，全面脱贫后四省涉藏地区基本每户都拥有电视、洗衣机、电冰箱，但较非涉藏地区而言，煤气灶、计算机的普及率仍然很低，亟待进一步提高。在金融资本方面，接近90%的家庭人均年收入在4000元以上，相较全面脱贫前有了极大提高，表明全面脱贫后四省涉藏地区农户的经济生活状况有了明显改善。但是政府补贴的覆盖比例有所下降，有些依赖政府帮扶、内生动力不足的农户可能会面临返贫的风险。在社会资本方面，人情支出较高（超过4000元）的家庭占比40%，加入合作社的家庭占比41.7%，相较全面脱贫前有一定程度的提高，表明社会资本有所改善。但是大多数家庭的成员中仍无村干部，在一定程度上缺乏领导能力，有待进一步提高。

第 4 章

四省涉藏地区相对贫困人口可持续发展动力提升的障碍研究

　　四省涉藏地区地域广，民情复杂，自然资源与发展能力有限，相对贫困人口可持续发展动力也受到各方面的影响，本书就可持续发展动力提升存在的障碍做初步梳理研究，并得出以下结论：可持续发展动力提升障碍主要表现在农户生态保护与产业发展冲突，经济发展水平不高；生计资本不足，协调性不强；商业素养不高，市场经济意识不足；奋斗创新观念不足，主体性不强；政策依赖性存在，造血能力较弱五个方面。本章就可持续发展动力提升的主要障碍做了归纳总结。由于新冠疫情原因，对外省涉藏地区农户进行深入访谈工作变得十分困难。因此，本章具体调研启示主要来源于四川省内典型涉藏地区农户，更具体地从农户自身发展、自然资源条件、农民素质以及政府政策等方面深入研究涉藏地区相对贫困人口可持续发展动力的提升障碍与解决措施。

4.1　生态保护与产业发展冲突，经济发展水平不高

4.1.1　成因分析

　　四省涉藏地区所辖区域内，多数地区分布着高山、峡谷、河流，生态资源丰富，但脆弱性较高，极易受自然灾害的影响。农民习惯于广种薄收、单一经营、粗放管理、靠天吃饭的自然经济生产方式，产业发展更容易受到环

境要素制约,阻碍农民可持续发展动力的快速提升。此外,在这些区域内,经济、文化等社会发展水平都与其他地区有较大区别,社会总体发展水平较低,发展速度较慢。因此,在自然因素导致四省涉藏地区人口处于发展困境的基础上,产业发展也易陷入环境要素制约性陷阱。同时,因自然环境所导致的社会经济文化等发展差距会进一步对相对贫困人口造成冲击。四省涉藏地区的产业形式以农牧业为主,农户的生存与发展依赖于自然草场和生态资源。作为我国重要的生态功能保护区之一,为了保护该地区的生物多样性、物种丰富性、水源或地貌特征等生态安全,将可持续生计理论实践应用到四省涉藏地区的可持续发展过程中,促进人力资本、物质资本、自然资本、社会资本以及金融资本的协调发展。四省涉藏地区承担着重要的生态保护功能,根据可持续生计理论所制定的部分生态政策一定程度上限制了该地区的经济发展,生态保护与经济社会协同发展存在矛盾,农户的自身发展需求同贫瘠的生态资源禀赋和绿色发展需求也产生了一定的冲突。

四省涉藏地区的自然环境制约了其产业发展的形式。首先,涉藏地区多高山峡谷的特殊自然地貌决定了其不具规模的市场,在一定程度上也影响了涉藏地区人口的就业与创业。其次,四省涉藏地区的民族构成复杂,语言、宗教文化、生活习惯等方面存在的差异也在一定程度上影响了四省涉藏地区内部之间以及与外界的交流合作。四省涉藏地区自身较难发展新的产业形式,也较难开展与外界的产业合作,促进产业形式的革新。再次,受生态环境的影响,四省涉藏地区相对贫困人口地方病较多,健康状况相对较差,因此,部分家庭缺乏充足劳动力,受劳动力人口不足的制约,大部分家庭仍只能选择相对简单、传统的手工业、农业等生产形式。最后,四省涉藏地区大多数区域生态环境较为脆弱,作为几大河流的发源地,这一区域承担着重要的生态保护功能。为进行生态保护,国家制定了许多生态保护政策,部分地区被列为生态保护区,生态保护与经济社会协同发展存在矛盾,地区开发和产业形式发展受到限制和约束。

在"乡村振兴战略"与"生态环境保卫战"同时打响且同等重要不可偏废的情况下,必须取得双赢的结果。经济发展和生态文明建设是生态富民的两项核心任务,在运作空间层面上存在着显著的同质性。在相对贫困区域,自然生态环境与经济发展之间存在着矛盾,这是目前社会发展面临的较严峻问题。与非涉藏地区不同，涉藏地区面临着更为严峻的资源开发与生态保护之间的矛盾。涉藏地区依托对自然资源的开发利用这单一的发展思路同长期发展"可持续生计理论"的冲突难以避免。一方面，涉藏地区丰富的资源具有独特性和垄断性特征，已经成为涉藏地区经济社会发展强有力的支撑，在我国资源持续消耗且逐步匮乏的新形势下，涉藏地区的生态环境显然具有巨大的开发潜力；另一方面，涉藏地区生态环境较为脆弱，自然灾害频发，水土流失、耕地退化、土地沙漠化等生态环境问题日益严重，已经成为全国生态安全极度敏感地区之一，涉藏地区经济发展必须综合利用各项生计资本以维持可持续生计。四省涉藏地区面临资源开发与生态保护的内在矛盾，与非涉藏地区相比，受到诸多发展限制，发展渠道相对较为单一。四省涉藏地区大多生态环境较为脆弱，经济运作能力相对有限，区域经济运作是乡村振兴工作开展的核心目标。同时，这些区域作为我国关键的生态功能区域，对于增加生态承载负荷力、维护生态系统安全具有重要意义。生态文明建设工程运作周期相对较长，对相对贫困区域的群众而言，首要任务是有效降低返贫风险。由于生态富民无法在较短时间内取得成效，可持续发展工作的短期性与生态运作的长期性也存在很大程度上的矛盾。

4.1.2 调研启示：因地制宜治理，实现生态富民

从调研中可以看出，乡村振兴工作应当依托当地优势，建立有效可行的可持续发展机制，立足本地区的资源禀赋，发挥基础产业具有的先天优势，建立相对稳定的利益联结机制。经济发展与生态文明建设要协同并进，在巩固绿色生态工业、特色经济产业和生态旅游业三大特色产业的前提下，加强优势转化，将环境资源等区域优势转化为生产资源等经济优势。注重从实际出发，在平衡资源开发和生态保护关系的基础上进行生态富民。

四省涉藏地区环境较为复杂，面临着严峻的资源开发和生态保护的矛盾。乡村振兴工作的实施应当与生态环境保护相结合，通过实施生态护林员政策，建立生态资源管护合作联社等措施，将森林保护任务与乡村发展有机结合，在保护当地脆弱生态环境的同时，还能提供多种形式的岗位以实现涉藏地区人口就地就业。

可持续发展动力障碍攻克措施：

立足本地区的资源禀赋，发挥自然资源的先天优势，结合特色协调经济产业，建立稳定的利益联结机制，重视实体经济和集体经济的"集中发展"，在巩固提升三大特色产业的前提下，注重把环境资源转化为生产资源，区域优势转化为经济优势，坚定不移走"资源 +""生态 +"发展路径，探索总结并深入推动"五联 +"（龙头企业联带、集体经济联营、社会力量联动、发展基金联扶、金融扶持联保 + 转产转业）产业化驱动发展模式，实现由"被动输血"向"自我造血"的转变。

坚持属地管理（统一管理）的原则，就近就地选聘农户参与林业保护；坚持"乡为主体，村组实施，林业指导，帮扶监督，财政支付，项目资金到村到户到人"的林业生态发展模式。实行"县建、乡聘、站管、村用"和"目标、任务、资金、责任"到县一级的管理机制，形成立体化的管理格局，最大程度地发挥"村级生态资源管护与建设专业合作社 + 生态护林员"模式的作用。注重从实际出发，根据农区各乡森林面积分布和相对贫困户数量，以天然林、退耕还林生态林、集体公益林、零星国有林为重点，集中安排，尊重农牧民意愿，在自愿报名的基础上按程序公开、公平、公正选聘，实现农户增收和资源保护双覆盖。

4.2 生计资本不足，协调性不强

4.2.1 成因分析

生计资本是指个人拥有的用于谋生的知识、技能与健康状况，它决定了人们追求的各类生计手段和相应的生计目标，是经济社会实现发展可持续性的重要推动因素。生计资本富集有利于相对贫困人口降低生计脆弱性，提高生计方式多样性，增强抗风险能力，从根本上提高相对贫困人口的生计水平，进而为乡村振兴的可持续性推进提供生计支撑。

四省涉藏地区相对贫困人口相较于其他地区各资源要素较少，其受自然资本较为贫瘠、人力资本略显薄弱、物质资本相对匮乏、金融资本区域分布不均、社会资本薄弱等多方面的制约因素影响。可持续生计理论的实践与应用能够有效缓解四省涉藏地区协调发展的根本问题，综合协调其自身的生计资本随机组合，依托相对较丰富的单项资本做支撑，以达到对自身资本利用的持续性和经济增长的持续性。虽然四省涉藏地区已摆脱绝对贫困现状，但可持续发展能力受生计资本约束仍然较低，存在着相对贫困的现象特征。

（1）自然资本贫瘠

四省涉藏地区拥有丰富的自然资源，包括植物资源、土地资源、矿产资源等。但四省涉藏地区地势落差大，土地贫瘠破碎，不利于机械化作业，家庭耕地质量不高。同时四省涉藏地区受生态脆弱性限制，由于过度放牧和干旱等自然灾害的影响，生物系统多样性锐减，受草原"三化"因素影响，植被覆盖面大幅度下降，畜牧面积减少。生态环境的逐渐恶化，加剧了农户对于耕地、草地、药材等自然资源的依赖，极大提高了农户生计脆弱性，农户可用于维持正常生计活动的自然资本不足。

（2）人力资本薄弱

首先，受地理位置偏远、信息交流闭塞、交通运输不畅、经济基础薄弱等因素制约，四省涉藏地区农户缺乏对政策、产业、养殖、经营等知识的深入了解，长期处于知识匮乏状态，且基础教育条件相对于非涉藏地区较差，教学资源不足，受教育程度普遍偏低，部分农户思想观念落后，同时信息获取渠道有限，自主学习能力缺失，生产方式落伍，接受新事物、新观念的能力相对较弱，可持续发展动力激发不足。其次，受地区经济发展水平落后的制约，四省涉藏地区医疗资源总量不足、分布不均，乡村卫生机构基础设施差，设施简陋陈旧，涉藏地区农户地方病发生率较高，健康素质较差。受以上因素影响，四省涉藏地区相对贫困人口的人力资本相对薄弱。

（3）物质资本匮乏

物质资本常指长期存在的生产物质资本形式，如设备、机器、建筑物、交通运输设施等，因地理位置较为偏远，经济发展水平较为落后，四省涉藏地区基础设施较为落后，资源利用率较低。除此以外，涉藏地区自然灾害较多，削弱了当地农户的生计资本，其中物质资本及金融资本损毁程度最严重。因此，尽管物质资本在传统的产业经济中占据主要地位，四省涉藏地区相对贫困人口所拥有的物质资本仍相对匮乏。

（4）金融资本分布不均

首先，涉藏地区农户筹借款机会相对较低，金融机构如信贷机构等分布不均，数量较少，不能全面满足相对贫困地区金融服务多元化的需求。其次，受当地金融服务行业发展情况以及自身信息获取能力限制，相对贫困人口缺乏对相关金融政策的了解，没有足够地认识联合创业、合作社共同发展创业等概念，在合作过程中不懂得保护自己的权益，金融服务获取不及时、不到位。

（5）社会资本薄弱

社会资本作为一种特殊的非正式资本，是一种相对可靠、稳定、非制度化和具有可持续性的关系网络，建立在亲缘、血缘、宗族和地缘关系之中，涉藏地区农户受到其地理位置的限制，其社会交往主要集中于亲缘关系与血缘关系中，主要交往对象集中于亲友、邻居，与非涉藏地区农户相比，涉藏地区农户参与社会组织和经济合作组织程度较低，社会资本相对较为匮乏。

生计资本指资源要素禀赋差，生计可行能力低下的状况，由于各类型生计资本的匮乏，四省涉藏地区的生计结构协调性总体不高，在极大程度上限制了相对贫困人口生计策略的选择，导致农户存在返贫的可能性，阻碍了可持续发展动力的激发，制约了可持续发展动力的获得。

4.2.2　调研启示：医疗教育保障，阻断代际返贫

从调研中可以看出，四省涉藏地区相对脱贫人口要实现可持续发展，增收致富，避免返贫，一方面，需要保障基础医疗，保证相对贫困农户的健康状况，积极开展救助；另一方面，也要完善九年义务教育全覆盖，从而提升农户的人口素质水平，同时也可以提供相关的技能培训与有关岗位，使农户能够有效参与就业，依靠双手勤劳致富。

四省涉藏地区相对贫困人口要增收致富，避免返贫，除了要进行政策补助外，还要补足生计资本，特别是在人力资本和自然资本方面，提升自身发展动力，同时还要加强思想教育工作，鼓励自我发展。

可持续发展动力障碍攻克措施：

深入实施教育帮扶，加强巩固健康保障。持续实施"十五年免费教育"，进一步完善资助体系。建立在健全"县长、教科局局长、乡镇长、校长、村民委员会主任或社区居民委员会主任、家长"在内的"六长责任制"，全力做好"控辍保学"。同时坚持问题导向，聚焦返贫可能存在的突出问题，推动分级诊疗制度落地见效，统筹整合各级帮扶资源，进一步完善乡镇卫生院、社区服务中心、村卫生室的医疗设施和队伍建设，改善服务能力，全面落实城乡医保、大病保险、基金兜底等政策，巩固健康保障行动。

加强低保政策兜底，将四省涉藏地区生计资本薄弱的相对贫困人口纳入低保保障群体当中，帮助其正常生产生活，保证其基本生活质量。同时进一步加强思想教育工作，通过驻村工作帮扶组的教育引导和交流沟通，避免滋生"等、靠、要"的思想，进一步激励相对贫困人口劳动致富的意识，使其劳动积极性和主动性得到提高。

4.3　商业素养不高，市场经济意识不足

4.3.1　成因分析

商业素养是指商业理论素养、商业应用技术素养以及商业文化价值素养。韩科飞（2021）研究发现提高农户商业素养可促进农户农业生产投资，同时也可提升农户的经营能力从而改善其农业经营效率。市场经济意识是指当代人对生产方式、生活方式以及对市场经济思维方式的理解，不仅要从感性方面感受到市场经济给生活带来的巨大进步，还要从思维方式、文化观念、实践内容和生活方式等理性方面认识市场经济。

四省涉藏地区相对贫困个体处于各种条件与资源稀缺的状态下，因此他们会将最基本的认知资源与注意力集中于最主要的日常生计领域，即维持生活的办法，包括生活用度、保全生命的方法等，这也符合马斯洛的需求层次理论。但是经济决策往往是复杂的，涉及运行模式和体制、发展战略和方针等宏观决策与确定产量、合理分配等微观决策，包含确定目标、探索方案、

比较方案、选定方案、执行决策、跟踪检查等六大步骤。由此可以得出，做出一个高质量的经济决策需要参与者具有充分的认知。但脱贫户周围的交际圈大部分还是脱贫户，他们之间的信息传播都集中在当前阶段的需求层次上，部分非贫困户对脱贫户享受的政策和待遇持羡慕的态度，导致脱贫户与非贫困户之间较难产生平等的社交关系，逐渐形成贫困代际传递的恶性循环。而脱贫个体常常由于缺乏认知资源和能力而对商业信息缺乏敏感性，没有精力学习商业技能，无法将商业文化与自身工作相结合，从而导致整体商业素养不高，由此做出不完美或者错误的经济决策或造成损失，最终又由于资源的稀缺被迫专注于维持生活，循环往复，导致相对贫困区域的贫困代际传递现象明显，成为激发可持续发展动力的障碍。同时，在资源稀缺的条件下，四省涉藏地区相对贫困个体没有充分的市场经济意识，即竞争与效益意识，缺乏市场理性，导致地区性的创新发展迟缓，同样成为激发可持续发展动力的一大障碍。

4.3.2 调研启示：素养能力提升，塑造市场理念

从调研中可以看出，四省涉藏地区相对贫困人口要实现可持续发展避免返贫，一方面，需要政府补贴和提供创业支持；另一方面，也要接收商业信息，学习商业知识，从而提升整体商业素养，培养市场经济意识，做出正确的经济决策。同时，应加大政策的宣讲力度，对于文化水平较低的老人进行反复走访，在潜移默化中提升主要劳动力的商业素养。

可持续发展动力障碍攻克措施：

（1）加强合作社扶持力度

盘活集体资产存量，支持资源突出、区位条件较好的村镇，依托自身优势，在依法稳妥、符合规划、债务良性的前提下，通过招商引资、国家投入、自主筹资等方式置办实体产业，发展壮大集体经济。

（2）积极联动社会力量

以产业支撑的基本要求和乡村振兴目标为统领，整合部门力量，广泛开展"产业基础巩固""体制外夯实""万企帮万村"等行动，引导社会各方资源向相对贫困人口汇聚，激发可持续发展动力。推广高原牧区畜种改良、

农牧业机械、专业化种草等现代生产技术，培育适度规模化养殖场、合作社等新型经营主体，提升农牧业基础设施建设，破解致富增收基础薄弱短板，夯实产业发展的硬支撑和软实力。

（3）加大基层"造血增收"宣传力度

基层政府组织加大对国家现有优惠政策的宣传，通过广泛走访入户，了解相对贫困人口所思所想、所愿所盼，掌握乡村振兴工作中存在的具体困难和问题，摸清根源、抓住症结。让相对贫困人口理解、认同并接纳市场理性，树立竞争意识和发展意识，勇于求变求新，把市场意识切实落实到具体的生产行动中去，促进产业化驱动发展模式，实现由"被动输血"向"自我造血"的转变。

（4）建立长效机制，早发现、早干预、早帮扶

定期调度各地工作并研究分析、通报相关情况，立足国情和农情，健全针对农村低收入人口的监测帮扶机制，建立分层分类的救助格局，以切实保障其基本生活。同时商业素养和经济意识是长时间累积的过程，需要有更全面广泛的配套政策。此外，要使商业文化素养深入农户心中，还需要加大政策宣讲力度，使国家政策以更通俗易懂的方式被群众广泛了解并接受。

4.4 奋斗创新观念不足，主体性不强

4.4.1 成因分析

习近平总书记在 2018 年春节团拜会上代表党中央和国务院对全国各族人民的讲话中多次谈到"奋斗"，他说，新时代是奋斗者的时代，只有奋斗的人生才称得上幸福的人生。总书记强调要把奋斗精神切实贯彻于伟大斗争、伟大工程、伟大事业和伟大梦想中，形成竞相奋斗、团结奋斗的主动局面。同时，党的十九大报告进一步指出了创新在引领经济社会发展中的重要地位，提出要加快建设创新型国家，明确创新是引领发展的第一动力，是建设现代化经济体系的战略支撑。而主体性则指人自觉、主动地认识和调控自己的心

理和行为的能力。

四省涉藏地区相对贫困个体在进行经济决策时，既受制于外部资源匮乏，又受心理资源贫乏影响，是两者共同影响的结果。过去很长一段时间，这些农户处于绝对贫困阶段。根据贫困文化论，美国社会学家和人类学家刘易斯（Lewis）认为，长期处于贫困状态的群体会形成"贫困文化"，它由穷人创造并维系，是贫困阶层所具有的一种特有的生活方式，是长期处于贫困生活中的群体的习惯、风俗、生活风格、行为方式、价值观和心理定势等非物质形式。他们长期受"贫困文化"的影响，逐渐陷入"贫困代际传递"这种贫困陷阱。贫困个体在文化教育、经济发展及生活习惯等各方面的突出问题表现了出来。由贫困文化论所延伸出来的惰性以及承袭祖辈、安于现状的价值观将导致这些个体缺乏奋斗精神，接受新生产生活方式所需要的机会成本提高，导致其无法发挥主观能动性，最终成为可持续发展动力提升的障碍。

4.4.2 调研启示：主体意识提高，创新思想引领

从调研中可以看出，要巩固脱贫成果工作的成效，应当注重对相对贫困人口思想意识的引导。通过多途径的文化传播推动相对贫困户思想转变，提高相对贫困户主体性意识，充分调动群众发展积极性，采取多种激励措施，使群众主观能动性得到充分发挥。在发展之路上要注重加强思想教育工作，通过驻村工作帮扶组的教育引导和交流沟通，激励群众树立劳动致富的意识，从而提高劳动积极性和主动性，要充分了解农民的实际情况，建立可行的创新思想引领。在党和政府的关怀下，农户要摆正心态，积极面对困难，用实际行动巩固脱贫成果。

可持续发展动力障碍攻克措施：

四省涉藏地区在脱贫攻坚任务完成后及后续发展过程中，应主动将着力点聚集到农户"我要发展"中来，创造性开展"星级激励"评定工作，着力解决"要我发展"普遍性难题，形成"你追我赶"的良好发展氛围。

（1）出台"星级激励"动力基金筹集办法

采用县级扶持一部分、联系相关部门出一部分、村集体经济出一部分、

接受社会捐赠一部分等方式，建立不低于 5 万元的"星级激励"动力基金。

（2）建章立制、形成长效

坚持把动态管理和长效总结进行有机融合，结合村情民意，动态总结，以此推动"星级激励"评定工作常态长效开展。实行动态管理，每半年进行一轮重新评定审议，对于主动转变观念，积极支持参与乡村振兴工作，积极想办法创收增收的脱贫户，可根据情况升级星级标准。反之，经过村"两委"审议并经公示后，及时调降星级标准。对提星升级的脱贫户，进行公示，加大帮扶力度；对降星降级的脱贫户，村"两委"谈心谈话，视情况减少帮扶措施，督促其向好转变。坚持问题导向，及时发现工作中面临的困难问题，集思广益，逐一认真解决，坚决防止出现违背农牧民群众意愿的事件发生。

（3）从文化振兴角度入手

促进图书馆、文化馆、博物馆以及镇街综合文化站、社区、村庄的文化活动室等文化阵地设施建设，并积极向提升服务水平、改善服务环境不断努力。利用文化传媒的作用，引导群众用科学知识武装自己；利用综合文化站挖掘发展健康向上的乡土文化，引导脱贫户转变落后思想，树立"吃苦耐劳、积极致富"的观念，激发可持续发展活力，增强致富主动性，提供强大的精神动力和文化软环境，助力乡村振兴。

4.5 政策依赖性存在，造血能力较弱

4.5.1 成因分析

目前对于可持续发展动力的研究主要从个体内生性因素和外生性制度两个方面进行。而外生性制度因素多从福利依赖视角出发，探究社会救助等公共政策对受助者可持续发展动力的影响。相对贫穷是一种客观状态，而福利依赖作为一种主观状态，是由于价值观上的依赖而作用于工作等行为上的依赖，进而逐渐形成的一种依赖文化。

　　四省涉藏地区发展状况存在很大特殊性，民族地区农村人口的组织化程度相对于经济发达地区较低。地广人稀，相对贫困农户极为分散且单个分散，而且相对贫困农户个体资本投资与积累较为匮乏，发展资金和技术相对短缺，市场区位劣势显著，致使农户抵御自然和市场双重风险的能力薄弱。受地形和天气等原因的综合影响，大部分涉藏地区自然资源产能低下，农业生产稳定性极差。尽管各级地方政府对相对贫困农户的教育深刻普遍，但农户自身综合素质和见识仍然不足，农户的自主反贫困能力相对较弱，更多地寄望于国家帮扶政策，对政策的依赖性也更强，导致在推进农业相关产业时，农户过度依赖政府政策。对于四省涉藏地区的相对贫困群体而言，当前政府制定的各类保障制度与社会救济政策保证了一部分无劳动能力群体的生存达到基本条件，但同时也会存在少数相对贫困群体未能意识到乡村振兴任务的重要性。因此要针对相对贫困群体精准施策，实现可持续发展工作质量和效益最大化。

　　四省涉藏地区区域内，农牧业的发展风险极高，脱贫农户个体不具备长远的产业发展眼光和规划，对于地方的致富产业，还是过于依赖村镇乡村振兴干部的安排和领导。脱贫农户的自我发展和产业造血能力薄弱，为脱贫结果的稳定增加了大量的不可控因素。在脱离了政府和帮扶干部的领导和规划后，脱贫农户仍然守不住积累的产业基础，更不能够带领产业深入发展。只有激发农户的自我发展意识，农户才能稳定地向城镇经济社会靠拢。

4.5.2　调研启示：造血能力培养，激励自主创业

　　从调研中可以看出农户作为农业产业的主力军，是农业农村发展的重中之重，但是由于农民受教育程度相对低下，导致农户发展产业时总是对产业规划和扶持政策产生过多的依赖，脱贫农户不能够自主地认识市场规则与风险，从而提高返贫的风险。所以在帮扶工作进行的后期，需要对脱贫农户进行造血能力培训，通过言传身教，农户亲身体验的方式，将传统意义上的农民培养成现代新型职业农民。让农业产业发展主体接受村镇领导的规划方向，同时农户个体又能够充分发挥主观能动性，充分挖掘农产主体之外的各种其他形式的产业，巩固自身，完善自身。

农民在满足生活需求之后会进一步追求利益的最大化，但由于理念的落后导致与城镇发展脱轨，因此只有将现代发展观念灌输到农户心中，才能激发农户的自我发展意识，帮助农户自主朝着经济利益最大化的方向进步与发展。

可持续发展动力障碍攻克措施：

有针对性地制定发展相关福利制度。在跟随集体产业发展的同时，需要针对个体农户制定相应的福利制度，让农户通过自己的双手创造价值而不是通过政府政策来创造价值，在乡村振兴道路上，不允许任何人掉队，也坚决不允许任何人拖后腿。

脱贫任务结束，但是大部分相对贫困地区返贫风险高，最大的原因就是农户的自主发展意识薄弱。政府需要在发展后期和进行返贫监测的同时，对农户进行下一轮农民职业培训，只有让农民自主发展，才能够巩固脱贫成果，农业发展的主力军一定要发挥自主性，要能够自我发展与进步，才能在守住脱贫产业的同时展望和发展农业产业。

涉藏地区条件复杂多样，农户自身资源与发展能力各不相同，除了通过集体产业发展带动农户个体经济，还可以通过培训和引导的方式，让农户发现农村的发展机会，发展其他形式的产业和经营方式。在政府政策上，需要以更贴近民生的方式去引导农户，让农户接受更实际的帮扶，在各种培训的基础之上，通过分析典型案例，发挥标杆作用，进而激发农户对产业的兴趣，从而提升农户的自主造血计划。

4.6 本章小结

2021 年发布的《中华人民共和国国民经济和社会发展第十四个五年规划和 2035 年远景目标纲要》中首次提出要实现巩固拓展脱贫攻坚成果同乡村振兴有效衔接。在西部地区脱贫县中集中支持一批乡村振兴重点帮扶县，巩固其脱贫成果及增强其内生发展能力。2021 年中央一号文件中再次提到要坚持开发式帮扶，帮助其提高内生发展能力，发展产业、参与就业，依靠双手勤劳致富。目前，脱贫攻坚战已取得全面胜利，但经过实地调研发现四省涉藏地区部分农户可持续发展动力仍存在不足，农户可持续发展动力提升障碍依然存在，农户要实现内生性的可持续发展仍然受到许多条件的制约。

根据内生增长理论的内涵，技术进步、人力资本、制度变革这些内生因素能够长期促进经济增长，且各因素之间还能相互影响。而四省涉藏地区的城镇化水平、地方财政收入、社会基础设施、产业结构、公共服务水平等方面，较其他地区仍有较大差距。涉藏地区的群众观念较为落后、知识水平不高、技能缺失、整体保健卫生状况不佳、劳动力异地迁移少、教育发展滞后、人力资本投资少，自我发展能力亟待增强。而且涉藏地区的自然条件恶劣，山高坡陡，沟壑纵横，耕地资源破碎，土地生产力低下，可用于城镇建设或产业发展的土地资源有限，加上较为频繁地遭受塌方、泥石流、地震等地质灾害以及冰雹、干旱、雪崩、洪涝等气候灾害，涉藏地区农户面临着自然生产力低下和灾害威胁的双重困境。此外，前期采取的精准扶贫政策，在取得卓越成效的同时，也使部分相对贫困户滋生了"等、靠、要"思想，出现了福利依赖等危险性倾向，部分相对贫困人口可持续发展动力下降。因此，提升四省涉藏地区农户的可持续发展动力，对于这一地区农户抵御返贫风险、实现可持续发展具有较大的现实意义。

第5章

四省涉藏地区相对贫困人口可持续发展动力提升的影响因素

5.1 可持续发展动力提升的影响机理

本章主要基于前文阐述的可持续生计理论，从生计资本的角度分析四省涉藏地区相对贫困人口可持续发展动力提升的影响因素。生计资本分为五大维度，分别是人力资本、自然资本、物质资本、金融资本和社会资本。这五大资本的组成对农户生计策略的选择、生计结果的确定具有决定性作用。

相对贫困人口可持续发展生计资本的五个维度如图 5 - 1 所示。

（1）人力资本

人力资本包括个人拥有的用于谋生的知识、技能和健康状况，它决定了人们追求不同的生计手段和相应的生计目标。人力资本是体现在劳动者身上的资本，通过人力资本投资形成，即用于教育、职业培训等的支出以及在接受教育时机会成本等的总和，表现为蕴含在劳动者身上的各种生产知识、劳动与管理技能以及健康素质的存量总和。人力资本的核心是提高人口质量，舒尔茨（Theodore Schultz）认为，人力资本包括人口数量和质量，其中人口质量的提高更为关键。经济学家和教育学家对人力资本理论的研究表明，各个国家的经济发展与其在教育方面的投资成正比。提升人力资本可有效推动国民经济增长，提高劳动者收入水平，进而实现相对贫困人口的致富。由于缺乏基本发展机会和基本发展能力，处于能力相对贫困中的人们提升自身人力资本的途径较少，信息交流不足，现代教育技术与知识外溢水平不够，社会

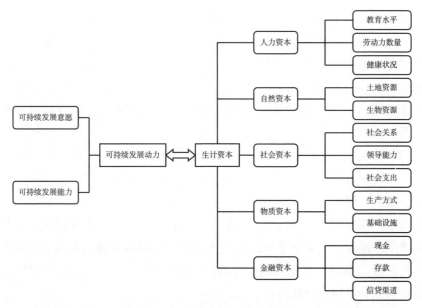

图 5-1 生计资本的五个维度

网络较为落后。农户相对贫困的表现之一在于缺乏以教育文化、劳动技能、健康等形式存在的人力资本，同时这种表现又是导致相对贫困的本质原因，提高人力资本对可持续发展动力容易产生正向影响。人力资本中，劳动力数量能够影响相对贫困户的可持续发展动力提升。通常情况下，家庭劳动力数量越多，家庭可获得的劳动收入相对较多，可持续发展动力越充足。除劳动力外，分析人力资本因素可以采用抚养比。抚养比＝家庭中（老龄人口＋未成年人口）/劳动力人口。抚养比越大，表明劳动力人均承担的抚养人数越多，抚养负担就越严重，容易陷入可持续发展动力提升困境。教育也对相对贫困人口可持续发展动力的提升有正向影响。一般来说，在其他状况不变的条件下，平均接受教育时间越长，致富动力越明显。从贫困代际传递角度出发，相对贫困家庭新一代成员比较容易继承上一代成员落后的价值观念和生活态度，导致相对贫困现象的持续发生和循环。通常，家庭主要劳动力具有一定的工作技能经验，会有效促进家庭致富进程。学界普遍认为，提升相对贫困人口的可持续发展动力，必须要加大职业技能投入，实施职业能力提升政策，才能有效推动国民经济增长，提高劳动者收入水平，从而有助于实现相对贫困人口的致富。健康状况是人力资本的又一重要影响因素。一般来说，健康状况越好，身体条件越能支持劳动致富；反之，健康状况越差，甚至残疾等丧失劳动能力的农户可持续发展动力越不足，越难实现致富，而且部分疾病易在相对贫困家庭形成代际传递，使稳固脱贫成果愈发困难。关注四省涉藏地区相对贫困人口的健康状况能更加有效地衡量其可持续发展动力。

（2）自然资本

自然资本是指个体拥有或可能拥有的自然资源储备，主要包括水产资源、土地、草原、树木、野生动植物等生物资源。四省涉藏地区相对贫困人口的自然资本主要局限于土地，对于价值较高的自然资本的占有率较低。自然资本在涉藏地区农户的第一主导产业发展中发挥着较为关键的作用，但其极易受自然灾害的影响，抗外来风险性低。风险管理手段少，应对风险能力差，具有脆弱性和不稳定性的特点。

（3）物质资本

物质资本包括支持农户生计所需要的基础设施和生产手段。四省涉藏地区的基础设施建设与其他地区相比较为落后，生产手段仍主要集中于传统农业、手工业，经济发展水平与速度同国内其他地区相比仍有较大差距，物质资本不足，易导致部分相对贫困人口"等、靠、要"思想严重，过分依赖政府提供的金钱或实物等方面的物质资本支持，缺乏可持续发展动力，自身思想观念未发生变化，不能真正地实现致富。

（4）金融资本

金融资本指人们用来实现其生计目标的资金资源，如现金、存款、收入、报酬、汇款等，是人们选择不同生计策略的基本条件。当相对贫困户遭受生计风险时，首当其冲的是金融资本。一方面，涉藏地区相对贫困人口受到外部冲击时，会降低其生活消费方面的支出，较高较完备的金融资产会对其消费支出起到保护作用；另一方面，外来冲击会减少相对贫困人口在教育和技能培训方面的支出，但对收入相对较高人口的影响较小，拥有更多的金融资产会缓解相对贫困户受到的冲击。因此，拥有较多的金融资本能帮助人们拥有更高的可持续发展动力，从而实现可持续的致富，有效降低返贫风险。

（5）社会资本

社会资本是人们在追求生计目标的过程中可以依赖的社会资源，如社会关系和社会组织（宗教组织、家族和亲朋好友等），社会资本影响了人们之间的信任和合作能力以及社会机构的支持和帮扶。相对贫困个体的社会资本容易对可持续发展动力的提升产生综合影响。四省涉藏地区居民普遍信仰佛教，民风比较淳朴，常常礼尚往来。作为个体社会资本状况的重要衡量指标，基于人际关系的互帮互助等人情支出在一定程度上能够影响可持续发展动力。按理来说，支出数额取决于家庭经济状况、两个家庭关系亲密程度，在其他条件不变的情况下，家庭人情彩礼费用支出越多，该家庭社会资本可能越大。对于个体社会资本的衡量，除了人情彩礼支出之外，领导能力也是一个重要指标。家中若有村委干部，在思想层面上，对家庭成员的政治觉悟提高有潜移默化的正向效应，家庭成员更愿意响应政府号召；在行为层面上，扶贫政策的落实更为可靠和有影响力。反之，若家中没有村委干部，领导能力相对欠缺，家庭成员可持续发展动力可能相对缺乏。

5.2 可持续生计框架下生计资本对可持续发展动力提升的影响实证研究

5.2.1 人力资本对可持续发展动力提升的影响实证研究

本章着重以劳动力水平、教育水平以及健康状况三个视角代表人力资本，研究其对可持续发展动力提升的影响。

人力资本中，劳动力水平影响脱贫户的可持续发展动力提升。家庭劳动力数量越多，平均接受教育时间越长，健康状况越好，脱贫户的可持续发展动力就会越充足。除劳动力外，抚养比也可以分析人力资本，抚养比越大，劳动力人均承担的抚养人数就越多，抚养负担越重，容易陷入脱贫户的可持续发展动力提升困境。

（1）数据来源

本章研究数据来源于四川农业大学经济学院课题组于 2019 年 7 月~2021

年 7 月期间的实地调研。调研区域为四省涉藏地区，具体包括四川省涉藏地区、云南省涉藏地区、甘肃省涉藏地区和青海省涉藏地区。其中，四川省涉藏地区包含了阿坝藏族羌族自治州、甘孜藏族自治州以及凉山州的木里县；云南省涉藏地区为迪庆藏族自治州；甘肃省涉藏地区主要是甘南藏族自治州；青海省涉藏地区占地面积最大，一共 6 个自治州，包括海北藏族自治州、黄南藏族自治州、海南藏族自治州、果洛藏族自治州、玉树藏族自治州以及海西蒙古族藏族自治州。

调查采取对样本农户"一对一面谈"的方式，调查人员随时解答相关疑惑，并根据回答如实记录问卷。结合问卷法（合理设计问卷，采用开放式、封闭式或混合式问卷收集信息）、访问法（通过交谈获得资料）、观察法（现场观察，凭借感觉的印象收集数据资料）对其进行定量研究，整理数据遵循系统化、条理化原则，运用 STATA 对变量因素进行多元回归分析、相关性分析、聚类分析等。整个调研的前期、中期和后期都实行了严格的质量控制，以确保数据资料的真实性和可靠性。

（2）研究方法选取——AF 方法

基于多维贫困理论，阿尔凯尔和福斯特（Alkire & Foster，2007）提出了多维贫困指数（MPI）测算中的贫困识别、加总与分解，即测算多维贫困的 AF 方法，也称为 A－F 双重临界值法。该方法在运用的过程中具有很大的可调整性，并且允许对指数进行分解，能够较好地适应客观实际情况的需要，体现单个维度的情况，使研究更具现实意义。

本章研究的可持续发展动力可分解为致富意愿和致富能力两方面，每个方面都将分解为若干个子维度以期尽量完备准确地体现其特征，因此对其的衡量便也具备了多维的特征。本章借鉴多维贫困理论的思路将可持续发展动力分为两大方面并以此为基础延伸出五个维度和十七个指标，借鉴 AF 方法测算四川省涉藏地区农户可持续发展动力的影响因素，进而从性别和地区的角度进行异质性分析，以此来对四川省涉藏地区和甘肃省涉藏地区相对贫困人口可持续发展动力的现状及面临的困境进行深入探究。

（3）变量选择

被解释变量为多维贫困指数 pik。因剔除明显无法对等的样本数据后，一共获得四省涉藏地区 892 个家庭有效样本。如表 5－1 所示，可得出平均多维贫困指数为 0.81。

表 5 - 1   被解释变量描述性统计

变量名称	样本数	平均数	标准差	最小值	最大值
多维贫困指数（*pik*）	892	0.81	0.39	0	1

资料来源：四川农业大学经济学院课题组于 2019 年 7 月 ~ 2021 年 7 月的实地调研。

　　核心解释变量分别为劳动力水平、教育水平以及健康状况。调查问卷中用家庭中劳动力人口的数量来表示被调查者的劳动力水平，其为连续变量。教育水平指被调查者的文化程度，分为九类，从低到高按照受教育年限赋值：文盲/半文盲 = 0；没有上过学 = 3；小学 = 6；初中 = 9；高中/中专/技校/职高 = 12；大专 = 15；大学本科 = 16；硕士 = 19；博士 = 22。健康状况由被调查者自行评估得出，分为五类依次赋值：不健康 = 1；一般健康 = 2；比较健康 = 3；很健康 = 4；非常健康 = 5。核心解释变量的描述性统计分析如表 5 - 2 所示。

表 5 - 2   核心解释变量描述性统计

变量名称	样本数	平均数	标准差	最小值	最大值
劳动力水平	1224	2.38	1.24	0	9
教育水平	1237	5.82	3.21	0	16
健康状况	1239	3.47	1.18	1	6

　　控制变量可分为个人特征和其他人力资本两大类。个人特征包括性别、年龄、民族以及婚姻状况等；人力资本包括政治面貌和社会关系资本。根据问卷实际情况，具体指标设定如表 5 - 3、表 5 - 4 所示。

　　（4）实证结果分析

　　根据 Probit 模型，本章对劳动力水平、健康状况、教育水平与可持续发展动力的相关性做出了分析，结果表明，劳动力水平、健康状况、教育水平与多维贫困指数呈显著的负相关关系，即与可持续发展动力呈显著的正相关关系。劳动力水平、健康状况、教育水平等人力资本的增加可以有效提升可持续发展动力，从而实现可持续增收。

表5-3   控制变量指标设定

变量名称	指标设定
性别	男=1；女=0
民族	汉族=0；少数民族=1
婚姻状况	已婚=1；未婚=0
政治面貌	被调查者是否为中共党员，是=1；不是=0
社会关系资本	被调查者家庭中是否有村干部，有=1；没有=0

表5-4   控制变量描述性统计

变量名称	样本数	平均数	标准差	最小值	最大值
性别	1239	0.71	0.45	0	1
年龄	1222	49.31	12.31	15	92
民族	1236	0.75	0.44	0	1
婚姻状况	1234	1.75	0.43	1	3
政治面貌	1234	0.12	0.33	0	1
社会关系资本	1203	0.12	0.32	0	1

5.2.1.1　劳动力水平对可持续发展动力提升的影响

通过劳动力数量这一指标来衡量调研家庭劳动力水平，本章得出关于调研农户劳动力水平对其多维贫困指数的回归结果，从而进一步得出劳动力水平对可持续发展动力提升的影响，如表5-5所示。

表5-5展示了劳动力水平对四省涉藏地区脱贫户可持续发展动力的Probit回归结果。模型5-5-1、模型5-5-2、模型5-5-3逐步纳入性别、年龄、婚姻状况等个人特征以及政治面貌等其他人力资本来考察劳动力水平的系数变化，可决系数较大，且结果均显著，说明模型说服力较强。

表 5 - 5 　　　　　劳动力水平对多维贫困指数的 Probit 回归

变量	(1) 模型 5 - 5 - 1	(2) 模型 5 - 5 - 2	(3) 模型 5 - 5 - 3
劳动力水平	- 0. 214 *** (0. 039)	- 0. 162 *** (0. 042)	- 0. 155 *** (0. 045)
性别		- 0. 183 (0. 119)	- 0. 093 (0. 126)
年龄		- 0. 001 (0. 004)	- 0. 003 (0. 004)
民族		- 0. 020 (0. 123)	0. 031 (0. 127)
婚姻状况		- 0. 340 ** (0. 134)	- 0. 254 * (0. 141)
政治面貌			- 0. 299 * (0. 166)
社会关系资本			- 1. 185 *** (0. 157)
_cons	1. 405 *** (0. 112)	2. 079 *** (0. 336)	2. 113 *** (0. 355)
N	882	869	857

注：* 表示 $p < 0.1$，** 表示 $p < 0.05$，*** 表示 $p < 0.01$。括号里的系数为 t 统计值。

总体而言，劳动力水平对四省涉藏地区脱贫户可持续发展动力的提升有显著正向贡献，且在其他条件不变的情况下，劳动力水平每提高一个单位，pik 平均减少 15.5%，即劳动力水平对脱贫户可持续发展动力提升的显著正效应为 15.5%。此外，政治面貌和社会关系资本对四省涉藏地区脱贫户可持续发展动力的提升也有显著的正向作用，拥有党员身份或者家中有人担任村干部能分别减少 29.9% 和 118.5% 的多维贫困指数。这与预期结果一致，可以理解为村委干部和党员在思想上能够及时准确地解读党中央发布的文件，抓准国家重点扶持发展项目，在行为上积极主动学习帮扶政策、参与帮扶项目。

具体而言，从模型 5 – 5 – 1 可得出结论，当不控制个人特征以及其他人力资本时，劳动力水平每增加一个等级，会使 pik 平均减少 21.4%，对脱贫户的可持续发展动力提升有显著的正效应；模型 5 – 5 – 2 表示当控制性别和年龄变量时，劳动力水平对脱贫户的可持续发展动力提升仍然有着显著的正效应，即为 16.2%，此时婚姻状况对脱贫户的可持续发展动力提升有 34% 显著的正效应，性别、年龄和民族对其没有显著影响。

表 5 – 6 展示了劳动力水平对多维贫困指数 Probit 回归的稳健性检验结果。稳健性检验中剔除了 2021 年 8 月获取的调研数据，选取不同的样本，根据回归结果，可决系数符号不变，显著性不变，通过稳健性检验。

表 5 – 6　　　劳动力水平对多维贫困指数的 Probit 回归的稳健性检验

变量	(1) 模型 5 – 6 – 1	(2) 模型 5 – 6 – 2	(3) 模型 5 – 6 – 3
劳动力水平	− 0.257 *** (0.059)	− 0.194 *** (0.066)	− 0.179 *** (0.068)
性别		0.145 (0.189)	0.149 (0.194)
年龄		0.024 *** (0.008)	0.023 *** (0.008)
民族		− 0.219 (0.181)	− 0.150 (0.185)
婚姻状况		− 0.272 (0.222)	− 0.198 (0.226)
政治面貌			− 0.379 (0.267)
社会关系资本			− 0.832 *** (0.254)
_cons	1.539 *** (0.165)	0.455 (0.463)	0.514 (0.474)
N	391	391	389

注：* 表示 $p < 0.1$，** 表示 $p < 0.05$，*** 表示 $p < 0.01$。括号里的系数为 t 统计值。

5.2.1.2 健康状况对可持续发展动力提升的影响

本章采用被调查者自行评估得出的健康状况指标值来代表农户的健康状况，完成健康状况对多维贫困指数的 Probit 回归，得到健康状况对可持续发展动力提升的影响的相关结论，如表 5 - 7 所示。

表 5 - 7　　　　　健康状况对多维贫困指数的 Probit 回归

变量	(1) 模型 5 - 7 - 1	(2) 模型 5 - 7 - 2	(3) 模型 5 - 7 - 3
健康状况	- 0.200 *** (0.042)	- 0.193 *** (0.045)	- 0.161 *** (0.047)
性别		- 0.186 (0.120)	- 0.102 (0.126)
年龄		- 0.005 (0.004)	- 0.006 (0.005)
民族		- 0.114 (0.123)	- 0.054 (0.127)
婚姻状况		- 0.452 *** (0.131)	- 0.360 *** (0.137)
政治面貌			- 0.284 * (0.165)
社会关系资本			- 1.182 *** (0.157)
_cons	1.603 *** (0.164)	2.831 *** (0.401)	2.710 *** (0.421)
N	892	871	858

注：* 表示 $p < 0.1$，** 表示 $p < 0.05$，*** 表示 $p < 0.01$。括号里的系数为 t 统计值。

表 5 - 7 展示了健康状况对四省涉藏地区脱贫户可持续发展动力的 Probit 回归结果。模型 5 - 7 - 1、模型 5 - 7 - 2、模型 5 - 7 - 3 逐步纳入性

别、年龄、婚姻状况等个人特征以及政治面貌等其他人力资本来考察健康水平的系数变化。

总体而言，健康状况对四省涉藏地区脱贫户可持续发展动力的提升有显著正向贡献，且在其他条件不变的情况下，健康状况每提高一个单位，pik 平均减少 16.1%，即健康状况对脱贫户可持续发展动力提升的显著正效应为 20%。此时，除了政治面貌和社会关系资本对多维贫困指数显著以外，已婚劳动者也能显著地减少 45.2% 的多维贫困指数。

具体而言，从模型 5-7-1 可得出结论，当不控制个人特征以及其他人力资本时，健康状况每增加一个等级，会使 pik 平均减少 20%，对脱贫户的可持续发展动力提升有显著的正效应；模型 5-7-2 表示当控制性别和年龄变量时，健康状况对脱贫户的可持续发展动力提升仍然有着显著的正效应，即为 19.3%，此时婚姻状况对脱贫户的可持续发展动力提升有显著正影响，性别、年龄和民族对其没有影响。

表 5-8 展示了健康状况对多维贫困指数 Probit 回归的稳健性检验结果。稳健性检验中剔除了 2021 年 8 月获取的调研数据，选取不同的样本，根据回归结果，可决系数符号不变，显著性不变，通过稳健性检验。

表 5-8　　　健康状况对多维贫困指数的 Probit 回归的稳健性检验

变量	(1) 模型 5-8-1	(2) 模型 5-8-2	(3) 模型 5-8-3
健康状况	0.206 *** (0.061)	-0.174 *** (0.067)	-0.160 ** (0.069)
性别		0.159 (0.190)	0.166 (0.196)
年龄		0.020 *** (0.008)	0.019 ** (0.008)
民族		-0.372 ** (0.183)	-0.297 (0.188)

续表

变量	(1) 模型 5 - 8 - 1	(2) 模型 5 - 8 - 2	(3) 模型 5 - 8 - 3
婚姻状况		- 0. 416 * (0. 214)	- 0. 326 (0. 217)
政治面貌			- 0. 437 * (0. 266)
社会关系资本			- 0. 785 *** (0. 254)
_cons	1. 700 *** (0. 246)	1. 023 * (0. 563)	1. 043 * (0. 579)
N	391	391	389

注: * 表示 $p < 0.1$, ** 表示 $p < 0.05$, *** 表示 $p < 0.01$。括号里的系数为 t 统计值。

5.2.1.3 教育水平对可持续发展动力提升的影响

本章通过利用被调研农户户主的受教育年限与学历水平来对农户的教育水平进行衡量赋值,从而得到教育水平与可持续发展动力提升的相关关系,如表 5 -9 所示。

表 5 - 9　　　　　　　教育水平对多维贫困指数的 Probit 回归

变量	(1) 模型 5 - 9 - 1	(2) 模型 5 - 9 - 2	(3) 模型 5 - 9 - 3
教育水平	0. 086 *** (0. 015)	- 0. 080 *** (0. 017)	- 0. 052 *** (0. 018)
性别		- 0. 114 (0. 122)	- 0. 069 (0. 127)
年龄		- 0. 005 (0. 004)	- 0. 005 (0. 005)
民族		0. 102 (0. 128)	0. 097 (0. 132)

续表

变量	(1) 模型 5 - 9 - 1	(2) 模型 5 - 9 - 2	(3) 模型 5 - 9 - 3
婚姻状况		- 0.438 *** (0.131)	- 0.360 *** (0.136)
政治面貌			- 0.237 (0.168)
社会关系资本			- 1.155 *** (0.157)
_cons	1.416 *** (0.110)	2.416 *** (0.351)	2.263 *** (0.367)
N	890	870	857

注: * 表示 $p < 0.1$, ** 表示 $p < 0.05$, *** 表示 $p < 0.01$。括号里的系数为 t 统计值。

表 5 - 9 展示了教育水平对四省涉藏地区脱贫户可持续发展动力的 Probit 回归结果。模型 5 - 9 - 1、模型 5 - 9 - 2、模型 5 - 9 - 3 逐步纳入性别、年龄、婚姻状况等个人特征以及政治面貌等其他人力资本来考察教育水平的系数变化。

总体而言,教育水平对四省涉藏地区脱贫户的可持续发展动力提升有显著的正向贡献,且在其他条件不变的情况下,教育水平每提高一个单位,pik 平均减少 5.2%,即教育水平对脱贫户可持续发展动力提升的显著正效应为 5.2%。

具体而言,从模型 5 - 9 - 1 可得出结论,当不控制个人特征以及其他人力资本时,教育水平每增加一个等级,会使 pik 平均减少 8.6%,对脱贫户的可持续发展动力提升有显著的正效应;模型 5 - 9 - 2 表示当控制性别和年龄变量时,教育水平对脱贫可持续发展动力提升仍然有着显著的正效应,即为 8%。

表 5 - 10 展示了教育水平对多维贫困指数 Probit 回归的稳健性检验结果。稳健性检验利用 2021 年 8 月获取的调研数据,选取不同的样本,根据回归结果,可决系数符号不变,显著性不变,通过稳健性检验。

表 5 - 10 　　　　　　教育水平对多维贫困指数的 **Probit** 回归的稳健性检验

变量	（1） 模型 5 - 10 - 1	（2） 模型 5 - 10 - 2	（3） 模型 5 - 10 - 3
教育水平	0.089 *** (0.021)	− 0.103 *** (0.025)	− 0.073 *** (0.027)
性别		− 0.381 ** (0.184)	− 0.297 (0.198)
年龄		− 0.024 *** (0.006)	− 0.023 *** (0.007)
民族		0.011 (0.207)	0.083 (0.214)
婚姻状况		− 0.588 *** (0.200)	− 0.601 *** (0.221)
政治面貌			− 0.126 (0.233)
社会关系资本			− 1.433 *** (0.212)
_cons	1.402 *** (0.159)	4.038 *** (0.599)	4.019 *** (0.653)
N	446	426	423

注：* 表示 $p < 0.1$，** 表示 $p < 0.05$，*** 表示 $p < 0.01$。括号里的系数为 t 统计值。

5.2.2　其他资本对可持续发展动力提升的影响实证研究

其他资本是指生计资本其余四个维度，具体包括自然资本、物质资本、金融资本和社会资本。其他资本是反映人身以外的资本总和，即个人发展进步的外部条件、政策机会、资本情况等，主要表现为处于个人发展过程中的社会关系、拥有的自然资源储备、发展所需的基础设施和实现发展目标的资金资源等。人力资本决定了人们追求的不同生计手段和目标，而其他资本决定着人们选择生计目标的水平高低和发展速度。其他资本相较于人力资本更难获得提升，它是脱贫户发展的先决条件，受到自然和社会多方面的影响。脱贫户的其他资本往往较为贫瘠，具体表现形式为欠缺的社会资源、较低的自然资源占有率、交通和生产基础设施的落后及较少的家庭收入和储蓄。其他资本是导致可能存在返贫风险的客观原因，提高其他资本能够有效提升脱贫户的可持续发展动力。

其他资本中，任何一方面资本储蓄的提高都容易对脱贫户的发展产生正向影响。通常如果相对贫困家庭结交到更广泛的社会资源、获得更多的自然资源量、享受更方便的基础条件和拥有更多的资金储蓄，家庭的发展速度和发展机会相对更快更多，致富的信心与能力更充足，脱贫户的可持续发展动力就越充足。

本章在变量选择方面将被解释变量解释为多维贫困指数 pik。考虑到调查过程中被调查者有意隐瞒、随意回答等情况，因此剔除无效的样本数据后，一共获得四省涉藏地区 890 个家庭年总收入的有效样本。表 5 – 11 为被解释变量的描述性统计分析。

表 5 – 11 被解释变量描述性统计：其他资本

变量名称	样本数	平均数	标准差	最小值	最大值
多维贫困指数（pik）	892	0.809	0.393	0	1.000
多维贫困程度（K＝30%）	892	0.325	0.176	0	0.767

核心解释变量分别为社会地位、自然资产、实物资产以及收入。调研问卷中对被调查者的社会地位根据被调查者是否为村干部与学历水平综合得出，其中学历水平根据被调查者受教育情况测度（具体包括文盲/半文盲＝1，没有上过学＝2，小学＝3，初中＝4，高中/中专/技校/职高＝5，大专＝6，大学本科＝7，硕士＝8，博士＝9）。自然资本包括家庭种植、养殖情况，能源使用情况，生态补偿程度以及被调查者对生态环境的关注度。实物资产代表了被调查者家中是否拥有大型冰箱、电视机、计算机、洗衣机、热水器、煤气灶六种家用电器。收入指被调研者 2019 年全年获取的收入，为离散变量。核心解释变量的描述性统计分析如表 5 – 12 所示。

表 5 – 12   核心解释变量描述性统计：其他资本

变量名称	样本数	平均数	标准差	最大值	最小值
社会地位	892	5.961	3.395	0	17
自然资产	892	7.026	4.286	1	9
实物资产	892	5.099	2.358	1	8
收入（对数）	892	99.605	57.488	1	220

根据问卷实际情况将控制变量的具体指标设定如表 5 – 13、表 5 – 14 所示。

表 5 – 13   控制变量指标设定：其他资本

变量名称	指标设定
性别	男 = 1；女 = 0
年龄	被调查者接受调查时的年龄，为连续变量
民族	汉族 = 1；少数民族 = 0
婚姻状况	未婚 = 1；在婚（有配偶）= 2；同居 = 3；离婚 = 4；丧偶 = 5
政治面貌	被调查者是否为中共党员，是 = 1；不是 = 0
健康水平	不健康 = 1；一般健康 = 2；比较健康 = 3；很健康 = 4；非常健康 = 5

表 5 – 14   控制变量描述性统计：其他资本

变量名称	样本数	平均数	标准差	最小值	最大值
性别	892	0.674	0.469	0	1
民族	888	0.771	0.420	0	1
年龄	875	50.677	12.458	15	92
婚姻状况	890	1.720	0.452	1	3
政治面貌	888	0.109	0.312	0	1
健康水平	892	3.503	1.250	1	5

5.2.2.1　自然资本对可持续发展动力提升的影响

四省涉藏地区相对贫困人口的自然资本主要局限于土地，对于价值较高的自然资本的占有率较低。四省涉藏地区地形地貌大多为高原高山，种植土地面积较小，并且易遭受频繁的地质及气象灾害，因此四省涉藏地区不仅面临着自然生产力低下的问题，还饱受灾害威胁。

表 5 – 15 展示了自然资本对可持续发展动力的 Probit 回归结果，模型 5 – 15 – 1、模型 5 – 15 – 2、模型 5 – 15 – 3 逐步纳入性别、民族、年龄、婚姻状况以及政治面貌指标来考察自然资本的系数变化。其中模型 5 – 15 – 1 未加入任何控制变量，模型 5 – 15 – 2 加入部分控制变量，模型 5 – 15 – 3 加入所有控制变量。

表 5 – 15　　　　　　　　自然资本对多维贫困指数的 Probit 回归

变量	(1) 模型 5 – 15 – 1	(2) 模型 5 – 15 – 2	(3) 模型 5 – 15 – 3
自然资本	– 0.075 (0.055)	– 0.038 (0.058)	– 0.052 (0.059)
性别		– 0.220 * (0.118)	– 0.165 (0.121)
民族		– 0.061 (0.122)	– 0.049 (0.123)
年龄		0.001 (0.004)	– 0.001 (0.004)
婚姻状况		– 0.460 *** (0.129)	– 0.417 *** (0.131)
政治面貌			– 0.772 *** (0.143)
_cons	1.184 *** (0.230)	2.011 *** (0.383)	2.140 *** (0.391)
N	892	871	867

注：* 表示 $p < 0.1$，** 表示 $p < 0.05$，*** 表示 $p < 0.01$。括号里的系数为 t 统计值。

从回归结果中可以看出自然资本并未对可持续发展动力的提升产生显著影响。溯源到数据层面，由于在团队调研进行采访的农户家庭中，有近一半的农户没有种植农作物或养殖牲畜，可供利用数据相对较少，回归结果受到较大影响。因此，仅从自然资本的角度来分析对可持续发展动力提升的影响较为困难。

5.2.2.2 物质资本对可持续发展动力提升的影响

物质资本包括支持农户生计发展的基础设施和生产手段。调研问卷选择了农户是否拥有大型冰箱、电视机、计算机、洗衣机、热水器、煤气灶六种家用电器来代表物质资本的多少，如表 5 - 16 所示。

表 5 - 16　　　　　　　　物质资本对多维贫困指数的 Probit 回归

变量	(1) 模型 5 - 16 - 1	(2) 模型 5 - 16 - 2	(3) 模型 5 - 16 - 3
物质资本	- 0. 148 *** (0. 038)	- 0. 139 *** (0. 040)	- 0. 125 *** (0. 041)
性别		- 0. 196 * (0. 119)	- 0. 147 (0. 122)
民族		- 0. 116 (0. 123)	- 0. 097 (0. 125)
年龄		- 0. 000 (0. 004)	- 0. 002 (0. 004)
婚姻状况		- 0. 428 *** (0. 130)	- 0. 396 *** (0. 131)
政治面貌			- 0. 730 *** (0. 144)
_cons	1. 645 *** (0. 204)	2. 583 *** (0. 389)	2. 592 *** (0. 395)
N	892	871	867

注：* 表示 $p < 0.1$，** 表示 $p < 0.05$，*** 表示 $p < 0.01$。括号里的系数为 t 统计值。

表 5 - 16 展示了物质资本对可持续发展动力的 Probit 回归结果，模型 5 - 16 - 1、模型 5 - 16 - 2、模型 5 - 16 - 3 逐步纳入性别、民族、年龄、婚姻状况以及政治面貌指标来考察物质资本的系数变化。其中模型 5 - 16 - 1 不加入任何控制变量，模型 5 - 16 - 2 加入部分控制变量，模型 5 - 16 - 3 加入所有控制变量，可以发现物质资本对多维贫困指数产生显著的负向影响。

总体而言，物质资本对四省涉藏地区脱贫户的可持续发展动力提升有显著的正向贡献，且在其他条件不变的情况下，物质资本每提高一个单位，多维贫困指数平均减少 14.8% ，即物质资本对脱贫户可持续发展动力提升的显著正效应为 14.8% 。而随着控制变量逐渐增加，物质资本对可持续发展动力提升仍然有着显著的正效应。

物质资本可以从侧面反映出家庭的经济实力，当一个家庭能够拥有大型冰箱、电视机、计算机、洗衣机、热水器、煤气灶六种家用电器时，也能够拥有更为充分的信心与能力致富。

表 5 - 17 展示了物质资本对多维贫困指数 Probit 回归的稳健性检验结果。稳健性检验中剔除了 2021 年 8 月获取的调研数据，选取不同的样本，根据回归结果，可决系数符号不变，显著性不变，通过稳健性检验。

表 5 - 17　　　　物质资本对多维贫困指数的 Probit 回归的稳健性检验

变量	(1) 模型 5 - 17 - 1	(2) 模型 5 - 17 - 2	(3) 模型 5 - 17 - 3
物质资本	- 0. 232 *** (0. 065)	- 0. 220 *** (0. 066)	- 0. 215 *** (0. 067)
性别		0. 104 (0. 171)	0. 118 (0. 173)
民族		- 0. 363 ** (0. 168)	- 0. 335 ** (0. 169)
年龄		0. 018 *** (0. 007)	0. 017 *** (0. 007)
婚姻状况		- 0. 212 (0. 183)	- 0. 184 (0. 184)

续表

变量	(1) 模型 5 - 17 - 1	(2) 模型 5 - 17 - 2	(3) 模型 5 - 17 - 3
政治面貌			-0.657*** (0.245)
_cons	2.205*** (0.366)	1.767*** (0.592)	1.776*** (0.599)
N	444	444	443

注：* 表示 $p < 0.1$，** 表示 $p < 0.05$，*** 表示 $p < 0.01$。括号里的系数为 t 统计值。

5.2.2.3　金融资本对可持续发展动力提升的影响

金融资本指人们用来实现生计目标的资金资源，如现金、存款、收入、报酬、汇款等，是选择不同生计策略的基本条件。当相对贫困户遭受生计风险时，首先受到影响的是金融资本。一方面，涉藏地区相对贫困人口受到外部冲击时，其日常生活消费会受到一定的影响，完备的金融资产会对人口的消费支出起到保护作用；另一方面，外来冲击会降低相对贫困人口在教育和技能培训方面的支出，但金融资本更充足的人口能够拥有更稳定的技能培训与教育条件，进而提升相应的人力资本。因此，拥有较多的金融资本能更好地提升可持续发展动力，从而实现脱贫人口可持续发展，有效降低大规模返贫风险，金融资本对多维贫困指数的 Probit 回归如表 5 - 18 所示。

表 5 - 18　　　　　　　金融资本对多维贫困指数的 Probit 回归

变量	(1) 模型 5 - 18 - 1	(2) 模型 5 - 18 - 2	(3) 模型 5 - 18 - 3
收入	-0.005*** (0.001)	-0.003*** (0.001)	-0.003*** (0.001)
性别		-0.156 (0.120)	-0.115 (0.122)
民族		-0.027 (0.123)	-0.020 (0.124)

续表

变量	（1） 模型 5 - 18 - 1	（2） 模型 5 - 18 - 2	（3） 模型 5 - 18 - 3
年龄		- 0.001 (0.004)	- 0.002 (0.004)
婚姻状况		- 0.374*** (0.132)	- 0.349*** (0.134)
政治面貌			- 0.706*** (0.145)
_cons	1.353*** (0.105)	2.083*** (0.334)	2.125*** (0.339)
N	892	871	867

注：* 表示 $p < 0.1$，** 表示 $p < 0.05$，*** 表示 $p < 0.01$。括号里的系数为 t 统计值。

表 5 - 18 展示了金融资本对可持续发展动力的 Probit 回归结果，模型 5 - 18 - 1、模型 5 - 18 - 2、模型 5 - 18 - 3 逐步纳入性别、民族、年龄、婚姻状况以及政治面貌指标来考察金融资本的系数变化。其中模型 5 - 18 - 1 不加入任何控制变量，模型 5 - 18 - 2 加入部分控制变量，模型 5 - 18 - 3 加入所有控制变量。

从表 5 - 18 中可以发现金融资本对可持续发展动力的提升具有显著影响。选取年收入作为金融资本的衡量指标和模型解释变量，由于收入的数据较大，需先进行对数化处理，再用 STATA 进行回归，最后得到系数为 - 0.005，且 pik 为 1 时代表缺乏可持续发展动力，为 0 时代表不缺乏可持续发展动力。由此可知，金融资本对农户的可持续发展动力提升有显著的正向贡献，且在其他条件不变的情况下，收入每提高 1000 元，pik 减小 0.5%。加入多个控制变量后，金融资本对可持续发展动力提升仍然有着显著的正效应，如表 5 - 19 所示。

表 5 - 19 展示了金融资本对多维贫困指数 Probit 回归的稳健性检验结果。稳健性检验中剔除了 2021 年 8 月获取的调研数据，选取不同的样本，根据回归结果，可决系数符号不变，显著性不变，通过稳健性检验。

表 5 – 19   金融资本对多维贫困指数的 Probit 回归的稳健性检验

变量	(1) 模型 5 – 19 – 1	(2) 模型 5 – 19 – 2	(3) 模型 5 – 19 – 3
收入	– 0.005 *** (0.001)	– 0.004 *** (0.001)	– 0.004 ** (0.001)
性别		0.093 (0.171)	0.100 (0.173)
民族		– 0.208 (0.167)	– 0.193 (0.168)
年龄		0.018 *** (0.006)	0.018 *** (0.007)
婚姻状况		– 0.154 (0.188)	– 0.143 (0.188)
政治面貌			– 0.571 ** (0.247)
_cons	1.408 *** (0.142)	0.747 (0.477)	0.758 (0.479)
N	444	444	443

注：* 表示 $p < 0.1$，** 表示 $p < 0.05$，*** 表示 $p < 0.01$。括号里的系数为 t 统计值。

5.2.2.4 社会资本对可持续发展动力提升的影响

社会资本是人们在追求生计目标的过程中可以利用的社会资源，如社会关系和社会组织（宗教组织、家族和亲朋好友等），社会资本的多少影响了人们之间的信任和合作能力以及社会机构的支援和帮扶。拥有更多的社会资本，意味着人们可以在致富过程中拥有更多资源，那么将有更大的信心致富。赵雪雁（2011）在分析甘南高原农户生计资本中指出社会资本情况包括家庭成员中有无村委成员、是否参加社区组织、对周围人的信任程度、所在村庄的亲戚数等。王欢（2017）通过对川滇涉藏地区进行调研，将社会资本分为认知型社会资本和结构型社会资本，其中认知型社会资本主要体现为农户对周围亲友的信任程度以及农户的学历背景，结构型社会资本主要表现为农户对社交网络的参与和农户是否担任村干部等。在本章中，结合调研获取的问卷数据，拟采用被调查者是否担任村干部与被调查者的学历水平来衡量农户的社会地位，从而代表社会资本进行 Probit 回归（见表 5-20）。

表 5-20　　　　　社会资本对多维贫困指数的 Probit 回归

变量	(1) 模型 5-20-1	(2) 模型 5-20-2	(3) 模型 5-20-3
社会地位	-0.091 *** (0.015)	-0.085 *** (0.017)	-0.065 *** (0.018)
性别		-0.102 (0.122)	-0.086 (0.124)
民族		0.113 (0.128)	0.085 (0.129)
年龄		-0.006 (0.004)	-0.006 (0.004)
婚姻状况		-0.433 *** (0.131)	-0.408 *** (0.132)
政治面貌			-0.592 *** (0.152)
_cons	1.460 *** (0.110)	2.461 *** (0.351)	2.380 *** (0.354)
N	892	871	867

注：* 表示 $p < 0.1$，** 表示 $p < 0.05$，*** 表示 $p < 0.01$。括号里的系数为 t 统计值。

表 5-20 展示了社会资本对可持续发展动力的 Probit 回归结果。模型 5-20-1、模型 5-20-2、模型 5-20-3 逐步纳入性别、民族、年龄、婚姻状况以及政治面貌指标来考察社会资本的系数变化，其中模型 5-20-1 不加入任何控制变量，模型 5-20-2 加入部分控制变量，模型 5-20-3 加入所有控制变量。随着控制变量的增加，R^2 逐步增加，模型的解释力度逐渐加强。

从回归结果可以看出，社会资本越高，相应的多维贫困指数越低，因此，社会资本与多维贫困指数呈显著的负相关。

在其他条件不变的情况下，社会资本每提高一个单位，多维贫困指数平均降低 9.1%。而随着控制变量逐渐增加，社会资本对多维贫困指数的显著负效应变化到了 6.5%。因此，可以看出社会资本对农户的可持续发展动力提升有显著的正向贡献（见表 5 - 21）。

表 5 - 21　　　社会资本对多维贫困指数的 Probit 回归的稳健性检验

变量	(1) 模型 5 - 21 - 1	(2) 模型 5 - 21 - 2	(3) 模型 5 - 21 - 3
社会地位	- 0.084 *** (0.022)	- 0.068 ** (0.028)	- 0.050 * (0.030)
性别		0.115 (0.173)	0.111 (0.175)
民族		- 0.010 (0.195)	- 0.054 (0.199)
年龄		0.015 ** (0.007)	0.015 ** (0.007)
婚姻状况		- 0.234 (0.184)	- 0.218 (0.185)
政治面貌			- 0.560 ** (0.255)
_cons	1.442 *** (0.152)	0.930 * (0.493)	0.877 * (0.498)
N	444	444	443

注：* 表示 $p < 0.1$，** 表示 $p < 0.05$，*** 表示 $p < 0.01$。括号里的系数为 t 统计值。

表 5 - 21 展示了社会资本对多维贫困指数 Probit 回归的稳健性检验结果。稳健性检验中剔除了 2021 年 8 月获取的调研数据，选取不同的样本，根据回归结果，可决系数符号不变，显著性不变，通过稳健性检验。

根据上述实证结果可以看出，生计资本中人力资本、社会资本、物质资本以及金融资本对可持续发展动力的提升都有显著的正向影响，即当这些资本增加时，农户的可持续发展动力也得到了提升，从而促进其致富意愿以及致富能力的改善，有助于其摆脱相对贫困并逐步走向共同富裕。

5.3 本章小结

根据可持续生计理论，将生计资本分为五大维度，包括人力资本、自然资本、物质资本、金融资本以及社会资本。其中，人力资本从劳动力水平、教育水平和健康状况三个角度进行分析。这五大资本的组成对农户生计策略的选择、生计结果的确定具有决定性作用。人力资本指的是知识技能和健康状况，自然资本指的是自然资源存量，物质资本指的是保证生存所需的基础设备和生产资料，金融资本指的是在生产以及消费过程中保证生计需要的流动资金，社会资本指的是家庭在追求生活中可以利用的社会资源。

通过实证分析结果可以得出以下结论。

（1）人力资本对可持续发展动力的提升有显著的正向影响

其中，劳动力水平每提高一个单位，可持续发展动力平均提升 0.214 个单位；健康状况每提高一个单位，可持续发展动力平均提升 0.200 个单位；教育水平每提高一个单位，可持续发展动力平均提升 0.086 个单位。因此增加人力资本可以有效促进可持续发展动力的提升，有助于相对贫困人口摆脱相对贫困，并拥有相对稳定的生活状态。

（2）自然资本与可持续发展动力的提升没有显著的相关关系

这是由于在调研获取的数据中，大部分农户没有发展种植或养殖产业，指标中存在较多空缺值，因此根据实证回归结果没有体现出自然资本对可持续发展动力提升的直接促进作用。

（3）物质资本对可持续发展动力的提升有显著的正向影响

物质资本每增长一个单位，可持续发展动力平均提升 0.148 个单位。因此，在整个帮扶工作中，促进农户物质资本的增加，能帮助增强农户的致富信心，提升农户的可持续发展动力。

（4）金融资本对可持续发展动力的提升有显著的正向影响

金融资本每增长一个单位，可持续发展动力平均提升 0.005 个单位。这意味着，农户的收入提高，能帮助其提高可持续发展意愿与可持续发展能力，帮助其实现可持续发展。

（5）社会资本对可持续发展动力的提升有显著的正向影响

社会资本每增加一个单位，可持续发展动力平均提升 0.091 个单位。农户拥有更高的社会地位以及更多的社会资源，能够更好地提升其可持续发展动力，增强其可持续发展意愿和可持续发展能力。

第 6 章

四省涉藏地区相对贫困人口可持续发展动力提升的路径

前面 5 章已经就四省涉藏地区相对贫困人口可持续发展动力的障碍及其影响进行了分析，研究发现，针对四省涉藏地区相对贫困人口制定的大部分政策没有明显区分有劳动能力和完全或部分丧失劳动能力，本书认为对于完全或部分丧失劳动能力的相对贫困人口，可实施保障性帮扶政策，在确保病有所医、残有所助、生活有兜底的基础上，逐步提升其可持续发展动力。对于有劳动能力的相对贫困人口，可通过本章论述的五个层面构建可持续发展动力提升的路径，增强相对贫困人口发展生产和务工经商的基本技能，实现可持续发展。

本章通过调研地区情况分析得出相关启示，通过党建引领、教育帮扶、产业支撑、健康保障及创新培育等可持续发展动力提升的五条路径对后续政策的施策状况进行研究探讨。

6.1 党建引领转观念，激发可持续发展动力

6.1.1 党建引领内涵

党建引领是一种将基层党组织建设和精准帮扶有机结合的帮扶模式，基层党建引领推动精准帮扶，为精准帮扶提供政治保证和组织支持；在此基础上，精准帮扶赋能于基层党建，能够提升基层党组织的凝聚力和战斗力。结

构上，基层治理的两条主线分别是基层党建和精准帮扶。若基层党建和精准帮扶失去联系，就会出现"帮扶没有组织、党建没有抓手"的困境；若基层党建和精准帮扶能有效结合，则会实现"双赢"，即基层党建为精准帮扶提供政治保证和组织支持，落实精准帮扶在四省涉藏地区的相关工作。精准帮扶作为有效途径，可打破基层党建的内卷化趋势，提升其凝聚力和战斗力。

农村基层党组织是党在农村全部工作和战斗力的基础，是贯彻落实党的巩固脱贫攻坚成果工作部署的战斗堡垒，要把防范返贫风险同基层党组织建设有机结合起来。2018 年底，中共中央印发了《中国共产党农村基层党组织工作条例》，并发出通知，要求各地区各部门认真遵照执行。这进一步指出，党建引领的根本任务就是立足农村社会建设，以基层党组织建设为纽带，从而激发农村社会的内生动力，以此提升农村社会的可持续发展能力。这就更进一步要求在四省涉藏地区的可持续发展工作中，必须把基层党建作为落实巩固脱贫攻坚成果工作的重要抓手和制度基础。本章将进一步尝试将四省涉藏地区在坚守规模性返贫底线工作中的一些具体实践进行归纳来构建相对贫困人口提高可持续发展动力的重要路径，为全面整理党建促进巩固脱贫攻坚成果和可持续发展动力保障机制研究提供帮助。

6.1.2　党建引领提升可持续发展动力的路径构建

第一，健全基层党组织，筑牢基层党建根基。根据《中国共产党农村基层党组织工作条例》，农村党建工作的首要任务便是做好以村为单位的党支部和村民自治委员会的村"两委"班子建设，将驻村第一书记和驻村工作队融入村"两委"班子中，提升相对贫困地区村"两委"班子整体综合素质，增强履职能力，也为相对贫困地区带来新思想、新活力。同时村"两委"也要结合精准帮扶，将当地的致富能手、高校毕业生、返乡创业人员和转业军人吸纳进来，村党支部书记作为农村基层党建的领路人，更要积极发挥实干精神，带领大家鼓足干劲实现可持续发展。上级党委也要不断实施对口组织帮扶，通过培训班、座谈会等形式，贯彻落实"三会一课""党员活动日"等制度，带领村"两委"成员学习党的十九大精神、党的二十大精神、习近平总书记重要讲话精神，党员干部要懂政治规矩，遵守中央八项规定，努力使基层党组织在宣传党的主张、贯彻党的决定、领导基层治理、团结动员群众、推动改革发展中发挥战斗堡垒作用。

第二，发挥党组织功能，搭建平台，壮大新型农村集体经济。在四省涉藏地区的可持续发展过程中，各地区表现形式各不相同，如村党支部领头发展产业，在拥有特色农产品的相对贫困地区，当地党支部利用本地独特的农业区位优势发展特殊产业，通过与企业合作，开展专业技术指导，通过统一生产、收购和销售将当地相对贫困人口吸纳进产业链中；如通过基层党组织牵线搭桥，企业注资运营、支部动员培训、党员示范引领，通过产业发展将相对贫困户聚集起来成立联合党支部，由农村党员带领从各地汇集而来的相对贫困户开展可持续发展战略；还有党建＋电商帮扶的方式，村党支部发挥组织优势，通过大学生村官，利用返乡青年知识优势，依托电商平台在线出售当地特色农产品，增加相对贫困户收入。通过党建＋产业支撑的方式，基层党组织带领相对贫困户获得了收益，提振了相对贫困户可持续发展的信心与动力，也进一步巩固了党组织在基层的政治和组织优势，在党群之间凝聚了可持续发展的思想共识，进一步激发了相对贫困地区发展产业的热情。

第三，密切联系群众，宣传党和政府的可持续发展政策。相较于藏族与其他民族杂居的聚居区，藏族聚居区人口密度较低，大多数人口集中于河谷平原和小块平坝。自然条件因素严重制约了四省涉藏地区可持续发展事业的发展，为摆脱自然条件因素的限制，需要对居住在恶劣自然环境中的相对贫困户进行易地搬迁工作。为了解决部分相对贫困户"固守旧土"不愿搬迁的思想，基层党组织应通过结对帮扶的形式上门宣传搬迁政策，为搬迁群众介绍补偿措施，带领他们算"经济账、医疗账"等，逐步改变搬迁群众"故土难离"的想法，充分发挥基层党组织凝聚人心、服务发展的作用，有效推进基层政府实施易地搬迁、完善社会保障制度、对相对贫困户进行建档立卡等可持续发展政策。除此之外，当地政府还应注重文化建设，激发相对贫困人口可持续发展动力，在村部打造党群综合服务中心，在传统党组织活动场所基础上，增加投入，科学规划建设村级综合性文化广场，让群众办事更方便，有地方开展文体娱乐活动，打造新时代基层农村党建阵地。应充分组织运用社会力量，开展结对帮扶。基层党组织应积极发挥协调各方的作用，采用党支部对口支援相对贫困村的方式，这既可以帮助相对贫困村党支部完善组织建设，使"两学一做"学习教育常态化、制度化，也可以在对口支援相对贫困地区时发挥党支部自己的优势特色，具体如图6-1所示。

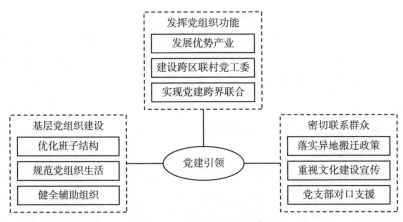

图6-1 党建引领作用机理

6.1.3 相关启示

（1）抓基层堡垒，促使可持续发展"有人抓"

帮钱帮物，不如帮助建个好支部；支部强不强，关键看"头羊"。可持续发展中，四省涉藏地区党委应始终从筑强基层战斗堡垒入手，着力选优配强带头人，夯实党建引领工作基石。同时结合上级关于加强队伍建设的相关要求，通过开展调查分析、召开户主大会、开展个别谈话等方式广泛收集村"两委"班子存在的问题及意见建议，合理选配建强村级班子，同时也为可持续发展做好后备干部的培养。

（2）抓结对帮扶，促使可持续发展"有人帮"

精准帮扶是社会系统工程，不能只靠乡镇村单打独斗，需要全社会共同参与。四省涉藏地区党委应始终坚持工作重心下移，坚持人往基层走、钱往基层投、劲往基层使，最大限度凝聚精准帮扶合力。应确保工作的效果既夯实基层组织的队伍基础，又增强精准帮扶的人员力量，同时形成乡党委做好一线指挥，村"两委"形成一线同盟，驻村工作组组成一线靠山的合力攻坚体系。

（3）抓党建融合，促使可持续发展"有人担"

村看村，户看户，群众看党员、看干部。四省涉藏地区应始终把党建作为可持续发展的第一引擎，推动党员干部在执行党的决策部署中当先锋、打头阵，带动相对贫困户持续增收，切实把党的组织活力转化为可持续发展的强大动力。结合"两学一做"学习教育活动常态化、制度化等农村党员专题培训，深入开展"三严三实"、群众路线等党建活动，引导基层党员干部主动投入到党员精准帮扶项目中，实现"以学促做"，助推可持续增长。在相对贫困户精准识别工作开展中，按照"一定两议三监督"民主决策机制，切实做到议事范围的明确界定，严格执行"两议"程序，三级联动做好监督工作。严把农户申请关、入户调查关、民主评议关、逐级审核关、公告公示关，确保该走的步骤一步不少，应有的环节一项不落。

（4）抓产业带动，促使可持续发展"有人带"

始终将实施党员精准帮扶工程作为促进经济发展、百姓增收的主要抓手。根据村情实际和产业发展的客观情况，立足优势资源和产业基础，广泛发动党员干部参与产业项目建设。同时，把加强流动党员管理作为党建工作的重要内容，向外出务工经商的党员和能人发出返乡创业、回报家乡的号召。

（5）抓责任落实，促使可持续发展"有人管"

有压力才会有动力。四省涉藏地区始终坚持责任开路、责任压阵，严格考核管理，促使两级党组织书记将党建引领责任铭记于心、真抓实干，引导广大党员自觉投身乡村可持续发展。切实按照省、州、市关于加强第一书记管理的要求，认真贯彻全面从严治党常态化治理工作，强化"一岗双责"责任意识，施行"奖惩结合"管理方式。通过定任务、做清单、打考勤、查落实、看成效等措施，形成对基层队伍工作开展的动态管理；通过分类教育管理机制，在工作监管、生活管理、评价考核等方面，做到从严从实管理。

只有积极主动对接大势，才能把握党建引领的前进方向。四省涉藏地区党建工作应积极主动对接大势，良好把握党建引领的前进方向。具体表现为转移工作重心至一线的巩固脱贫成果中，聚集优势资源至一线的可持续发展中，形成巩固脱贫攻坚成果和基层党建两手抓的良好格局，成功将抓党建的实效转化为实现可持续发展的实效。实践证明，党建引领工作只有积极主动对接大势，才能精准定位把握工作方向和目标，改进工作措施，保证工作效果，彰显党建引领工作的作用和价值。

只有精准对接需求，才能找到党建引领的有效途径。四省涉藏地区党建工作应以职能职责为基础，调整组织结构、优化"两委"班子、吸引工作人才，借助党员带头示范和人才结对服务，才能取得实效。实践证明，党建引领工作只有精准匹配可持续发展需求，才能真正把党的组织优势发挥到可持续发展最需要、最紧缺的环节。

只有健全保障机制，才能保证党建引领的长效推进。四省涉藏地区党建工作应以可持续发展包揽农村全局，致力于构建统筹整合机制、责任落实机制、激励保障机制、考评导向机制，从而保证可持续发展的长效推进。实践证明，党建引领工作只有构建合理的保障机制，推动各级党组织自觉执行工作职责，激发可持续发展动力，才能推动可持续发展长效发力。

6.2 教育帮扶是本源，阻断代际贫困传递

6.2.1 教育帮扶内涵

教育帮扶的重点是扶志扶智，是实现可持续发展的重要推手。通过在农村普及义务教育，开展技能培训，农民有机会得到能力提高，通过提高思想道德意识和掌握先进的科技文化知识来实现改造和保护自然界的目的，同时以较高的质量生存。贫困代际传递理论是近年来在西方反贫困理论研究和反贫困实践中兴起的一个具有较大影响的重要理论流派。李晓明（2006）在梳理的过程中认为，教育与贫困的代际传递之间有着密切的关系，这种关系可简单描述为家庭在教育上投入越多，后代子女的经济水平就会继承和提高越多，也就是说，子女受教育程度越高，就越能在继承家庭本身经济资源基础之上获得进一步提高；反之，子女受教育程度低，不仅难以继承家庭经济资源，甚至经济收入还有可能下降。在贫困家庭中，则表现为贫困家庭无法为子女教育投入太多资源，也很可能根本无法支撑起子女完成较高层次的教育，

所以家庭的贫困将被迫传递到下一代身上，子女的后代也将在这样的螺旋中愈发贫困。而贫困问题背后深层次地反映着社会公平的问题，马科维茨（Daniel Markovits）在《精英体制的陷阱》（*The Meritocracy Trap*）中也表示，即便是国家组织的标准化考试也并不意味着彻底的公平，人们也不可避免地遭受着地域发展状况、原生家庭环境等带来的深远影响，使得一部分人天然面临着相对劣势。教育帮扶就是向相对贫困地区的相对贫困人口提供在教育方面的投入和资助，从而助力相对贫困人口掌握可持续发展的基本知识，拥有一定的技能水平，提高其科学文化素质，从而促进相对贫困地区的经济和文化发展，并最终帮助该区域相对贫困人口摆脱帮扶方式。发展教育是"治愚"和"扶智"的根本手段，通过知识教育提升劳动者的综合素质，使相对贫困人口掌握可持续发展的本领、拥有可持续发展的基础知识储备，提高相对贫困人口可持续发展动力，阻断贫困代际传递。而教育帮扶的最终目的，不仅是通过教育帮助相对贫困人口和相对贫困地区实现可持续发展，更是通过起点公正、过程公正和结果公正逐步实现相对贫困地区和相对贫困人口同其他地区和人口的教育分配正义和关系正义，从而最终实现教育帮扶对社会公平正义的价值追求。

6.2.2 教育帮扶提升可持续发展动力的路径构建

在我国四省涉藏地区的可持续发展实践过程中，教育帮扶主要体现为国家和社会力量为在校相对贫困生提供奖、贷、勤、补、减的资助体系，国家和地方政府大力推进职业教育体系建设，为相对贫困地区剩余劳动力提供就业技能培训，具体如图 6-2 所示。

完善教育资助体系，多维主体参与保障全方位覆盖教育帮扶。近年来，我国已经基本形成了覆盖各级各类教育的资助政策体系。在四省涉藏地区资助政策形成了以政府资助为主、学校和社会参与为辅的资助特点：首先，保障学前教育、义务教育、普通高中教育等基础教育资助；其次，覆盖到职业教育、高等教育、民族教育等高等教育资助；最后，完善教师队伍、学生资助、考试招生等全方位的教育可持续发展体系，完善"由点到面"的一揽子教育支持计划，确保教育帮扶政策惠及广大相对贫困群众，实施"由浅入深"教育资助体系，提升相对贫困地区整体教育发展水平。

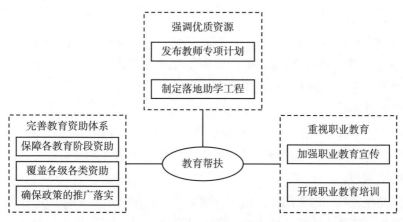

图 6 - 2　教育帮扶作用机理

加强定点帮扶建设，引调优质教育资源。2020 年教育部办公厅发布《关于做好 2020 年边远贫困地区、边疆民族地区和革命老区人才支持计划教师专项计划有关实施工作的通知》，从一线地区组织力量抽调教师支教支援相对贫困地区，提高相对贫困地区师资水平，为相对贫困地区教育发展水平打牢基础，进一步提高相对贫困地区教育意识，从根本上破除贫困的代际传递。各省（区、市）也积极根据自身实地情况制定助学工程，如四川省政府于 2009 年出台《关于藏区免费职业教育的实施意见》，标志着"9 + 3"免费教育计划的正式启动，有效提高了四川省涉藏地区藏民受教育水平，为后续的稳定发展奠定了良好基础。

加强职业教育宣传，开展职业技能培训。2017 年 5 月，教育部办公厅和原国务院扶贫办综合司制定了《职业教育东西协作行动计划（2016 - 2020 年)》实施方案，方案指出要发挥职业教育在可持续发展中的特殊优势。2019 年 10 月，教育部办公厅下发《关于办好深度贫困地区职业教育　助力脱贫攻坚指导意见》，指出各市县要立足建档立卡贫困户中有职业教育和技能培训需求的人口，积极支持他们进入职业教育。以上这些政策在脱贫攻坚时期发挥了重要作用。脱贫攻坚完成之后，这些政策带来的正面效应依旧持续发力。

6.2.3　相关启示

可持续发展的实现一定少不了教育的身影，教育帮助下一代成长，从源头上解决了相对贫困的问题，要将教育的能量发挥到最大，提升相对贫困地区教育发展水平，助力相对贫困家庭子女接受公平有质量的教育，必须注重以下两个方面：

一是注重教育帮扶过程中的精准性，保证帮扶精准到村、到户、到人，对帮扶教育对象定位要精准，保证确实能使相对贫困对象受到适合的职业教育和技术培训。

二是注重技能的实用性，职业教育对于涉藏地区人口的作用不仅是帮助学子升学，更是为涉藏地区人口培养一项合适的技能，使其在寻找社会工作时有用武之地，大幅度增加农户收入，从而从源头上解决相对贫困的问题。因此，要结合各地区不同的实际情况，因地制宜提供实用性高的教育，使得教有所用。

6.3　产业支撑为依托，增强自主发展能力

6.3.1　产业支撑内涵

产业支撑是指以市场为导向，以经济效益为中心和以产业发展为支撑的发展过程。产业支撑是激发相对贫困区域市场活力、调动相对贫困个体积极性、促进相对贫困地区发展、增加相对贫困农户收入的有效途径，是我国实现可持续发展的战略重点和主要任务。产业支撑的核心是通过产业发展激发相对贫困个体和区域的发展动力，是一种可持续发展机制，目的在于促进相对贫困个体（家庭）与相对贫困区域协同发展，根植发展基因，激活经济发展动力。随着党的十九届五中全会的召开及"十四五"规划的提出，我国反贫困的主要任务转变为"实现巩固拓展脱贫攻坚成果同乡村振兴有效衔接"，

在新的时代背景和政策要求下，可持续发展在巩固脱贫攻坚成果和反贫困任务中的地位愈发重要。

从表 6 - 1 中 2016 年四省涉藏地区各地 GDP 总量和人均 GDP 的数据可以看出，即使是在四省涉藏地区内部也存在一定程度上的不平衡发展。但是结合文化、环境等种种因素，可以得出：四省涉藏地区的稳定形势具有同一性和联动性。因此，实施突出均衡、公平原则的区域协调发展观，即均衡优先、兼顾效率的内地区域之间的协调发展观不能够有效应对四省涉藏地区的协调发展问题。四省涉藏地区同步发展的现实需求与地区内部的差异，导致该地区的发展问题容易陷入"两难矛盾"。

表 6 - 1　　2016 年四省涉藏地区各地 GDP 总量和人均 GDP 的数据

地区	国内生产总值（GDP）	
	GDP 总量（亿元）	人均 GDP（万元）
四省涉藏地区	1609.16	2.920431
甘肃省涉藏地区	171.63	1.806589
青海省涉藏地区	772.85	3.845044
四川省涉藏地区	503.71	2.300032
云南省涉藏地区	160.97	4.471403

资料来源：《中国县域统计年鉴 2016（县市卷）》。

但是随着各地贫困县的摘帽，在可持续发展工作中，针对不同地区优势因地制宜，依靠地区自发的特色和创新能力达到可持续发展的成功案例也屡见不鲜。因此，创新发展地区优势，结合文化特色，开发可持续的、独特性的产业，同时又要保持政策协调、发展步调一致，资源倾斜水平相同，成为四省涉藏地区产业发展的重点和难点。

为了更有力地支持产业支撑，增强自主发展能力，国家和四省涉藏地区都出台了一系列政策文件。为全面了解四省涉藏地区产业支撑发展状况，本节结合相关政策和实施举措，对调研数据和案例进行梳理分析，以期准确把握现有产业支撑机制，并为未来产业支撑路径的创新和变化提供支撑。

6.3.2 产业支撑提升可持续发展动力的路径构建

第一，抓好特色产业发展，发挥产业发展主体优势，适时开发高质量新产业。通常，产业发展的主体主要包括政府、企业、合作组织和相对贫困户，涉及的每一个主体都有自身的比较优势。发挥各主体的优势，并将各主体的积极性都调动起来，就是产业发展最好的能量储备。对于四省涉藏地区而言，该地区产业层次较低、产业基础薄弱，农牧业是该地区的主导产业，相对贫困主体主要依靠政府支持。产业是发展的根基，是实现可持续发展的重要依托，农业农村部关于产业支撑的政策显示，持续壮大龙头企业是增强相对贫困地区经济发展活力、促进农民增收的重要途径。然而，由于人文和自然因素的交叉影响，四省涉藏地区的生态环境处于逐渐恶化的状态。发展与生态相互制约，该地区缺少良好的资源禀赋，也对主要依靠自然资源的农业产业生产产生了重大负面影响。因此在考虑该地区产业发展时，不能仅将目光放在生产阶段，也应该重视产业融合、新产业和新业态。四省涉藏地区作为藏族与其他民族共同聚居的民族自治地区，拥有着其他相对贫困地区所没有的民族特色和文化优势，与"坚持创新驱动发展，全面塑造发展新优势"的理念高度融合，为创新和融合产业提供了文化基础，也为新的产业发展和特色融合提供了方向。同时，如何将政府主导的产业发展转化为政府、企业、合作组织和相对贫困户多角色相互影响的产业也是四省涉藏地区未来政策调整探索的方向。

第二，明确产业发展方向。为充分发挥四省涉藏地区的产业优势，保证农牧业的主导作用和旅游业的创新发展动力，农业农村部曾公布了《2020 年农机化司扶贫工作任务清单》，其主要任务包括联系帮扶四川省凉山州昭觉县、甘孜州理塘县、阿坝州红原县 3 个"三区三州"深度贫困县 9 个村的脱贫攻坚，通过政府规划处的牵头陆续完成扶贫工作。同时，相对贫困地区通过特色种养业、加工业以及农村电商、光伏电力、乡村旅游、民族手工业等新兴产业模式快速发展，可持续发展带动机制逐步建立。各地因地制宜、"一村一策"，越来越多的相对贫困地区找到了适合自己特色的产业发力点。2013～2019 年，借着特色产业的强力支撑，贫困地区农村居民人均可支配收入年均增速高出全国农村平均水平 2.3 个百分点，"靠自己挣钱"的底气越来越足。为了在产业扶贫方面给予可靠的政策支持，国务院、农业部等于2012 年联合印发《关于集中连片特殊困难地区产业扶贫规划编制工作的指导意见》，要求相关地区逐步制定产业扶贫规划，此后，产业扶贫得到了前所未有的重视。2015 年，中共中央、国务院印发的《关于打赢脱贫攻坚的决定》将"发展特色产业脱贫"列为十项精准扶贫方略之一，强调重点推进贫困村"一村一品"特色产业发展，并建设一批特色农业基地，让贫困人口高度参与和经营管理。2018 年，为解决特色产业实践中遇到的切实问题，中共中央、国务院联合印发《关于打赢脱贫攻坚战三年行动的指导意见》，提出加大特色产业资金投入、强化特色产业科技支撑、开展特色产品促销等政策，充分完善了整个特色产业的政策体系框架。2020 年，中共中央将产业扶贫融入乡村振兴的大课题中，结合党的十九届五中全会提出的《中共中央关于制定国民经济和社会发展第十四个五年规划和二〇三五年远景目标的建议》中的第七部分，明确完整地提出了农业保护和乡村改革，以及脱贫攻坚和乡村振兴战略的有效衔接，这些政策都为产业可持续发展提供了有力的理论保证。

第三，培育农村集体经济组织，发展新型农村集体经济。四省涉藏地区的振兴与农村经济的发展必须立足实践，需要根据各地区实际情况，有效利用农村各项经济发展制度。目前农村集体经济组织主要存在两方面问题：第一，与村"两委"的工作混杂，职能界限模糊不清；第二，工作缺乏监督，没有明确的责任机制，现代经营高效管理理念薄弱，集体组织内部结构体制亟待优化，奖罚机制仍需完善，组织管理人员的工作积极性有待提高。针对现阶段面临的核心问题，推进农村集体经济组织的发展，首先，针对农村集体经济缺乏人才问题，要重视对农民的培养和优秀人才的引进。其次，加强对农民开展集体经济的宣传和教育，转变其观念意识。一方面，通过多样化活动增强农民对新时期农村集体经济的认识，加强对政策的宣传。例如，组织农民代表到现代农业园区参观学习、组织农民观看相关视频、定期组织专家到农村去交流和讲解农村集体经济发展的意义等，帮助农民理解农村集体经济，加强农民对集体经济的认识和信任。另一方面，在网络信息新时代，通过各种 App 推广，拓宽农民学习和接收信息以及与外界沟通的渠道，使得农民能够及时获取信息、真正认识集体经济。从多角度多层面入手逐步培育农村集体经济组织，发展新型农村集体经济。注重对教育政策的宣传，四省涉藏地区地域辽阔、文化各异，加强对教育政策的宣传是希望更多的青年人能够享受到政策的红利、享受到教育，唯有教育才能真正地改变一个地区的贫瘠状况，使人民获得长久的发展。产业支撑机理具体如图 6 – 3 所示。

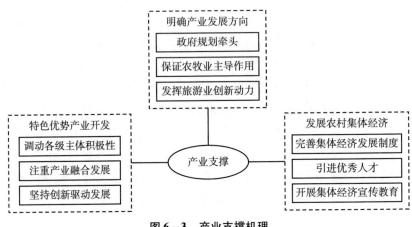

图 6 – 3　产业支撑机理

6.3.3　相关启示

科学规划，明确特色产业选择。根据自然条件和资源禀赋，可持续发展工作小组通过合理调研分析来选择特色产业，通过多维度产业相互配合，帮助地区产业发挥作用以及实现农民增收。

借助互联网优势和基础设施，拓展产业链条。旅游业和新能源产业对于相对贫困村都是比较陌生的新技术、新产业，政府要合理引导，建设好基础设施，帮助当地快速完成产业转型。

重视特色产业发展市场化的建设，明确政府和龙头企业主体的支撑力度，建立股份制合作联社，完善产业支撑利益联结机制。巩固提升可持续发展地区特色产业，壮大农户合作发展经济体，完善联农带农机制，稳定提高农户家庭收入。

6.4 健康保障作基石，防止返贫焕发活力

6.4.1 健康保障内涵

健康保障主要是指通过不断提升医疗保障的水平，并采取疾病分类救治，持续提高医疗服务能力，逐步加强公共卫生服务等措施，确保在新时代健康保障治理下，能够实现相对贫困人口"看得上病、方便看病、看得起病、看得好病、防得住病"，保证相对贫困群众"健康有人管，患病有人治，治病能报销，大病有救助"。新时代中国实现国家治理现代化的现实要求之一就是健康，健康主题也始终被置于现代国家治理的叙事视域中。毋庸置疑，健康是美好生活的普遍维度和关键指标之一。中共中央、国务院于 2016 年 10 月根据党的十八届五中全会战略部署制定了《"健康中国 2030"规划纲要》，在该规划中，总结了包括健康与生活服务、社会保障、社会环境、产业发展等几个方面的战略任务。2017 年党的十九大召开，"健康中国"在党的十九大报告中被列为国家的基本方略。而在可持续发展、巩固脱贫攻坚成果、防止返贫的问题上，健康也显得更加重要。习近平总书记在全国卫生与健康大会上指出，"没有全民健康，就没有全面小康"。[①] 作为一种可行性生存能力，健康是个体实现自由发展的基础。

四省涉藏地区也是健康问题频发地区，因此产生因病致贫、因病返贫的突出现象，尤其在农村地区该现象更为明显。因此，做好健康保障的相关工作，帮助地区相对贫困户摆脱疾病带来的贫困死循环，在治愈伤者、病者的同时，增强个体体质和精神活力，组织宣传和学习医疗卫生知识，形成良性循环；并在此基础上完善医疗卫生的基础建设，进一步提供健康相关物质支撑，构造稳定有活力的健康机制是关键。

---

① 《习近平：没有全民健康，就没有全面小康》，央广网，2016 年 8 月 21 日。

6.4.2　健康保障提升可持续发展动力的路径构建

第一，完善基本公共卫生医疗服务体系，阻断可持续发展负循环。健康保障工程包含一系列政策，而其中最核心的是综合医疗保障体系、基层医疗机构网络体系、基本医疗服务体系以及基本公共卫生服务体系，目前我国从有钱诊疗、有效诊疗、便利诊疗和预防疾病四个角度逐步建立健全政策，继而保障相对贫困人口"看得起病""方便看病""少生病"，帮助其摆脱"疾病—贫困"的恶性循环。也就是说，只有做好了最基础的建设和工程，才能真正有效地阻断负循环，做到不返贫。

第二，持续提供基本医疗建设服务供给，实施更加稳健的健康保障体系。政府愈发重视健康问题并且逐年加大财政对相对贫困区基本医疗服务供给的建设支出。健康问题使得贫困现象出现恶性循环，返贫风险增大，因此实施更加稳健的健康保障体系以及出台针对相对贫困户的专项健康支持政策是全面实现健康保障、有效刺激可持续发展动力的关键一环。

第三，明确健康保障的政策目标，切实提高相对贫困群体的健康水平。在解决绝对贫困问题之前，习近平总书记早在 2015 年 11 月的中央扶贫开发工作会议上就强调，对于扶贫，首先要解决好"怎么扶"的问题，要不断加强医疗保险和医疗救助。① 同时，新型农村合作医疗和大病保险政策也需要不断向贫困人口倾斜。这次会议明确了健康保障的后续工作方向和政策目标，即通过加强医疗保险和医疗救助来助力实现贫困人口与非贫困人口之间的健康公平问题。自 2016 年开始，《关于实施健康扶贫工程的指导意见》《健康扶贫三年攻坚行动实施方案》等政策文件相继出台，相关政策文件要求地方聚焦深度贫困地区公共卫生健康服务中的薄弱环节，坚决打赢健康保障攻坚战。在 2016 年底，国务院再次印发了《全国"十三五"脱贫攻坚规划》，规划依据精准扶贫、精准脱贫的基本方略要求，将健康扶贫和产业发展脱贫、易地搬迁脱贫、教育扶贫、生态保护扶贫等列为精准扶贫政策的具体实施方略，明确指出提高贫困群体的健康水平是精准扶贫的主要目标之一。脱贫攻

---

① 《在中央扶贫开发工作会议上的讲话》，人民网，2015 年 11 月 27 日。

坚取得胜利后，健康保障对降低返贫风险的作用非常重要。四省涉藏地区农民存在较高的高原慢性病患病风险，这些疾病对他们的健康和生活质量产生了严重影响，也增加了他们再次陷入贫困的风险。而健康保障可以通过早期发现和干预这些重大疾病，防止因病返贫的情况大规模发生。健康保障机理如图 6 - 4 所示。

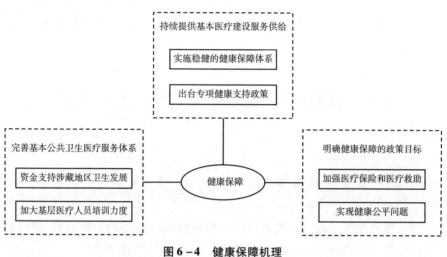

图 6 - 4　健康保障机理

6.4.3　相关启示

明确可能存在的因病返贫的比例和分布，根据具体情况提前制定相关健康帮扶措施，在四省涉藏地区实现基本医疗保险、大病医疗保险、困难群众大病补充医疗保险相对贫困人口全覆盖，不断提高患者住院实际报销比例，实施相对贫困人口疾病分类救治，统筹实施医疗保险救助托底保障、大病慢病精准救治、公共医疗卫生服务能力提升、健康促进以及健康保障规范化、标准化、制度化建设等攻坚行动，推动健康保障工作的顺利进行。

完善健康保障政策和社会兜底保障政策。补差发放低保待遇，家庭人均收入低于低保标准的，通过发放低保金使其收入补足到低保标准；对于无劳动能力、无生活来源且无法定赡养、抚养、扶养义务人，或者其法定赡养、抚养、扶养义务人无赡养、抚养、扶养能力的老年人、残疾人以及未满 18 周岁的未成年人应当给予特困人员供养；对失去父母、查找不到生父母的未满 18 周岁的未成年人，按照有利于孤儿身心健康成长的原则，采取亲属抚养、机构养育、家庭寄养和依法收养方式妥善安置。

做好后期监督和回访工作，保证政策的有机性。在政策实施过程中确保专款专用，同时做好绩效评价工作。严格把控帮扶资金的管理工作，让帮扶在阳光下运行，强化审核、审计力度，进一步提高保障资金的使用效益以及安全性。实地跟踪考察相关项目，了解项目完成情况，确保资金使用规范、项目实施到位，做到公平公正。

6.5 创新培育为动力，推动变革焕发生机

6.5.1 创新培育内涵

创新培育是指结合时代发展方向，将新模式、新思路、新方式与可持续发展相结合，不断提升可持续发展能力，实现可持续发展目标。党的十九大明确指出现阶段国家发展的重要方向依旧是民生问题，国家在很多领域的发展上仍然存在短板，例如，就业问题显著以及城乡发展差距过大；医疗、卫生、居住条件差；教育及养老问题未得到全面落实等。这些问题在很大程度上增加了可持续发展及乡村振兴任务的难度，使巩固脱贫攻坚成果工作面临很多挑战。因此，立足于建设新发展格局的时代背景，相关部门务必要积极贯彻落实新发展理念、建立健全新发展平台、创新可持续发展工作方式，全方位保证高质量推进可持续发展工作。

6.5.2 创新培育提升可持续发展动力的路径构建

（1）电商帮扶

实践证明，电商帮扶是可行的，其更完善地形成了政府、平台、社会和农民参与的良性机制。在电商帮扶情境下，各地政府在具体电商帮扶政策上

有一定的区域差异性。脱贫县农民创业者凭借电商创业形成"自我造血"能力，带来惠及各环节所有参与者的"共赢"效果，其主要亮点是带动了相对贫困县、相对贫困户的就业、技能提升及增收等，有效实现了相对贫困户可持续发展，全面抑制了返贫的发生。相对贫困县农民通过电商创业取得成功，最重要的因素之一就是人，特别是利用电商创业的带头人，对于带动相对贫困户可持续发展及有效提升地方经济发展具有标杆作用，同时也赋予了创业行为更为广泛的内涵。此外，随着相对贫困县大量涌现农民电商创业现象，农民以往固有的电商创业思维受到挑战。农民电商创业者需要跳出开网店创业的思维局限，通过农村电商产业链和价值链寻找新的创业机会。结合中国电商创业背景，农民电商创业可以通过电商平台向农村居民提供产品购物、销售、快递物流等服务的创业活动，将本地的特色产品利用电商平台销售出去，利用电子商务形成的物流、信息流、商流、资金流等产业链条形成相关创业活动。

（2）直播带货帮扶

融媒体时代直播带货成为拉动国内消费需求的重要形式。直播带货在很大程度上破解了诸多农产品的滞销困境，有效激活了国内外消费市场。主流媒体进军直播带货，有助于促进媒体在直播、电商、帮扶以及公益方面的融合发展，延伸媒体价值链，实现经济效益和社会效益的统一；而政媒联动下的直播带货，不仅有助于推动可持续发展战略，还能借助主流媒体的影响力增加产品的权威性和公信力，提高产品的曝光率，不断扩大产品的传播范围，拓展消费群体，有力推动新经济模式的发展。直播带货助农作为一种精准帮扶的方式，不仅需要销售相对贫困地区的农产品，更需要挖掘其背后的文化价值，依托媒体平台与互联网技术，实现商品与当地文化的结合，建立健全完善的商品供应链和长效的供销机制，从根本上解决当地的经济困境。目前，主流媒体主动承担社会责任，利用先进的技术与名人口碑等优势，通过培养电商达人、创新直播形式、打造区域化经营的路径，顺应数字乡村建设的新趋势，搭建良好平台以服务地方经济发展。未来，打造直播带货，助力精准帮扶的持久生命力，需不断完善和延伸产业链，强化售后服务能力，与地方龙头企业开展强强联合，引导中小微企业提升自身经营规模，实现农产品的转型升级，才能最终助力可持续发展，推动乡村振兴。

（3）数字普惠金融帮扶

数字普惠金融，是指普惠金融和数字化技术的有效结合。自 2013 年首次提出精准扶贫后，近年来精准帮扶也成为国家发展战略之一。在当今大数据和金融科技时代，数字普惠金融作为普惠金融的升级版本，成为推动普惠金融发展的新动力。凭借全方位、多层次、宽领域渗透进日常生活中的天然优势，使得数字技术具有普惠基因。数字普惠金融也有望有效弥补传统金融在帮扶上的短板，在精准帮扶及乡村振兴方面大有作为。在精准帮扶实践中，数字普惠金融应以因地制宜为原则，形成思路完整的实施框架。为确保帮扶工作得以可持续发展，应不断增强可持续发展动力，协调好金融资源的供需关系，同时要做好风险防控工作，在上下联动、多方协作的政策体系下，基于数字技术探索新模式，达到精准识别、精准帮扶的目的。

（4）绿色金融帮扶

金融帮扶在可持续发展过程中一直扮演着十分重要的角色，金融帮扶不仅能够在短期内使相对贫困人口脱离贫穷困境，其理念和模式的创新也能够让相对贫困地区人口在长期内过上富足生活，这使得金融帮扶成为政府实现可持续发展必不可少的有力措施。绿色金融帮扶在精准帮扶过程中更加注重对绿色资源的合理运用和生态环境的可持续发展。作为一种金融帮扶的创新方式，绿色金融帮扶一般以地区自然资源或绿色产业为基础，在政府及金融机构的引导和促进下，充分发挥政府的带头作用，有效利用金融机构的资金优势，挖掘相对贫困地区的经济发展优势，实现相对贫困人口可持续发展。绿色金融帮扶通过引导金融机构的产品和服务流向相对贫困地区的绿色产业领域，提高农户绿色生产意识，在保护相对贫困地区绿色环境的前提下，合理利用生态资源使其转化为解决相对贫困问题的有效途径。

首先，通过大力发展农村绿色信贷助力脱贫人口可持续发展。银行是绿色金融帮扶的主要实施主体，应通过普惠金融服务对具有绿色产业发展优势的相对贫困乡村给予绿色信贷支持。其次，开展绿色帮扶项目，通过推进绿色金融帮扶技术支持，政府及负责绿色农业帮扶项目的金融机构通过资金投入吸引人才，研发绿色帮扶技术，展开相关技术培训，助力相对贫困人口可持续发展，实现相对贫困地区可持续发展。在金融帮扶技术方面，金融机构应利用大数据技术解决相对贫困人口识别问题，掌握并利用信息共享、分布式记账等技术实现区块链上的精准绿色帮扶，并对帮扶多方进行资金监管。最后，创新绿色金融帮扶模式，制定绿色金融服务方案，识别各个地区相对贫困类型，充分挖掘和利用相对贫困地区的绿色资源和绿色产业市场，在生态保护的基础上积极推动绿色资产投资、绿色商业银行信贷、绿色产业基金发展以及企业各类综合性金融产品的服务创新，具体如图 6-5 所示。

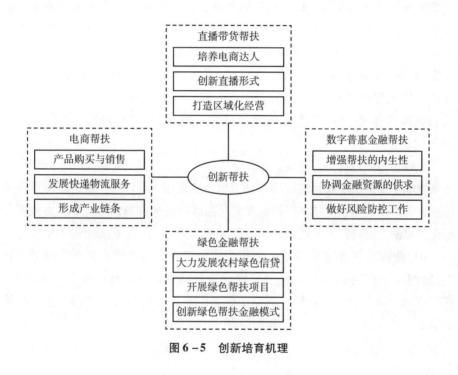

图 6-5 创新培育机理

6.5.3 相关启示

农村电子商务是转变农产品供产销方式的重要手段，是实现可持续发展的重要载体。四省涉藏地区应把发展农村电子商务看作促进农村经济转型的重要手段，将电子商务进农村综合示范工作列为"一把手"工程，统筹推进农村电商发展。按照"市场为主、政府引导、把握精准、强化服务、聚焦上行、整体推进"的原则，以电子商务进农村综合示范项目建设为抓手，深入贯彻落实国家"互联网+"战略，实现电子商务与农特产业、旅游产业、康养产业、可持续发展的有机结合，充分利用电子商务的网络优势，积极探索促进农村电子商务发展机制，不断提升农村电子商务应用水平，拓宽农林牧特产网购网销渠道，促进农村流通现代化水平全面提升，努力构建城乡一体化双向流通网络。

触角下延全覆盖，畅通电商扶贫流通渠道。通过"通吃小站"和电子商务精准帮扶项目的实施，对自购运输车辆，建设仓储基地开展干线物流运输和仓储的企业和个人，给予购车和运营补贴。同时，整合建设快递物流综合配送中心，借助乡村客运车辆，来往城区与乡镇的顺风车，依托万村千乡农家店、邮政服务网点、乡镇供销社、百货商店等现有资源，健全农村地区商品物流配送体系，大幅下降物流成本，形成效率高、损耗低的农村物流三级配送体系，实现通往乡镇到村的有效联通，有效解决"最后一公里"问题。

积极申报特色优势。完成国家级电子商务示范项目的申报工作，紧抓依托国家级电子商务示范项目实施的有利契机，实现市、乡、村三级电子商务服务体系、物流配送体系的建立，通过农产品品牌打造和溯源体系建立等方式强化区位、旅游、农特产品等优势，积极助力农产品上行，增加农牧民收入。

积极推广，广搭平台强宣传。集中优势资源大力发展农村电子商务，将"互联网＋"作为推动经济社会发展的重要战略，以文化资源、旅游资源、矿产资源、农业资源为依托，进一步促进电子商务与传统生产型企业、传统商贸业、传统服务业等优势产业相融合。

6.6 本章小结

本章主要从民族学的角度切入，不同的帮扶维度对应提升可持续发展动力的不同传导逻辑，针对四省涉藏地区相对贫困户提升可持续发展动力面临的主要挑战，提出了可持续发展动力的提升路径及措施。根据贫困代际传递理论，主要选取了党建引领、教育帮扶、产业支撑、健康保障、创新培育五个维度来分析近年来四省涉藏地区提升相对贫困人口的可持续发展动力的路径和机理，并得出相关经验启示。

第7章

四省涉藏地区相对贫困人口可持续发展动力提升的机制保障研究

本章内容主要是在前文理论研究的基础上，结合四省涉藏地区相对贫困地区的独特区位特征，根据前文相对贫困人口可持续发展动力的提升机理及路径举措，进一步研究机制保障。由党建引领、教育帮扶、产业支撑、健康保障和创新培育五个可持续发展动力提升路径构建，从民族学、社会学角度出发，着眼于如何通过内外联动提升五大生计资本——人力资本、自然资本、物质资本、金融资本和社会资本，以此做好可持续发展动力提升的机制保障工作，本章对建立和完善党建驱动机制、帮扶工作机制、激励机制、监督与问责机制、考核评价机制与返贫阻断机制六个方面进行了深入论述。

具体来看，本章从党建驱动机制、监督与问责机制以及考核评价机制三方面构建党建引领路径下相对贫困人口可持续发展动力提升的机制保障，以此提升相对贫困人口的可持续发展意愿；从帮扶工作机制、激励机制以及返贫阻断机制三方面构建教育帮扶路径下相对贫困人口可持续发展动力提升的机制保障，以此提升相对贫困人口的人力资本；从帮扶工作机制、激励机制以及返贫阻断机制三方面构建产业支撑路径下相对贫困人口可持续发展动力提升的机制保障，以此提升相对贫困人口的可持续发展意愿、物质资本和自然资本；从帮扶工作机制和返贫阻断机制两方面构建健康保障路径下相对贫困人口可持续发展动力提升的机制保障，以此提升相对贫困人口的人力资本；从帮扶工作机制与返贫阻断机制两方面构建创新培育路径下相对贫困人口可持续发展动力提升的机制保障，以此提升相对贫困人口的金融资本和社会资本，具体如图7-1所示。

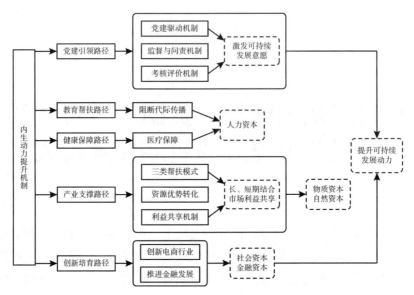

图 7-1　可持续发展动力提升机制

　　在这六项机制当中，帮扶工作机制属于短期机制，激励机制可以分为短期激励机制和长期激励机制。例如依靠财政资金大量投入补贴属于短期激励机制，由市场经济自动运作获取效益奖励属于长期激励机制。这二者可以在短期内发挥作用，内外结合，提高脱贫效率，促使巩固脱贫攻坚成果工作顺利进行。而监督与问责机制属于中长期机制，也是健全防止返贫监测帮扶机制中的核心机制，对巩固脱贫攻坚成果的过程及成果全程监督，发现返贫风险及时处理，在乡村振兴战略推行全过程起重要作用。同时，党建驱动机制、考核评价机制和返贫阻断机制属于终期机制，是保障脱贫攻坚成果、阻断返贫的有力机制。在整个乡村振兴道路中，六个机制必须充分发挥其联动作用，循序渐进，才能使巩固脱贫攻坚成果工作稳步推进。

　　在巩固脱贫攻坚成果工作中，返贫阻断机制中的灾病保障和激励机制中的市场分红往往与相对贫困户的长期利益相挂钩。健全的相对贫困人口健康保障和灾后补助保障以及公平共享的市场分红对相对贫困户的收益具有较大的帮助。激励机制的完善能够为相对贫困户致富增收提供更加公平的渠道，也能够让其不依赖"福利政策"，提高其致富增收积极性，进而激发其可持续发展动力。监督与问责机制和考核评价机制通过将法律与道德相结合、相对贫困户与基层干部互相监督的方式，规范相对贫困户和基层干部的行为，提高脱贫工作效率，从而保障可持续发展动力的提升。返贫阻断机制通过保障相对贫困户遇灾遇病后的利益、培养相对贫困户的可持续发展意识，维护脱贫后的持续性，刺激相对贫困户积极参与致富增收，稳固脱贫成果，从而激发其可持续发展动力。在巩固脱贫攻坚成果时期，党建驱动机制、帮扶工作机制、激励机制和监督与问责机制已经发挥了作用，但是其余两个机制暂时还没有开始运作。

7.1 六大机制运行现状

本章首先对党建驱动机制、帮扶工作机制、激励机制、监督与问责机制、考核评价机制与返贫阻断机制六个机制的运行现状进行分析。

7.1.1 党建驱动机制的运行现状

党建驱动是党建引领路径下巩固脱贫攻坚成果最重要的抓手，是后扶贫时代提升农户可持续发展动力的基本机制。在巩固脱贫攻坚成果进程中，我国的党建驱动机制已取得了一定实效：一是党的组织优势得到进一步发挥，为组织工作巩固脱贫攻坚成果搭建了重要平台；二是基层党建水平得到进一步提升，通过强化村级党组织领导核心作用，在产业链上建立党组织，大力发展村级集体经济，基层组织的战斗力、凝聚力进一步增强；三是巩固脱贫攻坚成果工作成效进一步显现，通过组织引领、党员带动、干部攻关、人才服务、考核保障，打出抓党建、促致富增收"组合拳"，进一步调动了基层党组织和广大党员干部巩固脱贫攻坚成果的积极性和创造性，有效推动了乡村振兴的进程。但在如何运用好组织资源，围绕发展服务大局，把党的政治优势、组织优势转化成帮扶优势、发展优势等方面还需要进一步加强党建驱动机制的作用。

7.1.2 帮扶工作机制的运行现状

四省涉藏地区作为巩固脱贫攻坚成果工作的主战场，在帮扶工作中，注重精准识别与精准施策，强调一对一帮扶，其目的在于加快单个相对贫困户快速致富增收，但是整个过程缺乏联动与协作，精准帮扶体现出相对贫困户的个体独立性。一方面，各级帮扶部门之间在一定程度上缺乏协调，目前已经存在产业支撑、科技支持、教育帮扶等各类形式的帮扶，但各种帮扶工作的责任主体之间在一定程度上缺乏有效整合，难以形成合力；另一方面，东西协作帮扶的对口帮扶政策已经实施，但部分东部地区提供的资源是否能与涉藏地区需求进行有效对接、其成果如何、该如何进行评估考核仍然需要考虑。此外是社会力量的介入问题，致富增收仅仅依靠政府是不行的，应将全社会都纳入进来，利用全社会的资源流动，加快致富增收脚步，防止返贫。党中央和国务院多次提出"摘帽不摘政策、摘帽不摘帮扶"的口号，随着脱贫攻坚的完美收官，我国已逐渐消灭了绝对贫困和区域性整体贫困，将近1亿贫困人口实现脱贫，但后续还存在一系列的隐患风险，比如如何防止已脱贫人口规模性返贫，如何促使脱贫攻坚与乡村振兴战略的有效衔接等仍然是需要解决的难题。

7.1.3 激励机制的运行现状

在巩固脱贫攻坚成果实践中，四省涉藏地区政府已经建立了激励机制，例如相对贫困户的子女考上大学，政府会给予其奖励；依靠自主创业和就业实现致富增收的相对贫困户也会获得相应的奖励等。这种短期的资金激励方式虽然在帮扶过程中取得了显著的成效，能让相对贫困户在政府的帮扶政策下享受各种倾斜政策，却也让相对贫困户与非相对贫困户之间的福利待遇产生了很大的差距。利益格局的调整导致四省涉藏地区出现了某些相对贫困户拒绝摘帽、坐等国家救助的现象，对于涉藏地区相对贫困者来说，这种轻易的物质满足会造成"养懒汉"的情况。这些短期激励机制一味地注重"输血"式帮扶，救急不救穷，短期内可以使相对贫困者改变现有困境，但却无法从根本上解决问题。因此，需要积极探索能真正激励四省涉藏地区相对贫困群众致富增收的可持续发展动力机制，从根本上杜绝"输血式"帮扶。

此外，四省涉藏地区的相对贫困户还存在零散化和顽固化等特征，政府的工作也存在着成本高昂和效率低下等问题。法律法规的激励功能极其有限，立法过程缺少与广大社会主体的沟通，对于相对贫困户所想所需了解得还不够彻底，这将大大削减激励制度的作用。立法的内容也较为模糊，没有形成完善的奖惩制度体系，对相对贫困户可能出现的情况没有进行有条理的划分。

7.1.4 监督与问责机制的运行现状

目前我国帮扶规模大、涉及范围广，虽然政府已经建立了监督与问责机制，例如四川省涉藏地区实现的强化廉政教育，不断筑牢思想防线，强化惩治意识，不断增强震慑作用政策，为助推帮扶工作，防止返贫打下了坚实基础。但由于涉农资金管理体制仍存在缺陷，导致基层监管力度不足，还存在以下问题：一是农户参与监督意识不强。四省涉藏地区相对贫困农户由于文化程度有限，参与监督的情况较少，只能通过有限的监督问责行为对违法乱纪行为进行规制。二是监督范围不够广泛。目前我国监督与问责机制主要是针对自我约束能力较强的帮扶人员，缺少对农户行为的有效监督，没有形成针对多个相关主体的系统监督管理机制，无法发挥监督对可持续发展动力提升机制的保障作用。三是事前、事中监督力度仍然不足。现有监督与问责机制注重对巩固脱贫攻坚成果效果进行监督，即更加注重事后监督，缺少事前、事中监督，在资金分配、管理和应用中存在管理和使用不规范、资金闲置、工程建设质量不高、虚报冒领、挤占挪用和损失浪费等问题，甚至还出现了极少数人员涉嫌贪污侵吞帮扶资金的极端现象，这在一定程度上影响了帮扶资金的使用效益和国家相关政策的贯彻落实。四是现有监管机构存在核查周期长、整治效果不理想等问题。这些情况严重影响了我国巩固脱贫攻坚成果的效率，因此需要对监督与问责机制进行进一步优化，使其既能对我国全面脱贫的效果进行监督，又能有效提升农户可持续发展动力，保障其在帮扶工作结束后能起到阻断返贫的作用。

7.1.5 考核评价机制的运行现状

现阶段，初期的考核评价机制稳步运行，对相对贫困地区农户可持续发展动力提升起到了重要作用，有力保障了我国巩固脱贫攻坚成果的全面胜利。随着我国 9899 万贫困人口全面脱贫，秉持着"总结自评，实地考评，平时评价，抽考核实"的考核评价方针在各地稳步运行并不断深化完善，旨在对脱贫成果进行不断考核检验，防止返贫现象的出现。考核评价机制的重要性也逐渐显现，相关政策建议也不断完善，虽已逐渐形成体系，但通过实地调研发现，四省涉藏地区仍存在考核主体社会参与度低、考核管理办法不健全、考核指标标准化有待提升、考核方式流于形式、考核结果反馈应用不足等问题，需要不断完善考核评价机制。

7.1.6　返贫阻断机制的运行现状

自脱贫攻坚战取得伟大胜利以来，各类返贫阻断机制也在平稳运行和不断深化改革中，2021 年 2 月 25 日习近平总书记在全国脱贫攻坚表彰大会上庄严宣告，我国脱贫攻坚取得了全面胜利。为了有效阻止已脱贫人口返贫现象的发生，构建的返贫阻断机制已经在产业支撑、健康保障、教育帮扶等方面取得显著成效。但四省涉藏地区因受自然环境、气候灾害、经济形势、人口特点等多因素影响，巩固脱贫成果仍然面临重大挑战。

对于四省涉藏地区来说，一方面，部分地区的帮扶干部和帮扶人员没有做好稳固脱贫的工作，帮扶不完全、不彻底，单纯追求"政绩"，最终导致脱贫数据失真，脱贫效率降低，达不到返贫阻断的目标，反而可能加快该地区的返贫速度；另一方面，我国目前的返贫阻断机制并未考虑到脱贫地区人口的年龄问题，该地区大部分人口年龄较大，已丧失劳动力，难以配合有关部门完成脱贫后续工作，不利于返贫阻断，这也说明了返贫阻断机制的滞后。

目前，四省涉藏地区脱贫攻坚战虽已取得全面胜利，但脱贫成果仍不稳固，脱贫地区和其人口发展基础仍较为薄弱，产业发展整体水平偏低，部分脱贫人口可持续发展意识不坚定，仍存在返贫风险。因此，巩固拓展脱贫攻坚成果任务不轻，必须着重关注帮扶工作后的稳固工作，关注脱贫后各地区的成果，健全防止返贫的动态管理、监测预警、精准帮扶机制，科学确定监测标准，增添农户线上申报渠道，改善防止返贫大数据平台，不断优化监测帮扶的步骤。

7.2 党建引领路径下相对贫困人口可持续发展动力提升的机制保障研究

党建引领，就是将党建与帮扶、党的政治优势与发展优势、加强党的建设与推进中国特色社会主义伟大事业有机结合起来。深入推进抓党建巩固脱贫攻坚成果工作，就必须全面加强党的领导，充分发挥各级党组织的政治、制度、组织优势，动员全党全国全社会力量，齐心协力实现乡村振兴。基层党组织建设，不仅影响着党和国家宏观政策目标的实现，也关系到广大人民群众的切身利益。抓基层党建是打基础、利长远的大事，将其抓好、抓出成效，就是为巩固拓展脱贫攻坚成果、助力乡村振兴提供坚强的组织保障。

基于在脱贫攻坚战时期的党建基础，我国已形成了一定的组织优势，具有一定的党建水平。为进一步运用好当前优势的组织资源，围绕发展服务大局，把党的政治优势、组织优势转化成发展优势，结合四省涉藏地区的区域特点与文化特征，本节从党建驱动机制、监督与问责机制以及考核评价机制三方面分析四省涉藏地区党建引领机制，进一步提升相对贫困人口的可持续发展意愿，从而从本源激发相对贫困人口的可持续发展动力，并进一步保障四省涉藏地区在巩固脱贫攻坚成果阶段党建工作的积极性与创造性。

7.2.1 党建引领路径下的党建驱动机制

首先，建立支部引领机制，让基层组织在巩固脱贫攻坚成果工作中的主体责任进一步落实。坚持把巩固脱贫攻坚成果作为农村基层党组织的核心任务，充分发挥农村基层党组织在巩固脱贫攻坚成果工作中的组织引领作用。一是组织保证。整合驻村工作队、第一书记、村干部、村"两委"班子"四支队伍"，明确村党支部书记为总队长，建立临时党支部，全面强化农村基层党组织在巩固脱贫攻坚成果工作中的政治功能和组织功能。二是支部主导。统筹整合实施国家、省市县帮扶项目、资金、政策，实施精准帮扶。按照一村一品的发展思路，一个支部发展一个特色产业，因地制宜提出 1~2 个主导产业，制定产业兴旺规划。

其次，建立党员带动机制，让党员在巩固脱贫攻坚成果工作中的先锋形象立起来。坚持把党员带动作为群众致富的典型示范，让党员先锋模范作用在巩固脱贫攻坚成果工作中看得见、摸得着。一是"党员结对帮扶"行动。组织有帮带能力的党员，每人至少结对帮扶 1 户相对贫困户，建立"党员大户＋相对贫困户"的帮扶机制。二是"党员创业带富"行动。对相对贫困户中的党员从贷款贴息、创业培训、扶持政策、技术信息等方面予以支持，鼓励每名有劳动能力的党员都有帮扶项目，每个相对贫困村都有党员致富带头人。

最后，建立干部攻关机制，增强干部在巩固脱贫攻坚成果工作中的"尖兵"作用。越是难啃的"硬骨头"，越是要把能干的党员干部推上前线。一是实行县级领导蹲点制度。县级领导分组对接联系相对贫困村镇，蹲点调研，认真查找农户实际存在的困难和问题，深入分析村情民情现状，总结规律，推广经验，以点带面，指导工作。二是实行机关干部包联制度。鼓励机关干部与相对贫困农户实行结对帮扶，针对存在返贫风险的农户，积极主动对接帮扶，进一步提升农户的可持续发展能力。三是实行年轻干部选派制度。按照"选得准、下得去、融得进、干得好"的要求，进一步选派有知识、有能力的年轻干部定期下乡帮扶。

7.2.2 党建引领路径下的监督与问责机制

根据目前的帮扶现状，帮扶事业是否能够产生可持续性实效取决于监督与问责机制是否长期稳定。要使脱贫攻坚成果得到进一步巩固，不能只关注经济上的硬性指标，更要注重农户在巩固脱贫攻坚成果工作结束后的自我发展意识，也就是可持续发展动力的提升，这不但是巩固脱贫攻坚成果工作的关键，更是阻断返贫的重点。在精准帮扶中，党建引领作为我国实现巩固脱贫攻坚成果的重要路径之一，在后期巩固脱贫成果，助力乡村振兴中仍发挥着重要作用。政府治理的有效实施依赖于在一个限定的领域内维持社会秩序所需的政治权威的作用和对行政权力的合理运用，而对各级政府和部门落实政策的情况进行常态化追踪监督与问责正是对其权威性和合理性的维护。

监督既是对帮扶干部基本工作任务进行监管，也是对其行为规范进行督察；问责则是需要对做出失当行为的相关主体应承担相应责任的处理。

　　首先，为保证党建帮扶工作的有效性，事前应进一步明确监督范围，充分发挥预防性功能。一是建立责任清单。以清单形式细化党建帮扶驻村干部，特别是第一书记抓组织建设、党员队伍管理、作风建设、党建基础保障等党建工作的具体项目，切实压实党建第一责任人责任。在前期工作中落实责任，后续才能更好地针对驻村干部的工作进行进一步监督。二是要转事后监督为事前、事中监督，从帮扶政策、帮扶资金、帮扶项目三个方面出发有针对性地攻克各种难题，构建一个全面、界限明晰的监督体系。精准帮扶及其配套政策的制定符合科学性和可操作性原则是其有效执行的前提。四省涉藏地区要实现永久不返贫，必须重视全程监督，并对不恰当行为及时问责，才能起到更好的保障作用。三是努力将监督责任落到实处，进一步提升监督实效，完善现有的对照、承诺、公开、提醒、评议、问责的"六步监督法"，坚持以上率下，明确各级权责分配，不留监督死角，也避免重复监督，提升工作效率。四是注重各项法律法规的及时完善，避免有心之人钻法律空子的行为，事前从根源上杜绝不当行为的发生。

　　其次，事中注重纵横联动，充分发挥纠正机制，广泛征求意见。事中监督除了纵向机关部门监督外，也要让四省涉藏地区农户参与进来，起到群众监督的作用。为进一步加强对党建帮扶工作的组织领导，可以在党委部门建立群众工作部门，负责群众工作总协调，整合现有群众工作机构，形成群众工作问题收集、协调、处置、研究工作体系。一是以发现问题为行动导向。由于四省涉藏地区的地理位置偏僻，农户收发信息存在时效性问题，应通过向四省涉藏地区农户明察暗访，以近距离的方式深入基层了解帮扶现状，对帮扶工作进行可视化监督，发现并及时处理问题。二是建立检举专线，群众参与监督。在监督的过程中，政府无法对全部失当行为进行识别，因此需要广大群众参与到监督的过程中，建立检举专线，及时反映巩固脱贫攻坚成果过程中的不合理行为，并在核查过后通过广播、电视、网络等途径进行公示，通过大众舆论规范其他主体的行为。同时，要给予如实揭发者一定奖励，正向激励更多主体参与相互监督，提升其主观能动性，在监督他人行为的过程中也有利于规范自身的行为，进一步促进可持续发展动力的提升。三是针对已有问题，及时做好约谈提醒工作。为有效传递监督执纪工作的温度，要坚持约谈提醒在前，问责追究在后，及时敲响并长鸣警钟，防止小错酿成大错，以及后续的问责泛化。

最后，加大事后问责力度，注重警示教育。一是对已有问题进行反思，总结经验教训，做好相关政策制度的完善工作。法律法规的完善是提升监督实效的重要组成部分，离不开其在实际执行过程中的补充与修正。二是注重宣传警示教育，结合实际开展案例学习。为做到精准的警示教育，应对基层帮扶人员及四省涉藏地区农户定期开展专题警示案例展示大会，开展集体学习活动，严禁任何人触碰法律与道德的高压线。三是严格把控帮扶工作中的各个环节，对通过人情分配帮扶利益、侵占帮扶资金等行为严厉打击、监督查处，在整改后仍达不到相应要求的，进行严肃问责。及时跟进监督情况，加大对失职失当行为的问责力度，保证帮扶政策如实落地、农户应得利益不受损害。

7.2.3 党建引领路径下的考核评价机制

帮扶工作的实施与脱贫攻坚成果的进一步巩固需要政府构建考核评价机制。构建考核评价机制是帮扶工作不同阶段具有时效性、针对性的一项工作，是提高发展效率的前提。在党建引领路径下，完善考核评价机制的目的在于强化帮扶干部的责任意识，作为一种行为约束，对其行为提出更高的要求，进而有效地减少在限制和阻断返贫过程中失当行为的发生。合理有效的考核评价机制能够让考核的鲜明导向在巩固脱贫攻坚成果中树立起来，提高参与帮扶工作相关人员的积极性和主动性，有助于提升相对贫困人口的可持续发展动力，达到阻断返贫的效果。

一是完善帮扶考核评价体系。首先，应以法律法规为基础，确保考核定责如实执行。考核评价机制的实施要以相关法律法规为依据，定性失当行为是否逾越了法律的边界。考核评价过程中一旦发现触犯法律法规的行为，要及时进行警示教育，并纠正其行为。再次发生触犯法律法规的行为时，要依法定责、如实执行，明确法律边界，不能任由其在法律边界上肆意妄为，否则将影响法律权威性以及国家机关的形象，不利于考核评价工作的进行。其次，应以道德规范为辅助，规范行为激发动力。除法律法规中标明的红线不可逾越之外，仍有不少失当行为没有体现在法律法规中，却与实际的道德准则不符，比如对家庭现状的刻意隐瞒、在巩固脱贫攻坚成果过程中有意欺骗帮扶人员等行为，只能以道德规范为依据，完善考核评价机制，对相对贫困人口进行行为规范，意在激发其可持续发展动力，从主观上推动四省涉藏地区相对贫困人口致富增收。通过法律和道德两个层面相结合完善考核评价体系，坚决惩治贪污腐败、虚报冒领、挪用公款等行为，改善基层帮扶风气。消除诸如形式主义和官僚主义等不良风气，营造良好的帮扶氛围，推动脱贫攻坚成果不断巩固。

二是扩大考核主体的开放参与度。当前我国帮扶工作的考核评价机制是由上至下开展的，具有单向性的特点，在一定程度上阻碍了考核效率的提升。适当引入四省涉藏地区相对贫困人口和社会各界人员参与考核，在很大程度上丰富了考核主体，能够保证考核结果更加公平客观。同时，原有单一的考核主体对实际帮扶工作开展缺乏具体的了解，由于缺少帮扶经验导致考核评价指标脱离实际，专业性不足。可以在原有基础上，完善扩宽帮扶信访渠道，兼顾互联网、移动设备等新技术，使民意能够及时获得反馈，并将反馈结果纳入考核之中，这能够在很大程度上实现多维度考核评价，丰富考核评价工作的内涵。

三是增强考核指标设计的科学性。脱贫攻坚经过八年持续奋斗，愈发凸显了考核指标立足于地区实际现状的优势，也就是要根据不同地区的实际情况设计不同的评价标准。在四省涉藏地区则要结合民族学和社会学特点，相比于短期帮扶成效，要更加关注基础设施建设，以此制定考核指标及相关衡量标准。而考核评价机制衡量标准的制定，不像收入支出有明确的考核标准，对于帮扶工作的实施和成效，在很大程度上具有不确定性，因此在考核评价过程中难免带有主观色彩，如果不能通过科学手段设计考核指标，就会加大考核评价工作的难度。

四是实现考核方式的优化与创新。正是因为我国坚持开展精准帮扶工作，才能在短时间内取得巨大成效，因此在考核评价上也要以精准为目标，其重点在于整合考核评价客体，交叉考核，避免重复。随着考核评价机制的不断推进，名目繁多的考核项目让多头考核、重复考核等问题层出不穷。繁多的考核材料和数据，无形中加大了帮扶人员的工作量，让本就任务繁重的基层应接不暇。因此，及时整合考核评价客体，建立统一考核评价体系，精简考核项目成当前的首要任务，能够有效减轻基层单位负担。同时，采取交叉考核的方式能够避免帮扶工作在进行时产生水分，越是严格的考核评价机制越能推动各项工作不打折扣地落实到位，有利于考核评价工作的开展。

五是强化考核结果的评价与反馈。考核评价的目的是让帮扶工作更好落实，以此达到更好的实施效果，为的是发现并解决问题，所以在考核评价的基础上，有效的反馈机制能够达到锦上添花的效果。同时，我国当前帮扶的考核结果多是纵向反馈给上级政府进行相关评价和落实整改工作，缺少公开的社会监督，导致对考核结果的关注度不足，间接削弱了考核评价机制的有效性，存在一定的局限性。因此，加入面向社会的公开监督，不仅能够正向增强考核评价工作的力度，也能让广大人民群众了解当前帮扶工作开展现状，起到公示作用。

7.3 教育帮扶路径下相对贫困人口可持续发展动力提升的机制保障研究

7.3.1 教育帮扶路径下的帮扶工作机制

由于四省涉藏地区相对贫困人口自身在人力资本、资金等方面处于弱势地位，相对贫困人口想通过自身寻求教育发展、彻底阻断贫困代际传递是很难实现的。提升可持续发展动力不仅需要相对贫困户自身努力，也需要外界为其提供良好的发展环境，在教育资源和制度方面给予其良好的保障。只有外在的发展条件变好了，相对贫困户的致富增收信心才会由此增强，其可持续发展动力也更容易被激发。

要想更好地启动帮扶工作联动机制，关键是要强化人才保障。帮扶工作机制的重点主要包括人才引进、本土人才培养以及人才政策的稳定。

一是急需人才的引进。与非贫困地区相比，四省涉藏地区因其教育较落后，缺乏带领相对贫困户致富增收的"领头羊"。因此，除了本地人，引进急需人才尤为重要。一方面，要加强"两委"班子的选拔，让那些掌握政策多、业务能力强的人成为"两委"班子成员，并继续选派引导优秀大学生到涉藏地区任职，特别是藏族学生，他们将会为涉藏地区带来较为先进的政策知识以及相应的专业技能，带领相对贫困户开展各项增收致富的生产活动，当地干部在与引进干部的交流中，也可以相互增强自身的工作技巧与管理经验。另一方面，应加快各种生产、种植、经营、旅游发展等各方面的人才引进，使四省涉藏地区各异的资源禀赋效用最大化，让相对贫困户拥有的资源都能产生效益，以此提高相对贫困人口可持续发展的信心，提高相对贫困人口的可持续发展动力。

二是本土人才的培训。要加大对四省涉藏地区本地相对贫困人口技能培训的投资力度，结合四省涉藏地区各地的自然条件，深入挖掘长期致富产业，贯彻"干中学""理论＋实践"的培训方式，建立完善的实践技能培训体系，提高本土人才的自身素质，使涉藏地区相对贫困人口掌握的技能符合致富产业和现代化市场的需求，从而增强相对贫困人口依靠自身勤劳实现可持续发展的信心与动力。

三是人才政策的稳定。一方面，要表彰或激励积极参与各类经营技能培训的本土人才，例如可以在指定超市使用积分兑换生活用品，开发手机软件用于技能知识学习，通过有奖累计打卡激励其主动接受培训等；另一方面，要完善基层相对贫困人口就业创业扶持政策和激励机制，吸引外出青年返乡就业创业。依据人才帮扶机制，提升基层帮扶干部力量，要提高其工资待遇水平，鼓励高校毕业生到四省涉藏地区基层就业，大力提拔重用优秀年轻干部，加强人才住房建设、发放专项补贴等，以吸引人才、留住人才。

7.3.2 教育帮扶路径下的激励机制

"内源式帮扶"强调的是激发相对贫困群众"我要发展"的强烈愿望，在尊重相对贫困户主体地位的前提下，激发其自主性、积极性和创造性，发挥生力军的作用，不断提高其自身的生产发展能力，从而实现增收致富。良好的激励机制可以引导更多脱贫户积极接受教育，提高其受教育水平，主动改变落后的思想观念，培养自主发展的可持续发展意识，提高农户的人力资本，从而达到巩固脱贫成果、降低返贫风险的目的。

首先，积极采取荣誉奖励。不仅要提高脱贫户接受教育的意识，还要确保其从教育过程中提升自我发展的能力。对积极刻苦学习的优秀学生模范进行正面宣传，以营造良好的学习氛围，提高学生致富发展的潜力。其次，鼓励已经增收致富的群众为易返贫群众提供致富的经验。组建帮扶高校联盟，引导大学生积极进入基层，加强对基层干部和技术人员的培训，社区应定期举办各类专题讲座来传授职业技能和分享致富经验，通过各种教育途径来激励易返贫群体提升自我发展动力。

7.3.3 教育帮扶路径下的返贫阻断机制

目前，四省涉藏地区脱贫攻坚战虽已取得全面胜利，但脱贫成果仍不稳固，阻断贫困代际传递还存在一系列的现实挑战。一方面，基础教育仍缺乏持续性。涉藏地区的一些易返贫群体普遍对基础教育的重视程度不高，受"读书无用论"的影响较大，认为接受基础教育远没有务工务农的作用大，其自我发展的意识淡薄，严重缺乏对正确观念的持续性再塑造教育，从而导致该地区返贫风险大大增加。另一方面，教育资源的差距依然存在。涉藏地区的教育资源与一些城镇地区相比仍然较为稀缺，由于涉藏地区地处偏远一带，其人才引进能力较弱，教育基础设施尚未完全覆盖，无法吸引足够的优秀青年教师前来任教，由此增加了教育阻断贫困代际传递的难度。

为阻断贫困代际传递，要进一步完善教育宣传保障机制。四省涉藏地区居民的受教育程度普遍不高，使得居民的可持续发展意识较弱，表现为发展积极性不高。四省涉藏地区人口未能及时根据市场需求调整生产经营结构、培育现代化劳动技能，生产效率不高。因此，在实现物质帮扶的同时，要大力发展教育事业，提高四省涉藏地区居民的教育水平和劳动技术能力，助力人力资本的增加，实现精神帮扶和能力发展。

首先，政府需要加大力度扶持当地教育，完善当地教育基础设施，增加教育资源、资金的投入，改善办学条件，加强师资力量，提高当地教育水平；其次，政府要采取相应措施减轻相对贫困家庭子女接受教育的负担，并适当提高农村相对贫困学生上学的生活补贴,从而提高地区"扫盲"率;再次,政府可以适当结合当地的社会生产用工需要,开展相应的技术技能培训教育,使得当地居民掌握生产技术,降低失业风险,拓宽就业渠道;最后,政府也可通过宣讲会、媒体、网络等媒介,或者以村干部挨家挨户游说等方式对可持续发展意识薄弱的居民进行可持续发展知识宣传,同时也可以带领居民参观附近成功增收致富的地区,使其对增收致富充满希望,提升居民增收致富的可持续发展动力。

7.4 产业支撑路径下相对贫困人口可持续发展动力提升的机制保障研究

产业支撑是巩固脱贫攻坚成果,实现乡村振兴的治本之策,与农村可持续发展和农户的持续增收、增收致富息息相关。随着我国脱贫工作的初步完成,四省涉藏地区产业支撑工作取得了明显效果,但现阶段四省涉藏地区仍存在产业支撑主体职责不清、帮扶模式不清晰、激励政策作用削减、返贫现象严峻等问题。如何解决产业支撑存在的问题,巩固提升当下发展产业支撑取得的成效,同时为未来相对贫困人口可持续发展动力的持续提升和"三农"可持续发展创造源源不断的动力,是四省涉藏地区巩固脱贫攻坚成果工作中亟须解决的问题。

鉴于目前四省涉藏地区产业支撑成效持续性不足,根据前文相对贫困人口可持续发展动力在产业支撑方面的提升机理及路径举措,本节从帮扶工作机制、激励机制、返贫阻断机制等方面构建四省涉藏地区产业支撑的机制保障,以提升相对贫困人口的意愿、物质资本和自然资本,并保障四省涉藏地区在巩固脱贫攻坚成果的阶段实现产业支撑成效的可持续性,同时为乡村振兴阶段实现产业兴旺奠定发展基础。

7.4.1 产业支撑路径下的帮扶工作机制

产业支撑的帮扶工作机制存在的问题,主要表现为产业支撑的主体职责不清，帮扶模式不清晰，导致各级帮扶部门之间在一定程度上缺乏协调，各种帮扶工作的责任主体之间在一定程度上缺乏有效整合，难以形成合力。因此，实现帮扶机制的保障优化需要厘清产业支撑的主体在帮扶中所扮演的角色，明确划分帮扶模式为直接帮扶、部门帮扶、定点帮扶三类模式。

直接帮扶，即政府企业对于相对贫困地区有发展产业能力和发展产业愿望的脱贫户，通过以奖代扶、贷款贴息等方式，予以组织和引导，实现直接帮扶。此类帮扶模式最大的优势是使低收入农户直接受益，根据农户实际需求，将帮扶资金直接扶持到人到户。直接帮扶模式通过四种方式实现帮扶财政资金的效益最大化，可以直接提升相对贫困人口的物质资本：第一，财政资金直接用于四省涉藏地区基础设施建设；第二，帮扶对象需有一定的基础，即不仅要有发展产业的能力，还要有发展产业的愿望；第三，设立公益性岗位，把帮扶资金以薪资的形式发放给相对贫困户；第四，企业鼓励就业，将帮扶资金通过工作补贴发放给有劳动能力且符合企业就业条件的相对贫困户。

部门帮扶是指政府单位各部门深入四省涉藏地区，实地走访，掌握相对贫困户的情况，通过实施多项利民工程，例如危房改造、水利建设等，提升相对贫困人口的物质资本和自然资本，助力相对贫困人口有序发展。部门帮扶的优势是各政府部门可以充分参与到帮扶工作中，发挥整体力量，实现帮扶与长远发展相结合，形成部门帮扶合力。但是部门帮扶有时也会出现由于工作效率低而造成地区帮扶效果缓慢的问题，因此也要完善部门帮扶机制，持续增强各方帮扶力度。一方面，要继续强化四省涉藏地区所属省内巩固脱贫攻坚成果领导小组的组织、协调和纠偏能力，巩固脱贫攻坚成果领导小组应更加注重顶层设计，重点在于组织和协调，特别是在项目整合以及资金整合方面，应充分发挥整体协调的能力，强化省内各区县的信息沟通与共享机制；另一方面，要对省内帮扶设置有效的考核机制，根据四省涉藏地区每个特定区域稳定脱贫目标的有效实现程度，追溯到省内具体区县，进行综合评价与考核，适当对成果突出的区县给予表彰，以此调动省内各地对四省涉藏地区帮扶的积极性，增强四省涉藏地区所属省份的帮扶力量。此外，要加快构建精准帮扶工作联动服务平台，探索形成以国家帮扶办为主，地方帮扶办为辅，财政、农牧、卫生等多部门统筹协作、共同参与的帮扶工作联动机制。

定点帮扶是指政府和企业定点帮扶四省涉藏地区，通过捐物捐款、技术培训、驻村指导等途径，提升相对贫困人口的可持续发展意愿、物质资本和自然资本，从而提升四省涉藏地区相对贫困人口可持续发展动力，增强村民经济收入。四省涉藏地区的定点帮扶中，需进一步完善帮扶工作小组的工作机制，让帮扶干部队伍深入基层，了解四省涉藏地区相对贫困现状，对帮扶进行跟踪指导，严格落实帮扶项目要求。从防贫监测对象的风险原因出发，精准施策，一方面要坚持"缺什么补什么"，另一方面也要避免保障过度。对有劳动能力的人员，坚持主要采用开发式帮扶，帮助其拓宽收入渠道和提高收入水平。对因突发情况导致生活困难的人员，要统筹使用低保特困、专项救助、应急救助等政策，充分发挥各级社会救助基金的作用。

7.4.2 产业支撑路径下的激励机制

在巩固脱贫攻坚成果实践中，四省涉藏地区对于产业支撑已经建立了激励机制，例如依靠自主创业和就业实现脱贫的相对贫困户会获得相应的奖励。这种短期的资金激励方式虽然在帮扶过程中取得了显著的成效，能让相对贫困户在政府的帮扶政策下享受各种政策倾斜，但仍存在缺陷。为此，需要积极探索能真正激励四省涉藏地区相对贫困人口可持续发展动力提升，实现产业支撑的机制。

一方面，拓展激励机制的形式。除了原有的补助资金、帮扶政策等短期激励方式，还要根据四省涉藏地区的实际情况采用一些长期激励方式，以切实提升农户的生计资本，改善农户的可持续发展动力现状。一是拓展传统产业的功能，推动四省涉藏地区多产业的融合，加快当地的信息化发展，通过"互联网＋"等现代模式，建立精准的帮扶数据中心，以电商形式共享信息，跨界精准帮扶。互联网提供了一个有效的渠道，使得更多的人可以参与其中，加快了帮扶中的资本循环，极大地促进了帮扶工作中的细节优化，最主要的是还可以鼓励一些有能力的企业参与其中。政府的帮扶与企业的资助，能为相对贫困户带来更多的发展机遇，这不仅能丰富激励的形式，还可以减小政府的压力，有利于全方位可持续发展动力的提升与帮扶工作的推进。二是将四省涉藏地区资源优势转化为可持续发展动力，激励农户自主发展。最主要的是通过定时评比评级，召开致富表彰大会，通过颁发奖状的方式，对农户实施激励，再通过网络、电视、广播等新媒体媒介对致富模范进行正面宣传，营造良好的发展氛围。

另一方面，释放市场红利，实现利益共享。首先，针对四省涉藏地区相对贫困人口可持续发展，要重视产业支撑和就业支撑所发挥的重要作用。四省涉藏地区实施了很多助力产业发展的优惠政策，但其中有个别政策相对贫困人口难以直接参与，相关产业政策中却需要将相对贫困人口包含在内，因此可以将相对贫困人口所享有的农村集体经济与产业支撑资金结合，发展当地特色产业，让相对贫困人口也可以分享市场增值收益。其次，建立市场化利益共享机制。在帮扶过程中，必须要以农民为本，以市场定位为方向，以该相对贫困地区的可持续发展动力为主体，结合当地特色资源，以协议的合作方式为载体，针对其经营的特色产业进行投资，政府、企业和农民之间要达成协议，共同对特色产业进行市场化管理，享受同等权利，最终实现利益共享。

7.4.3 产业支撑路径下的返贫阻断机制

自脱贫攻坚战取得伟大胜利以来，各类产业支撑方面的返贫阻断机制也在平稳运行和不断深化改革中。为了有效阻止相对贫困人口返贫现象的发生，构建的返贫阻断机制已经在许多方面取得显著成效。但四省涉藏地区因受自然环境、气候灾害、经济形势、人口特点等多因素影响，相对贫困人口的可持续发展意愿、物质资本和自然资本仍较为薄弱，脱贫成果的巩固仍然面临重大挑战，四省涉藏地区因其特殊的环境和地理条件，返贫问题更加严重。脱贫攻坚的成果需要进行不断巩固，产业支撑的返贫阻断机制更需要全面完善。

一是要进一步健全防返贫与就业帮扶机制。为有效缓解不稳定脱贫户面临的返贫风险，需要全面、系统地构建防止返贫帮扶机制，增强政策支持，持续推进事后帮扶，实现增收致富的长效性。就业帮扶是相对贫困人口实现可持续发展最直接有效的阻断措施，能激励相对贫困户通过自己的劳动自我发展。

首先，探索开展消费帮扶行动，支持四省涉藏地区帮扶产业恢复发展，壮大优势特色产业。并继续深化东西部帮扶协作和中央单位定点帮扶等措施，加强四省涉藏地区相对贫困人口易地扶贫搬迁后续的扶持工作力度。其次，政府部门和社会组织在各个行业设立更多适合相对贫困人口就业的岗位以及开展更多样的技能培训课程，实现就地就近大规模就业创业。最后，分层分类加强四省涉藏地区低收入人口常态化帮扶：对有劳动能力者进行开发式帮扶，做好稳岗就业、加强技能培训，促进四省涉藏地区劳动力就业创业，提高四省涉藏地区脱贫群众可持续发展能力，夯实增收致富的"基本盘"；对丧失劳动能力者，织密兜牢基本生活保障的民生底线，做到应保尽保、应兜尽兜。要坚决守住不发生规模性返贫的底线，将预防性措施和事后帮扶进行有机结合，及时采取有针对性的帮扶措施，筑牢"防贫坝"，要多措并举，帮助四省涉藏地区相对贫困人口补上技术、设施、营销等短板，实现长效脱贫。

二是健全全民参与民主管理机制。按照帮扶经验，帮扶不是政府的独角戏，而是需要政府、企业、居民共同发挥作用，通过协作来完成的过程。政府通过政策引导，企业进行投资援助，居民亲身劳动，三方全体参与，达成协议，共享成果。因此，要实现长效脱贫，这三方中的任意一方都不能突然退出。

首先，脱贫不代表停止政策，脱贫后政府仍要根据脱贫成果制定脱贫后的帮扶、对干部的管理等政策；其次，脱贫不代表停止帮扶，脱贫后短期内成果不稳定，因此，加强脱贫地区与企业的合作能够稳定脱贫成果，将帮扶项目做大做强，形成长效机制；最后，脱贫不代表不用劳动，短期脱贫的成果不稳定，因此相对贫困地区居民不能因为短期的利益而放松，需要持之以恒，继续参与帮扶项目，巩固脱贫成果，从而实现长效脱贫。

7.5 健康保障路径下相对贫困人口可持续发展动力提升的机制保障研究

健康是人的基本权利，健康也是人力资本的重要组成部分，健康的躯体可以提高个人的劳动力水平和效用，积极的精神面貌可以增强可持续发展动力，使相对贫困人口以更加振奋的精神状态辛勤劳动，实现增收效益。健康影响个体的就业和收入情况，就业能够有效防止个体因失业而陷入贫困状态，不仅如此，更健康的人也将拥有更高的劳动效率，获得更高的收入，从而防止返贫。我国现已实现全面消除绝对贫困的目标，进入了消除相对贫困的后扶贫时代，要巩固脱贫攻坚的成果，健康保障需在防止因病返贫、因大病致贫中发挥重要作用。

健康保障通过促进四省涉藏地区相对贫困人口人力资本的发展，保障其生产力和可持续发展信念，调动其主动性与积极性，从而激发其可持续发展动力。目前，四省涉藏地区存在自然环境恶劣、生活水平较低等问题，不仅极易发生疾病的快速传播，慢性病也无法得到及时干预与控制，导致该地区人口受疾病困扰，进一步加大了其相对贫困和脱贫后返贫的可能性。同时，心理健康问题也不容忽视，相对贫困人口中存在的焦虑、自卑、惧怕竞争、剥夺感等典型心理状态，造成其在决策上的短视、冒险等非理性行为，加剧了相对贫困状态，且容易导致相对贫困的恶性循环。四省涉藏地区正面临严重的因病致贫、因病返贫问题，疾病的快速传播和慢性病的恶化加快了返贫速度，身体不健康使相对贫困人口无法在家务农或者外出就业，心理健康问题也直接导致其可持续发展动力不足，阻挡脱贫后的良性发展，增加了返贫的可能性。因此，需要通过返贫阻断长效机制和帮扶工作机制，来巩固健康保障成果。

7.5.1 健康保障路径下的帮扶工作机制

第一，引导社会力量积极参与，采取多方合作，即政府、企业、非政府组织共治的模式，实现精准帮扶。引入医疗健康企业，作为主要出资人，为四省涉藏地区出资建设卫生站，非政府组织（例如中国青少年发展基金会、中国红十字基金会等）负责项目实施，当地政府承担卫生站的后期运营和管理，卫生站对接签约家庭医生，与家庭医生之间实现信息互通共享，精准实现对地区居民的健康监测与管理。同时，发挥医疗健康企业在其经营领域的优势，对四省涉藏地区 0~3 岁婴幼儿保健和疾病预防，青少年近视、肥胖问题，普遍的心血管病、白内障、风湿病等提供对口帮扶服务。例如，针对四省涉藏地区儿童视力问题，当地政府可以对接视光企业，为儿童提供专业的验光和眼底检查，筛查眼科疾病，使其得到及时发现和诊治。涉藏地区户外光照强、紫外线强，室内光线不足，儿童视力不良比例高。儿童是家庭的未来，儿童严峻的视力问题应该得到重视。

第二，东西部协作，深入推进三级医院对口帮扶工作，促进优质医疗资源向四省涉藏地区倾斜。三级医院派遣医疗队，对脱贫地区县级医院实现"组团式"帮扶，解决以前医疗援藏力量分散，难以在人才培养和学科建设方面形成合力的问题。结合四省涉藏地区的病源特点，以实地帮扶为主，"互联网＋医疗健康"远程帮扶为辅，改善当地医疗服务机构的医疗环境、设备设施、医疗技术。

第三，整治人居环境，提升卫生条件，预防疾病传播。各地政府统筹规划整合资源，加强基础设施建设，将易地扶贫搬迁、高海拔生态搬迁与人居环境整治结合起来，实施人畜分离和厕所改造，有序规划和建设污水处理和垃圾处理系统。消除粪污遍地、苍蝇满天、垃圾随处堆放的现象，不仅能够显著提升村容村貌，而且能有效防止人畜共患病，遏制疾病的快速传播，保障四省涉藏地区居民的健康，避免因病致贫、因病返贫。四省涉藏地区村委会干部可以同村民一起讨论并制定村规民约，达成维护良好环境卫生的共同目标，并订立具体实施细则，规范引导乡风文明，鼓励和支持全体村民参与卫生建设，加强卫生基础设施的维护和管理，帮助并促使村民养成良好的卫生生活习惯，提升其卫生健康意识与素养，成为保障自己健康的第一责任人。

7.5.2 健康保障路径下的返贫阻断机制

从返贫阻断机制的角度来说，为了牢牢守住健康保障的果实，应当在返贫阻断机制中建立并完善健康及医疗保障机制。

第一，完善基层医疗卫生服务体系。基层医疗机构是保障农村健康的最基础的组织，乡村医生是最贴近农村居民的健康守护者。四省涉藏地区目前存在着医疗条件不足、乡村医生水平较低的问题。应当注重培养和提高乡村医生的专业水平，吸引优秀医生进入涉藏地区，提高四省涉藏地区医疗机构的医疗服务能力，并监测地区乡村医生的人员动态变化，防止出现乡村医生空缺的情况。

第二，推广家庭医生签约服务，建立疾病排查体系。实现四省涉藏地区家庭医生签约率100%，重点防治四省涉藏地区包虫病、大骨节病、结核病、鼠疫等高原多发疾病，控制和消除高原疾病带来的危害，阻断因病导致的贫困代际传递。统计、明确四省涉藏地区因病致贫的比例和分布，做好定期回访工作，重点关注脱贫户的身体健康和心理状况，情况异常时，能够及时进行干预与救治。家庭医生不仅可以提供上门服务，为当地居民进行定期健康体检，监测其健康状况，早发现早治疗，解决看病难的问题，还能起到重要的引导作用，指导居民健康生活、安全用药，为其讲解常见病、多发病的预防诊治措施，并根据其体检情况，提供定制的、精准的健康指导，是必不可缺的"健康守门人"。

第三，全面举行健康知识宣传活动，树立健康理念，提升健康素养。针对四省涉藏地区的环境因素和居民生活习惯，寻找当地的翻译，利用宣讲会、媒体、网络等媒介对健康的生活方式、疾病的危害与预防进行知识宣传，使四省涉藏地区居民提高对疾病的认知水平，学习疾病的危害及防治措施，促进居民积极主动地安排合理膳食，注重卫生、控烟、健身，提高居民的健康素养，从而预防疾病。同时，健康知识宣传活动可以提升四省涉藏地区居民早期疾病自查的能力，做到早筛查，早干预，而非等到病情严重后才接受治疗，这样可以大大提高治愈率，并有效降低治疗费用。

第四，因地制宜改革医疗保障制度。结合四省涉藏地区生态环境、生活条件等因素，有针对性地提高个别重大疾病的报销比例。调整当地的医疗保障制度，在现有的基本医疗保险的基础上，提升医疗救助的保障水平，降低大病保险的起付线，提高年度最高赔付限额和支付比例，并逐渐补充商业健康保险、慈善捐赠等，健全医疗保障体系，以实现公平高效看病，解决看病难、看病贵等问题。针对四省涉藏地区灾害频发的问题，国家医疗保障局应当为当地居民开通"绿色通道"，在缺失身份证、社会保障卡的情况下，当地居民能够通过身份证号码与人脸识别技术，直接入院接受治疗，并且享受"先诊疗后付费"服务，保证受灾群众得到及时救治。

7.6 创新培育路径下相对贫困人口可持续发展动力提升的机制保障研究

增强脱贫地区和脱贫群众可持续发展动力。把增加脱贫群众收入作为根本措施，把促进脱贫县加快发展作为主攻方向，用发展的办法让脱贫成果更加稳固、更可持续。四省涉藏地区是国家巩固脱贫攻坚成果工作的重要组成部分，从总体上看，四省涉藏地区整体经济实力不强，缺乏支柱性产业，该地区相对贫困人口在人才、资本、资金等方面处于弱势地位，仅依靠相对贫困人口自身努力实现化解返贫风险存在较大难度，因此针对四省涉藏地区提出创新培育路径，对于推动脱贫地区帮扶政策落地见效具有重要意义。提升地区可持续发展动力一方面需要相对贫困人口自身努力，另一方面需要外界为其提供良好的发展环境。内外部相结合，以内部突破结合外部带来的正向影响推动，衔接帮扶工作前后期，进一步巩固拓展脱贫攻坚成果。

7.6.1 创新培育路径下的帮扶工作机制

由于四省涉藏地区相对贫困人口自身多方面处于弱势地位，恶劣的外部环境致使巩固拓展脱贫攻坚成果同乡村振兴有效衔接难度增大，相对贫困人口自身努力与社会各界为其提供的外部帮助不可或缺，受到外部条件的正向激励，相对贫困人口也会容易化解返贫风险。在坚持和强化四省涉藏地区所属省内乡村振兴领导小组对该区域的组织、协调和纠偏能力的同时，其他力量的注入也对可持续发展动力提升起着无可替代的推动作用。

第一，完善产品销售机制，保障产业长远发展。帮扶过程中，产业的发展与产品的销售是重要组成部分，地方以区域特色为本，以市场定位为方向，以协议合作方式为载体，开发区域内特色资源，发展主导产业。销路是产业进一步发展的"瓶颈"问题，保障产品流通渠道畅通是促进相对贫困人口增收的重要内容，在融媒体时代，直播带货是进入门槛较低、便捷度最高的销售方式之一。当前政媒联动下的直播带货是帮扶领域内直播带货的主流方式，借助主流媒体与地方政府的影响力可以增加产品的公信力与权威性，以互联网平台为媒介扩大产品的传播范围。直播已成为较为普遍的方式，为在众多产品中脱颖而出要做出自身特色，可借鉴一些平台的直播方式，不单要销售产品，更要深入拓展其背后的文化价值，实现产品与地方文化的结合，创新直播的方式与内涵，打造拥有自身特色的直播方式，培育其持久生命力。同时进一步做好售后工作，与当地企业强强联合，完善、延伸产业链，动员各环节相对贫困人口组建参与各类专业合作社团体，推动社会资本相关指标累积，建立商品供应链与供销机制，以市场化管理实现参与主体利益共享。保证政策红利逐渐转移后，地区仍旧拥有发展能力，带动地区内部提升。

第二，完善金融发展推进机制，促进金融资本累积。金融是地区发展的重要推动力，充分利用数字普惠金融全方位、多层次、宽领域渗透生活的优势，弥补传统金融的短板，因地制宜协调好金融帮扶资源供需关系，做好脱贫攻坚与乡村振兴的衔接过渡。同时在当前社会重视生态、绿色的大趋势下，重视其中绿色金融的深度运用，注重对绿色资源的利用与生态环境的可持续发展。首先，应加强政府引导，落实金融机构业务。在政府引导下，金融机构产品与服务向四省涉藏地区绿色产业领域流动，对具有发展优势的绿色产业给予绿色信贷支持，保障发展资金。其次，灵活应用绿色帮扶项目。因地制宜识别四省涉藏地区相对贫困程度，挖掘地区绿色资源与绿色产业市场，根据实际情况协调绿色帮扶项目与区域的适配性，实现两者最大程度上的匹配。金融机构借助绿色项目在保护生态的基础上投入资金促进地方发展，同时资金带动人才流入，绿色技术的接续发展助力相对贫困人口增收致富。金融机构及政府相关部门同步在区域内推动绿色资产投资与信贷，以资本推动地区的多方向发展。

7.6.2 创新培育路径下的返贫阻断机制

我国当前已完成现行标准下9899万农村贫困人口全部脱贫，随着政策红利的消耗，其后续的一些返贫风险也逐渐显现。狭义看待该问题，返贫是已脱贫人口再次陷入贫困的社会现象，部分学者认为返贫是一种偶发性贫困，受自然环境、经济形势、气候灾害等外界因素的影响，这部分外界因素会使已脱贫人口再次陷入贫困。从创新培育路径出发的返贫阻断机制对可持续发展动力提升的作用体现于以下几方面：

第一，完善四省涉藏地区返贫监测机制，提高政策针对性。进一步强化帮扶举措落实，降低脱贫人口返贫风险，巩固脱贫成果与相对贫困人口的精准定位及监测与政策实施效果休戚相关。首先，返贫监测机制通过细化监测范围和标准精准确定监测对象，将有返贫致贫风险和突然遭受严重困难的农户纳入监测范围，对脱贫人口进行全覆盖监测，对建档立卡脱贫户进行常态化监测。实施多部门参与、多方式筛查预警手段，结合回访调查情况进行动态管理，对监测对象进行实时更新，做到应纳尽纳，完善基础社会保障、医疗保障，及时解决因病、因灾致贫等问题。其次，推广全国防返贫监测信息系统工具的使用，提高监测效率。依靠单一走访入户方式效率较低，创新性使用监测工具可实现帮扶责任人、监测户、帮扶干部的多主体联系。培训基层对于全国防返贫监测信息系统 App 的使用，以该工具为媒介搭建沟通桥梁。相对贫困人口可以借此了解最新帮扶政策同时根据自身实际情况在系统中发布与填报相应的帮扶需求，通过对帮扶需求的梳理收集更多有价值的信息，实现精准、有效帮扶，形成支撑帮扶干部日常工作的基础，更大程度上促进干部、企业机构和相对贫困人口搭建需求互通桥梁的线上线下联动方式。精确锁定相对贫困人口，促进帮扶政策的准确落实，对应的政策红利、项目资金落到切实需要帮扶的群体中，提升其金融资本持有。此外，应推动相对贫困人口主动参与对自身的帮扶，提高主人翁意识，积极了解对应的相关政策，提高个人及家庭思想政治觉悟，在一定程度上提高其参与基层工作的主动性与领导能力，推进社会资本的增长。

第二，健全多方参与的电商创业机制，深入挖掘创业机会。在互联网迅速发展的时代，电商创业是防止返贫的重要方式，不是相对贫困人口单方面的"独角戏"，当前已经形成政府、平台、社会、农民多主体参与的电商创业机制。借助地方政府电商支持政策差异与区域特色进行电商创业，形成自身"造血能力"，可以实现各环节人员的"共赢"。在电商遍地开花的情况下，地方政府应引导相对贫困人口跳出固有网店、电商创业模式，结合地方特色，通过深入挖掘农村电商产业链和价值链，寻找新的创业机会。可以考虑在销售、快递、物流等服务活动中进行创业，鼓励专业技术人才从电子商务产生的信息流、商流、资金流等产业链条中进行拓展创业。借助该方式促进地方与相对贫困人口的就业、个人技能提升及家庭增收等，推动地方及相对贫困人口相应的金融资本、社会资本提升，有效实现致富增收，全面降低返贫的发生概率。

第三，全民参与民主管理机制，以多方主体保证可持续发展。帮扶不是政府的独角戏，而是需要政府、企业、群众多方共同发挥作用，相互协作完成的过程。政府以政策引导，企业进行投资援助，群众积极响应，三方全体参与，共享发展成果。群众只有参与其中，自身利益与之相关才会更上心，通过积极参与民主管理提升自身管理能力。多方协作是实现长效增收致富的保障之一，加强脱贫地区与企业的合作能够稳定巩固脱贫攻坚成果，将产业项目做大做强。作为三方的利益联结体，群众看到成绩，自然自身信心提升，愿意积极响应政府号召，形成三者之间的良性循环。

7.7 本章小结

可持续发展动力提升保障机制的本质是利用政策、市场、人才、考核等方式，激励和保障相对贫困地区人口可持续发展动力的机制。本章首先针对党建驱动机制、帮扶工作机制、激励机制、监督与问责机制、考核评价机制与返贫阻断机制在四省涉藏地区的运行现状进行阐述，随后从前文提及的党建引领、教育帮持、产业支撑、健康保障和创新教育五大路径出发，逐步提出围绕可持续生计资本框架优化完善工作机制，进一步提升可持续发展动力的建议。

第 8 章

四省涉藏地区相对贫困人口可持续发展动力提升的政策建议研究

在"三农"工作重点从脱贫攻坚向乡村振兴转型的新形势下，相关的政策也不断跟进与细化，本书通过对巩固脱贫攻坚成果施策过程的梳理和总结，以可持续发展动力提升为出发点，以可持续发展意愿和可持续发展能力为视角，通过多维度分析，形成了巩固脱贫成果和乡村振兴有效衔接的政策建议，期望具有一定的借鉴意义。一些学者认为，推进乡村振兴战略必将使实现共同富裕进入新的阶段，促使新时代巩固脱贫攻坚成果工作焕然一新。乡村振兴不仅要立足新发展阶段、贯彻新发展理念，同时兼顾新发展格局带来的新形势、提出的新要求，还要始终坚持把解决好"三农"问题作为全党工作的重中之重，要坚持农业农村优先发展，持续全方位地缩小城乡区域经济发展差距，要让低收入人口和欠发达地区共享新时代发展成果，并以此不断提升其内在动力。

8.1 有关可持续发展意愿提升的政策建议

在关于如何实现相对贫困人口可持续发展的对策研究中，往往是把相对贫困人口置于"脆弱性"和"被帮扶"的客体地位，因此大多关注如何实现自上而下和由外向内的帮扶，而很少关注相对贫困人口自身在可持续发展行动中的"被动"问题。本书认为相对贫困人口的可持续发展意愿是保证其不发生规模性返贫风险的关键，本章以相对贫困人口的有效主体性为出发点，从政治意识和主观感受两个方面进行探究并提出可持续发展意愿提升的政策建议。

8.1.1　深化相对贫困人口的可持续发展意识

第一，加强政策学习，做好相对贫困人口的思想引领工作。许多相对贫困人口存在较为严重的"等、靠、要"思想，涉藏地区的相对贫困人口大多习惯于其相对贫困人口的自身定位，对政府的依赖程度较高，等待着接受别人对他们的物质帮助，依靠政府来获取非劳动或财政转移性收入，倾向于伸手向政府要帮扶资金，其本身的造血能力较弱。并且相对贫困人口容易缺乏进取意识，难以主动去改变当前的生活条件。因此，首先要强化相对贫困人口致富增收的内在意识。通过政策宣讲等方式加大对相对贫困人口的培训力度，包括开展集体研讨和进行专题辅导等，促进先进理论等常态化学习。加强培养相对贫困人口的自力更生和致富增收的意识，避免形成对政府的过度依赖。

第二，大力宣传致富增收领域的优秀经验、典型人物等，强化并巩固舆论引导。政府通过表彰和树立典型示范来营造多劳多得、勤劳致富的氛围，对相对贫困人口进行正确的人生观和价值观引导，时刻跟踪相对贫困人口的思想状况，做好相应的思想教育。

第三，制定相应的奖惩制度，发挥相对贫困人口的主观能动性。消灭相对贫困人口安于现状的消极心态，提高他们致富增收的主动性。在帮扶物资分配的过程中，适当考虑纳入相对贫困户的主观意愿以及个人努力程度等指标，如果农户较他人有更为强烈的可持续发展主观意愿，并且能将这种意愿付诸行动，即可适当增加对其分配的帮扶资源。反之，如果脱贫农户主观意识上仍然存在好吃懒做的不良思想，可适当减少对其的资源帮扶。

8.1.2　持续强化乡村振兴干部队伍建设

首先，继续加强对乡村振兴干部的培训，增强乡村振兴干部的能力和治理水平，提升综合素质。四省涉藏地区与其他地区相比条件更为艰苦，乡村振兴干部的工作开展不易。因此，一方面，要从思想政治教育方面，通过政策理论知识培训、政策执行技能专题讲座等方式促进乡村振兴干部的致富政治意识，合理合法利用乡村振兴政策开展乡村振兴工作；另一方面，要注重提高帮扶干部的专业技能，对帮扶干部进行定期专业培训，提高乡村振兴干部的知识储备和文化水平，使其在开展帮扶工作时更得心应手，让乡村振兴工作更加高效有序地开展。

其次，持续强化对四省涉藏地区巩固脱贫攻坚工作的督促检查，尤其是各级党员干部，更要坚持党性原则，经得起风浪考验，针对政策落实问题，建立日常性的监督巡查，进行全方位的考核评价，保证脱贫结果真实可靠，杜绝区域返贫、规模性返贫等情况，使乡村振兴成效经得起时间和历史检验。一是制定严格的考核指标，加强县镇政府的绩效监督。综合各方面建立起科学的乡村振兴认定识别机制，除了制定满足地方乡村振兴要求的定性方案，组织领导小组还可以通过对上报结果进行实地考察和致富回访确定相应的指标。二是落实精神致富责任制度，将精神致富作为工作任务，细化到每一位帮扶人员身上，进而增强乡村振兴干部的责任意识，提高他们完成自身工作的自觉性，打造一支高素质有能力的致富增收帮扶队伍。由于四省涉藏地区地理位置的特殊性，大多数相对贫困人口文化程度不高，因此更需要从精神上对他们进行帮扶，这需要帮扶人员更加注重深入群众，结合实际，激发相对贫困农户的内生发展能力。三是建立完善帮扶监督平台和渠道，发挥社会组织和舆论监督作用。在互联网建立完善专门的政务信息发布和群众反映的综合性平台，实现村委会的公共服务透明化，便于村民的了解和监督。

8.1.3 增强相对贫困人口的可持续发展自信

根据前期的调研结果和数据分析可以发现，很大一部分相对贫困人口对于整体可持续发展过程的主观感受是，对帮扶资源依赖程度较低，致富信心也较足，但是经营发展计划不太明确。因此本小节主要从以下两个方面提出相应的政策建议。

第一，四省涉藏地区的教育资源匮乏，相对贫困人口受教育程度不高，应对其进行思想引导。教育技能帮扶能让相对贫困人口从根本上摆脱对帮扶资源的依赖。想要使相对贫困人口逐步摆脱精神上的贫困，就必须通过教育手段进行正确的引导，在农户中形成良好的思想引领。由于四省涉藏地区的地理位置偏远，其教育资源缺乏，目前仍有大量学龄儿童滞留农村，因此要构建从学前教育到大学教育的相对贫困学生帮扶体系，提高相对贫困人口对职业发展和技术培训的重视程度。在保障相对贫困人口基本日常生活的基础上进行帮扶项目的开发，实现与当地产业的深度结合。此外，应提高老人、妇女的生活技能，逐步摆脱人口外流带来的技术、人才等方面的缺失。

第二，整合资源，协助建立经营发展计划。一是构建四省涉藏相对贫困地区农产品产销对接长效机制，提升新型经营主体致富能力。打造具有当地特色的农产品品牌，建设农产品仓储冷链物流，鼓励开展相对贫困地区农产品产销对接活动，有序推进四省涉藏地区农民合作社等经济合作组织的稳步规范发展。利用现有的人才资源，组织推进产业致富典型交流会等活动，完善政策帮扶与致富成效挂钩机制，在相对贫困户与致富主体之间建立稳妥的利益联结。持续推进四省涉藏地区经济薄弱村发展计划的规划与实施。二是强化产业帮扶支撑。稳步推动四省涉藏地区相关政府加大专项帮扶等资金资源，加快提升特色农产品保险覆盖面，加大相对贫困地区致富带头人及职业农民培育力度，加强相对贫困县产业发展指导员队伍的建设，积极推进进村入户帮扶。三是提升四省涉藏相对贫困地区特色产业发展水平。制定相关政策推进当地特色产业规模化、标准化发展，大力发展绿色生态工业、现代畜牧业和生态旅游业等多业态产业融合创新发展，支持有条件的涉藏地区创建致富产业园。

8.2 有关可持续发展能力提升的政策建议

8.2.1 完善教育医疗等体系建设，提高人力资本存量

受地理位置偏远、信息交流闭塞、经济基础薄弱等因素制约，四省涉藏地区相对贫困人口的人力资本相对薄弱，主要体现在以下两个方面：一是地区基础教育条件较差，教学资源不足，受教育程度普遍偏低，致使部分农户思

想观念落后；同时信息获取渠道有限，自主学习能力缺失，长期处于知识匮乏状态。二是四省涉藏地区医疗资源总量不足、分布不均，乡村卫生机构基础设施差，设施简陋陈旧，涉藏地区农户地方病发生率较高，身体素质较差。

从微观层面上来看，人力资本短缺会影响相对贫困人口个人就业创业、收入高低、晋升快慢等个人福利水平，四省涉藏地区的人力资本短缺主要表现在受教育水平较低、劳动技能短缺、身体健康状态"亮红灯"等方面，因此人力资本短缺必然是造成贫困的主要原因之一。在致富增收实践中，提高相对贫困人口的人力资本存量不仅可以有效帮助四省涉藏地区相对贫困人口实现增收，还有利于提升四省涉藏地区相对贫困家庭可持续发展能力，有效提高家庭稳定发展潜力。

首先，持续完善四省涉藏相对贫困地区的教育文化医疗条件及体系，提升人力资本存量。

一是坚持教育优先的原则，持续提升相对贫困地区教育发展水平。地方政府落实涉藏地区公办入园幼儿"一免一补"政策，要在巩固基础教育的条件下继续推进十二年义务教育，建立健全义务教育控辍保学"六长"责任机制，强化义务教育学校的提档升级和寄宿制学校的精细化管理；实施民族地区 15 年免费教育计划和"9 + 3"免费职业教育，通过实施对涉藏地区相对贫困家庭子女的教育资助政策，提高对涉藏地区相对贫困人口人力资本的投资力度；持续推进涉藏地区学生系统学习文化知识，加强普通话教育，大力推进双语教学（以藏汉语教学为主，外语教学为辅），充分利用现代信息教学技术，减少由语言影响导致的学习上、沟通上的障碍，增加涉藏地区学生未来的求学与就业机会，从根本上消除返贫风险。另外要加强树立典型，加强四省涉藏地区相对贫困人口与外界的交流，用实际案例来说明职业教育、技能教育、持续培训的必要性，让相对贫困人口自身意识到教育的重要性，提高学习的主动性，从根本上激发他们自主致富的动力。

二是对四省涉藏相对贫困地区继续加大教育帮扶倾斜政策。四省涉藏相对贫困地区的教育经费应坚持"由中央重点扶持，省级政府统筹"的长效保障制度，实行财政转移支付和成本分担机制，每年可将财政支出或教育经费按一定比例作为教育专项经费，用于开展双语教育、教师培养培训、民族高校科研等。将教育新增资金、新增项目、新增举措向涉藏相对贫困地区倾斜，坚持帮扶要面向市场、面向就业，除了已有的助学、资助政策之外还应做好职业规划和就业创业引导，优先安排实习、推荐就业，增强该群体就业创业竞争力。

三是强化师资队伍建设。增加四省涉藏地区教育师资编制，推进实施乡村教师素质能力提升计划、乡村教师专项支持计划和四省涉藏地区千人支教十年计划，采用加强人才住房建设、发放专项补贴等方式吸引人才、留住人才，探索建立"涉藏相对贫困地区义务教育教师特殊岗位津贴制度""提拔调动机制"等激励措施，同时强化监管，制定切实可行的在岗考核制度，严格保障日常教学质量，从而提高涉藏地区教育水平。

四是改良农技经营等各类产业技能培训。大力开展"干中学"的实践培训模式，结合区域内生产活动的需求、农户的生计能力特点，有的放矢地组织技能培训，针对藏民就业创业的不同需求，及时调整培训内容。利用东西部协作、定点帮扶等政策，有目标地开展订单式培训，创造定向式劳务输出机会，强化就业的稳定性，提高务工人员工资水平。

五是重视和支持女性的可持续发展意愿，强化其可持续发展能力的培养。在帮扶治理实践中，依靠女性的家庭贫困发生率要远远高于依靠男性的家庭，为此，地方政府可以鼓励和引导构建妇女合作组织，按照"精准培训，不落一人"的标准，对相对贫困的家庭妇女实施就业技能培训，建立技能帮扶长效机制，促进女性在生产、经营及金融互助类活动中的参与度，增强其增收能力。

六是加强四省涉藏地区文化设施建设。针对四省涉藏地区文化基础设施起步较晚、底子较为薄弱，涉藏地区当地财政收入有限导致对文化基础设施的投入不足，涉藏地区文化基础设施覆盖面小，没有发挥其应有的作用，不能满足四省涉藏地区人口日益增长的对文化的需求等问题，应加强文化设施建设。对于目前尚未完成文化基础设施建设的地区，要成立专项资金用于建设；对于已经完成文化设施建设的地区，要注意文化设施的后期使用、服务、管理及维护，定期安排专人对其进行维修保养，做到藏民文化需求与文化设施供给平衡。此外，还要以控制清除高原性地方病、保障健康为基础，持续提升人力资本质量。相对贫困人口的健康水平低下是四省涉藏地区相对贫困人口的特征之一，往往表现为四省涉藏地区相较于其他地区的相对贫困人口因疾病死亡和意外死亡率更高、寿命更短。

其次，想要充分提高四省涉藏地区相对贫困人口的自我发展能力就必须提高相对贫困人口的健康保障水平。

一是要营造良好的、适宜居住的健康环境。四省涉藏地区特殊的地理位置、气候环境等导致农户的居住环境较为恶劣，在党中央的易地扶贫搬迁政策以前，四省涉藏地区的农户们往往居住得非常分散、不成片，大多数居住于交通非常不便的山林或者沟谷，不仅与外界联系不便，更时常面临着塌方、泥石流等严重自然灾害的威胁。居住环境卫生条件较差，导致了居住环境病菌的滋生以及病毒的传播。因此，需要改变原先四省涉藏地区农户分散居住的形式，加强易地扶贫搬迁后续工作的推进。这不仅有利于农户居住条件的改善和精神面貌的提升，为发展生产解决后顾之忧；还有利于培养农户的集体意识和发展生产的强烈意愿，推动农户之间和谐共处，提高其可持续发展动力。同时，居住环境的改善可以大幅提高农户的健康指数，在保障健康水平与生命质量的前提下，创造更多的财富。

二是加强对相对贫困人口个人卫生的监督。四省涉藏地区地方政府应该加大力度进行个人卫生的宣传，鼓励农户有计划地进行自我、衣物等的清理，以保证自身身体健康。此外，政府也可以通过向农户免费发放洗漱用品以及洗衣用品的方式，让农户形成清洗的习惯。同时，在社区工作中，应当发挥基层党员干部的带头作用，再以派遣卫生监督员对居民个人卫生进行抽查的形式来督促农户注重个人卫生。另外，要防止四省涉藏地区居民因病致贫、因病返贫的情况，应持续改善农户的饮水条件，改善涉藏地区用水条件，改变农户打井水的条件，修建自来水管道以提高农户饮水质量。

三是加强四省涉藏地区基层医疗机构的建设，促进公共卫生服务均等化。提高涉藏地区基层医疗服务范围、质量和医疗保障水平，政府拨款专项资金用于基层医疗单位购买设备，为农户健康提供有力保障，切实解决四省涉藏地区相对贫困人口看病就医问题，提高人口健康素质。涉藏地区各医院应当加大力度培养基层医疗干部，加强对医疗工作人员的培训，建设标准化村卫生室，拓宽药品种类，使相对贫困人口都能便捷高效就医，杜绝因付不起医疗费造成的小病拖成大病的情况。同时针对四省涉藏地区独特的地理位置，强化基本公共卫生服务，加强对包虫病、高原性心脏病、类风湿关节炎等的综合防治和健康管理，持续推进生育秩序整治工作，强化基本公共卫生服务。建立医疗爱心基金、卫生帮扶救助基金等利民服务体系。

四是加强医疗健康保障政策，做好兜底工作。针对四省涉藏地区容易出现的因病致贫、因病返贫问题，要进一步提高保障水平，对相对贫困人口的医疗费用和保险费用予以补助，确保相对贫困人口"看得起病"，避免因病致贫返贫；通过开展相对贫困地区卫生人才培植行动，促进基层卫生人才增量提质，确保相对贫困人口"看得好病"；通过开展相对贫困人口公共卫生保障行动，大力宣传预防保健的重要性，确保相对贫困人口"少生病"。在此基础上进一步建立起因病致贫返贫相对贫困人口的动态管理数据库，使相对贫困人口 100% 参加基本医疗保障，个人缴费部分由财政全额代缴；精准实施对口帮扶，开通远程诊疗、巡回医疗和义诊；综合开展重大疾病防治、大力推进卫生计生服务能力提升等方面的工作。

再次，健全完善就业创业帮扶机制，促进相对贫困人口稳定增收。

一是扩大相对贫困地区外出务工规模。对于面向四省涉藏地区相对贫困人口开展的劳务输出应给予补助，给予进行跨省就业的四省涉藏地区相对贫困人口一次性交通补助，加快落实相对贫困人口失业保险、培训补贴等优惠政策，探索创建、逐步发展一批有特色、有口碑的劳务标杆，提升四省涉藏地区相对贫困人口的劳务输出质量。

二是支持相对贫困人口就地就近就业创业。在基础设施建设领域积极开展以工代赈，提高相对贫困人口劳务报酬发放比例。继续支持就业帮扶车间等帮扶载体的各项优惠政策。加大相对贫困人口返乡创业载体建设，给予相对贫困人口税收优惠等各项政策支持，鼓励并帮助有条件的相对贫困人口就地就近创业，灵活就业创业。

三是健全相对贫困人口就业帮扶长效机制。将四省涉藏地区相对贫困人口、低收入人口等易返贫人口纳入就业帮扶范围，实施相对贫困地区劳动力职业技能提升培训，并对培训期间所产生的生活费等进行一定程度上的补贴，继续推进"雨露计划"，对四省涉藏地区相对贫困户家庭中"两后生"就读技工院校的学生给予国家免学费和奖助学金双重支持。按比例完善安置区安排就业机制，支持乡村振兴重点帮扶县按政策适当加大乡村公益性岗位开发力度，由内而外激发四省涉藏地区相对贫困户的可持续发展动力。

最后，完善社会保障制度，做好兜底保障工作。社会保障制度的合理安排不仅能增强四省涉藏地区相对贫困人口内部的自我发展能力，也可以通过增加服务供给的方式来改善四省涉藏地区相对贫困人口所处的外部生活环境。因此，要充分考虑四省涉藏地区的实际社会情况和各项政策在涉藏地区各地的实行情况，在全国性社会保障制度的基础上进行更加灵活的调整，采取更加适合四省涉藏地区农户的缴费方式、年限和待遇领取方式。此外，还需持续推进社会救助政策、最低生活保障制度、养老保险制度等多种民生保障制度的有效施行，为四省涉藏地区高抚养比的家庭减轻压力，保障四省涉藏地区相对贫困人口生活的持续有效改善。

8.2.2 建立生态保护机制，合理开发利用自然资本

生态系统的平衡与生态资源的可持续发展是人类社会经济发展的物质基础。然而，目前四省涉藏地区面临着更为严峻的资源开发与生态保护之间的矛盾。一方面，在我国资源持续消耗且逐步匮乏的新形势下，涉藏地区丰富的生态资源显然具有巨大的开发潜力，已经成为涉藏地区经济社会发展强有力的支撑，农户生存与发展依赖于自然草场和生态资源；另一方面，涉藏地区生态环境较为脆弱，自然灾害频发，水土流失、耕地退化、土地沙漠化等生态环境问题日益严重，已经成为全国生态安全极度敏感地区之一。作为我国重要的生态功能保护区之一，四省涉藏地区承担着重要的生态保护功能，所制定的部分生态政策在一定程度上限制了该地区的经济发展。

自然资本是指能从中导出有利于生计的资源流量和服务的自然资源存量（如土地和水）和环境服务。四省涉藏地区的自然资本开发利用有其巨大的特殊作用，运用好相对贫困地区的自然资本有助于巩固脱贫攻坚成果。但在现阶段，四省涉藏地区对于自然资本的开发利用仍然存在着诸多问题，导致自然资本无法达到其应有效果。在稳固脱贫攻坚成果的迫切要求下，自然资本是手段、是方法、是工具，是保证农户家庭生计的基础，是改善区域发展不平衡、实现可持续发展的重要手段。四省涉藏地区相对贫困人口的自然资本主要局限于土地，对于其他含较高价值的自然资本的占有率较低。自然资本在四省涉藏地区农户的第一主导产业发展中发挥着较为关键的作用，但其

抗外来风险能力低，极易受到自然灾害的影响。同时，其风险管理手段较少，应对风险能力差，具有脆弱和不稳定的特点。

第一，建立政策解读研究室，对自然资本的开发利用要符合党中央提出的促进共同富裕的政策要求。合理开发利用自然资本是推动四省涉藏地区共同富裕的关键策略，但在实际实施工程过程中会出现难以预料的问题，很多时候需要专业人员进行详细的政策解读和传达，明确政策目的，真正做到政策的科学合理，并推动四省涉藏地区实现共同富裕。因此，在重点项目上，各方帮扶部门要建立政策解读研究室，促进政策上传下达。政策解读研究室应围绕自然资本的合理开发、四省涉藏地区的共同富裕及乡村振兴开展相关工作，对实现共同富裕与四省涉藏地区自然资本的开发起到全局性、战略性和方向性的作用。全程要保持政策的延续性，围绕四省涉藏地区开发利用自然资本过程中的热点、难点问题，组织专项课题攻关和对策研究。对四省涉藏地区自然资本开发利用开展定期与不定期的考察分析，以便及时发现问题，把握大局，为推动四省涉藏地区的共同富裕发挥应有的作用。

第二，建立规章制度，规范四省涉藏地区开发利用自然资本。自然资本的开发主体复杂，涉及国家、地方及个人，极易导致开发过程不规范等情况，需要对具体开发过程进行制度约束，指导四省涉藏地区自然资本的有序开发及利用。自然资源是人类赖以生存和发展的基础，能够向人类提供资源流和生态系统服务。某些地方因为没有长远的规划和打算，只顾及眼前的利益进行盲目开发利用，对生态系统和环境造成了不可估量的严重破坏，更为严重的是对生态系统的损害是不可逆的，损失往往难以估量。因此，只有健全相应的规章制度，才能对自然资本开发全过程进行有效约束。

第三，健全智库支持，强化四省涉藏地区自然资本开发的技术指导。四省涉藏地区自然资本的开发利用是一个系统性工程，必须制定长远规划。四省涉藏地区由于资源缺乏、人才缺乏等问题，导致其在开发利用自然资本过程中无法获得有效指导。智库的建立可以全程为其提供支持。自然资本的生态承载力与自然资本的均衡因子和产量因子有着紧密联系，一般来说，在现有的生产条件、科技水平和生产力状况下，生态承载力处于一种相对稳定的状态。如果在自然资本的开发利用过程中，不断人为增加生态足迹而忽略生态承载能力的上限，则必然会出现生态超载的状况。因此健全智库体系，综合开发利用与生态发展，提高生态承载力，增强科技水平、提高生产力水平、改善生产条件是不可或缺的选择。加强对自然资本开发利用的管理系统，可以提高自然资本生产效率，是实现致富的有效途径，应避免盲目开发和违背科学的错误的开发利用。

第四，建立长效监督治理机制，加强对四省涉藏地区自然资本开发利用的监管。在乡村振兴的大环境下，由于缺乏全面系统的监督管理机制，四省涉藏地区在自然资本的开发利用过程中产生了诸多问题，在相对贫困地区自然资本开发利用中各项规章制度都健全的情况下，建立长效监督机制是对开发工作具体执行者的执行过程和执行结果的一种检验，以此来促进相对贫困地区的自然资本开发利用达到预期效果。

8.2.3 加强基础设施建设，促进物质资本合理分配

在传统经济中，物质资本一直占据着主导地位，此处的物质资本主要指的是保证生存所需的基础设备以及生产资料，是保证家庭生计的基础。但随着经济以及文化教育的发展，人力资本无论是在收益上，还是在数量上都优于物质资本，逐渐取代了物质资本在社会经济发展中的主导地位。物质资本主要包括支持农户生计所需的基础设施和生产手段，四省涉藏地区地理位置较为偏远，经济发展水平较为落后，其物质资本远达不到国家平均水平。

与非涉藏地区相比，四省涉藏地区的基础设施建设较为落后，生产手段主要集中于传统农业、手工业，生产形式较为单一，经济发展水平与速度同国内其他地区仍有较大差距，物质资本不足，易导致部分相对贫困人口过分依赖政府提供的金钱或实物等方面的物质资本支持而缺乏可持续发展动力，自身思想观念未发生变化，不能真正地实现致富增收。因此可以相对转变农村经济的投资重点，加大对四省涉藏地区物质资本的投入，进行物质资本赋能，通过基建为相对贫困人口提供生产资料、提高小额贷款等，使相对贫困人口得以摆脱储蓄不足的"贫困陷阱"。与此同时，还需要保持当地居民可持续发展动力的稳步提升，保持物质资本投资和人力资本投资比例的协调。

第一，在四省涉藏地区可持续发展动力提升方面，应该更加注重从简单

的物质给予视角转化为能力建设方向，为四省涉藏地区创造更高人力资本回报的环境。本书认为四省涉藏地区相对贫困人口可持续发展动力的提升，应该着重从基础建设出发，为巩固脱贫成果与防止规模性返贫奠定深厚的物质基础。从长期发展来看，这一举措将成为缩小地区相对贫困户收入差距，解决规模性返贫问题的关键环节。

第二，积极颁布四省涉藏地区物质资本投资的相关优惠政策，吸引发达地区以及全国各地的物质资本，加快进度补齐涉藏地区基础建设的短板。我国是物质资源大国，但四省涉藏地区物质资本远低于全国物质资本的基础水平，因此国家及当地政府应通过相关优惠政策引导资本流向，促进物质资本的合理分配。物质资本综合体现于农业机械化、信息化和运输能力，应提高四省涉藏地区农户的市场经济商业素养，完善乡、镇、村层面的物质信息交流平台，重视相应市场方面的信息提供。此外，国家及当地政府应发挥主导作用，大力宣传积极引导企业向涉藏地区加大物质资本投资。

第三，转变四省涉藏地区的投资方向，持续增加当地经济中教育投资的占比，维持人力资本投资与物质资本投资之间的均衡。可持续发展动力的提升主要依靠通过教育得到的知识和技能，提升当地农户受教育程度最关键的就是加大当地教育投资，相对贫困地区人力资本不断积累的过程就是当地劳动者的受教育过程，而这也是吸引当地物质资本投资的基础和前提。在充分利用农户自身生产经营经验的基础上，应向农户提供更丰富的专业培训。由于农户获得信息的渠道受到自身文化水平和当地信息平台的限制，因此地方需要充分发挥乡、镇、村信息交流平台的作用，使农户获得更全面、更完全、更透明的价格信息和交易信息，从而有效降低农户交易成本，提高农户议价能力，促进农户农业收入的提高。

8.2.4 培育农户金融素养，提高金融资本储备

金融素养具体表现为对金融资源和金融相关问题等作出决策的知识、意识及技能。四省涉藏地区相对贫困人口总是处于各种条件与资源稀缺的状态下，因此他们会将最基本的认知资源与注意力集中于最主要的日常生计领域，因而对金融领域缺乏了解。一方面，受当地金融服务行业发展情况以及自身

信息获取能力限制，相对贫困人口缺乏对相关金融政策的了解，金融服务获取不及时、不到位；另一方面，涉藏地区农户筹借款机会相对较低，金融机构如信贷机构等分布不均，数量较少，不能全面满足相对贫困地区金融服务多元化的需求。

目前，金融支持四省涉藏地区发展已经取得了一些成效，但现阶段金融帮扶方面也面临着一些新的挑战。一方面，我国民族地区农村人口老龄化严重，当地农民知识结构陈旧，较难跟上快速发展的社会；另一方面，随着社会的快速发展，金融服务也朝着电子化、科技化的方向不断发展，由此产生的供需双方发展不匹配的问题逐渐凸显，而这些问题又容易造成农村金融资本短缺，引发农村金融资本的"非农化"。由于四省涉藏地区生活环境存在信息不对称等客观原因，当地多数农民缺乏金融知识，由此导致其在观念和能力上与经济较为发达地区的农民相比存在着较大差距，要实施多举措来提升四省涉藏地区农户的金融素养，多维度丰富四省涉藏地区农民的金融知识，提高其高效利用帮扶资金能力。

拥有较高的金融素养和金融资本能帮助人们拥有更稳定的可持续发展动力，从而实现可持续的致富增收，有效降低返贫风险。金融资本作为生计资本之一，对于农村相对贫困地区真正实现致富增收、落实乡村振兴战略起着重要的作用，正确合理地开发利用四省涉藏地区金融资本，是巩固当地致富增收成果、防止返贫的有力举措。

第一，应加大四省涉藏地区农户金融教育的可获得性。一是对四省涉藏地区农户金融知识所涉及的盲点进行针对性调研，找准其薄弱环节，再以其金融知识盲点为大力宣传教育的着力点，逐步构建四省涉藏地区相对贫困户的金融教育体系。二是通过多渠道、多形式开展金融教育。以目前商业银行开展的各项活动为载体，深入开展农村现场金融教育，通过电视、手机等农户平时能够接触的渠道普及金融知识；在乡镇小学设置专门的金融教育课程，从小培养其金融素养，更有效地带动其家长学习金融相关知识；此外，各金融机构的服务网点要利用其地理优势，推介相关产品及服务，多方位地通过金融知识、能力与意识来促进四省涉藏地区农户提高自身金融素养。

第二，建立全面长效的监督、管理与考核机制。首先，要健全法律法规。这就要求当地政府把四省涉藏地区金融致富上升到法律层面，将金融帮扶过程中各参与方的权利与义务规范化、明确化。其次，建立对于金融帮扶项目实施全过程的监督检查体系，引入第三方机构进行全程监督和评估并建立完善的奖惩机制。同时，要鼓励群众对帮扶项目的各个环节进行监督。

第三，完善四省涉藏地区金融机构体系，增加帮扶资金供给。完善农村金融服务体系，引入多种金融机构，创新信贷产品，拓宽融资渠道，满足农户信贷需要。在此过程中，政府要加大资金投入，建立专业信贷机构，有条件的地区可以探索发展四省涉藏地区互助基金，根据实际情况可以适当降低准入门槛，引导各类金融机构加大帮扶资金供给量，促进四省涉藏地区经济更好发展。要积极与四省涉藏地区农户创业资金对接，满足其信贷需求。按照政策针对一批面临"创业致富无门路、发展创业无资金、申请贷款无抵押"三无难题的当地创业者，充分发挥致富小额贷款的作用，帮助其走上创业增收之路。

第四，转变思路，主动作为激发金融需求，创新金融产品和服务。当地政府要结合四省涉藏地区的实际情况，要求金融机构、第三方金融服务企业等加大对相对贫困地区金融致富产品的创新力度，以不断满足四省涉藏地区农民对于金融服务多元化的需求；提高对四省涉藏地区特色高原产业和基础设施建设的金融支持力度，加大与各方面金融需求对接；根据四省涉藏地区的独特环境，因地制宜地开发原创性的、针对当地特色和民族特色发展需求的、能够有效促进四省涉藏地区致富增收的产品及服务方式，进一步激发当地农户的金融需求。

第五，建立健全风险补偿机制，保障金融帮扶的可持续性。金融帮扶本身就具有特殊性，由于四省涉藏地区普遍条件较差，导致金融机构在提供金融服务、履行社会责任的过程中也面临着诸多风险。这就要求当地政府不仅要按时对金融机构的帮扶资金据实贴息，协助金融机构收回帮扶资金，更要建立健全风险补偿机制，保障金融帮扶的可持续性。此外，要提高四省涉藏地区农民的保险意识，降低贷款风险，从增强抵抗农业风险及市场风险能力的角度向当地农户推荐农业保险，持续加大对农业保险的政策支持力度，完善政策性农业保险、涉农信贷保险等保险产品，提高四省涉藏地区农民在保险市场的参与度。同时，政府和金融机构联合，按一定比例建立完善金融帮扶贷款的担保和风险补偿金专项资金制度，当金融机构出现帮扶资金损失时，即可用此专项资金来弥补金融机构的资金损失。

第六，加强四省涉藏地区信用体系建设，营造良好的金融帮扶信用环境。当地政府要起到桥梁作用，积极引导当地人民银行、财政部门以及基层金融机构等部门共同加入四省涉藏地区金融信用体系建设，充分发挥各部门合力。金融帮扶各方参与机构还需长期加强对四省涉藏地区农民的金融宣传与培训，严格执行相关的保护制度，完善相关立法，维护被征地农民的合法权益。

8.2.5 未来开拓多渠道维稳，助力社会资本提质增效

社会资本作为一种特殊的非正式资本，是一种相对可靠、稳定、非制度化和具有可持续性的关系网络，建立在亲缘、血缘、宗族和地缘关系之中。对于四省涉藏地区农户来说，其受到地理位置的限制，与非涉藏地区农户相比，主要交往对象往往集中于亲友、邻居，涉藏地区农户对社会组织和经济合作组织参与程度较低，社会资本相对较为匮乏，不利于相对贫困人口的致富增收。

社会资本是提高相对贫困人口资源禀赋的有效途径，社会资本本身带来的丰富资源能为相对贫困人口提供重要资源和信息，并且以身边亲友的情感纽带为桥梁，能增加彼此的信任，使得相对贫困人口在生产发展中能相互帮助，从而有效降低相对贫困人口的贫困脆弱性。针对四省涉藏地区，社会资本在乡村振兴实践中的作用不容忽视。

首先，拓宽民族信任半径，提升社会资本效率。社会信任的范围在一定程度上决定了社会资本在四省涉藏地区致富中发挥的有效范围。四省涉藏地区相对贫困人口可持续发展动力的提升需要相对贫困人口加强与外界的交流，积极拓宽涉藏地区群众的社会组织网络。

一是要充分利用现代社会多样的宣传渠道，利用电视、广播、互联网等大众传播媒体加强对社会信任的宣传，营造良好的社会信任环境，同时发挥四省涉藏地区基层党委组织的宣传职能，将具体的帮扶实例传达给相对贫困人口，鼓励宣扬四省涉藏地区群众之间的团结、诚信、友善等美德。

二是要加强四省涉藏地区相对贫困人口与政府的交流互动。在乡村振兴治理实践中，相对贫困人口接触最多的就是乡村振兴干部以及其他相关政府

工作人员，加强相对贫困人口对政府的信任有利于提高帮扶效率。针对四省涉藏地区由于部分领导能力欠缺而导致的相对贫困人口可持续发展动力缺乏的问题，要加强对他们的培训，亦可引入大学生等外部人才持续为涉藏地区致富增收注入新鲜血液。在帮扶过程中，政府及其工作人员要积极倾听相对贫困人口最真实的意愿，了解民情、关注民生，为满足相对贫困人口的利益诉求提供最大程度的帮助，尽量让相对贫困人口参与到乡村振兴实践中，从而塑造一个协商互助、上下信任、共同参与的帮扶网络。

三是引导四省涉藏地区相对贫困人口积极参与社会活动，拓宽自身社会交往范围。针对四省涉藏地区部分区域农户人情支出较低的问题，地区政府在提倡移风易俗的同时，应该保留有积极意义的传统风俗习惯，在不违背政策的前提下，可以适当鼓励举行一些宴会、聚会等，并借此机会增强相对贫困人口与村民亲朋好友之间的联系；支持涉藏地区相对贫困人口建立"业缘""学缘"等一系列新型社会信任关系网络，可以举办一些既受藏民喜爱，又有鲜明致富增收主题的活动，也可充分利用现代信息技术，建立相对贫困人口的网络交流平台，让大家在交流中增进信任、分享经验，增加相对贫困人口的社会资本。

四是为相对贫困人口的社会信任提供制度保障。用法律、公约等制度为成员彼此间的诚信保驾护航，尤其是要重视村规民约的建设，使相对贫困人口的行为既不违反法律，又可以遵守优良习俗，推动四省涉藏地区社会信任的良性循环。

其次，增强社会关系网络，扩大社会资本规模。加强四省涉藏地区相对贫困地区纵向与横向社会关系网络的扩展，能有效扩大相对贫困农户社会资本规模，加速涉藏地区实现农民增收。

一是要完善四省涉藏地区交通基础设施的建设。"要想富，先修路"，要想提升农户的社会资本，首先就要排除交通障碍，加强交通建设。这对引入社会资本，拓宽四省涉藏地区相对贫困人口的交往半径至关重要。

二是要以四省涉藏地区相对贫困人口的职业发展规划为导向，通过职业教育、技术培训，加强区域内外的帮扶协作，为相对贫困人口创造更多的对外就业机会；同时，也要鼓励外出劳务的相对贫困人口回乡发展产业，多维度地提升相对贫困人口的经济效益，使四省涉藏地区相对贫困人口能够利用跨越性的社会资本实现致富增收。

三是要建立起与外部高度连接的横向社会支持网络。要建立与完善对口帮扶的社会关系网络，充分发挥东部沿海地区在资金、技术、人才、产品销路等方面的优势，为四省涉藏地区的发展提供强有力的支持，引入农业特派员与科技服务，充分利用四省涉藏地区独特的资源禀赋，帮助农户增收；也要鼓励社会各界加入到涉藏地区帮扶中来，通过爱心帮扶、志愿助力等方式扩大四省涉藏地区相对贫困人口的社会资本规模。

四是继续深化纵向帮扶社会网络，形成以政府帮扶、市场帮扶、社会帮扶为主，行业帮扶与专项帮扶为补充的可持续发展模式，吸引并优化社会各界资源，加强社会机构对四省涉藏地区致富增收的援助，提高其覆盖率，积极连接企业、非政府组织等外部力量，为四省涉藏地区相对贫困人口争取新的资源，以此获得更快发展。

五是探索志愿帮扶工作体制，引导社会各界参与。通过现代信息技术建立四省涉藏地区帮扶信息平台与志愿者服务平台，公布相对贫困人口的部分需求，提供给有意愿帮扶的志愿人员，进而引导他们积极参与到涉藏地区帮扶工作中，通过资金资助、信息咨询或者技术培训等方式帮助涉藏地区相对贫困人口致富增收。

最后，适当鼓励建立合法合规的民间组织，提供社会资本新载体。对于相对贫困人口来说，建立民间组织不仅可以享受到民间组织带来的便利，还可以通过民间组织的名义开展活动来获取更多需要的社会资源。民间组织在帮扶实践中，能降低运作成本、提高资源利用率，对帮扶工作起到良好的补充作用。

第 9 章

结论与展望

本书主要围绕四省涉藏地区相对贫困人口可持续发展动力的提升及机制保障进行相关理论梳理、异质性分析，对可持续发展动力多维贫困现状、可持续发展动力障碍、可持续发展动力影响因素、可持续发展动力提升的路径构建、可持续发展动力提升的机制保障进行研究并针对性地提出政策建议。本书得出以下核心结论：

（1）从理论层面明确了本书中对于四省涉藏地区相对贫困人口可持续发展动力的内涵界定，尝试构建可持续发展动力提升路径与机制保障的理论分析框架。除西藏自治区以外的青海、四川、云南、甘肃等四省涉藏地区与其他民族共同聚居的民族自治地方，仍然是相对贫困面最广、相对贫困程度最深、可持续发展难度最大的集中连片特殊困难地区，当地长期处于要素资源短缺或环境极度恶劣的状态，人们可以维持基本生存和生活需要，可持续发展能力和可持续发展意愿不足成为巩固脱贫攻坚成果与乡村振兴有效衔接工作中最突出的问题。基于理论分析，在中国特色反贫困理论、内生增长理论、可持续生计理论和贫困代际传递理论的支撑下，可以通过相关路径和影响机制促进四省涉藏地区相对贫困人口可持续发展动力的提升，逐步实现规模性防返贫目标。例如，中国特色反贫困理论作为推动我国脱贫攻坚工作取得成功的根本遵循和重要法宝，指出脱贫重点要把扶贫和扶志、扶智结合起来，使发展具有可持续性的内生动力；而可持续生计理论则勾勒了人力资本、自然资本、物质资本、金融资本和社会资本五者之间的关系，指出了各类资本缺乏的表现和提升各类资本的主要思路，识别相对贫困类型、制定相应路径是实现生计产出目标、推动生计可持续性发展的关键。

（2）从异质性层面总结发现四省涉藏地区经济社会发展水平较低，相对贫困地区缺乏主动"造血"和自我发展能力。作为全国脱贫攻坚战的重难点区域，自精准扶贫战略实施以来，四省涉藏地区经济社会获得了快速发展，但由于自身基础薄弱，仍处于较低水平。2021 年《中国统计年鉴》数据显示，2020 年四省涉藏地区人均 GDP 为 20380.9 元，仅占全国人均水平的28.8%；第一产业占比为 12%，而同期全国第一产业占比仅为 7%；城乡居民人均可支配收入差距明显，相差 9303 元。研究发现，上述特征主要是受到当地自然条件与公共基础设施建设水平的限制，其人口长期与外界接触较少，信息获取滞后，形成了较为稳定的小农思想，观念保守，对于新事物的认知仍停留在被动接受层面，主体性发挥不充分。全面脱贫后，相对贫困群众对于自身认识不全面，导致四省涉藏地区产业发展缺乏主体支撑，特色产业开发不充分，结构单一，相对贫困群众缺乏可持续发展动力，可持续发展能力不足。

（3）从现状分析发现四省涉藏地区相对贫困人口可持续发展意愿比可持续发展能力更高。现阶段四省涉藏地区相对贫困人口可持续发展动力的提升主要受限于相对贫困人口自身的发展能力。研究发现，四省涉藏地区相对贫困人口可持续发展意愿较高，83.9% 的访谈对象认为靠自己的努力能够实现可持续发展，超过 90% 的农户对可持续发展充满信心，认为"我要富"是每个人自己的责任。但同时也发现 66.7% 的农户缺乏对未来的经营发展计划；13.6% 的家庭对帮扶资源的依赖性较强，认为国家支持、干部帮扶是理所应当的，对未来可持续发展缺乏信心；8.8% 的非相对贫困户对仅针对相对贫困人口的重点帮扶心理不平衡。受涉藏地区自然环境、发展水平的限制以及自身人力资本、金融资本、社会资本匮乏的影响，大部分相对贫困人口在致富增收过程中缺乏理性规划，对政策依赖性强，极大程度地限制了可持续发展能力的提升。

（4）从调研地区情况分析发现四省涉藏地区可持续发展动力障碍较大，生计资本和意识理念亟待提高和优化。相对贫困个体商业素养不高，市场经济意识不足，是地区性创新发展迟缓的重要诱因；生计资源要素禀赋差，生计结构协调性总体不高，易导致农户陷入生计相对贫困的困境中；当地生态理念与产业形式冲突，生态保护与经济社会协同发展存在矛盾，经济发展水平低；除了外部资源匮乏的限制，还受到心理资源贫乏的影响，相对贫困人口奋斗创新观念不足、主体性不强最终成为可持续发展动力的主要障碍；此外，外源性帮扶下相对贫困户的福利依赖性太强，造血能力薄弱。因此，对四川省涉藏地区农户调研情况分析，对缓解四省涉藏地区致富增收障碍约束、实现巩固脱贫攻坚成果工作质量和效益提升提供了经验借鉴。

（5）生计资本在相对贫困人口可持续发展过程中发挥了重要作用。研究结果显示，相对贫困人口生计资本存量的增加对其致富有着显著的影响。在其他条件不变的情况下，涉藏地区家庭劳动力水平对相对贫困户可持续发展动力的显著正效应为15.5%，涉藏地区家庭农户健康状况对相对贫困户的可持续发展动力的显著正效应为16.1%，涉藏地区农户教育水平对相对贫困户的可持续发展动力的显著正效应为5.2%，可以得出人力资本对于相对贫困人口收入的增加有着显著的正向贡献的结论。同时，在可持续发展动力的提升过程中，在其他条件不变的情况下，社会资本每提高一个单位，平均多维贫困指数下降6.5%；物质资本每提高一个单位，平均多维贫困指数下降1.25%；金融资本每提高一个单位，平均多维贫困指数下降0.3%。因此，在涉藏地区精准帮扶过程中，要着重加强对相对贫困人口人力资本、物质资本、金融资本、社会资本的培育与提升，发挥这四类生计资本的促进作用。

（6）探索不同维度的帮扶路径有助于提升四省涉藏地区相对贫困人口的可持续发展动力。通过对四省涉藏地区各区域经济状况、相对贫困原因及对其相对贫困程度进行的单维和多维测度的分析，可以发现四省涉藏地区相对贫困人口的相对贫困原因多样，涉及教育、健康、社会资本、产业等多个方面。研究结果显示，不同的帮扶方式会取得不同的帮扶效率，不同的帮扶效率对于提升相对贫困人口的可持续发展动力有不同的驱动力。在帮扶实践中，针对四省涉藏地区相对贫困原因的多样性、复杂性、特殊性以及地理位置、自然环境的独特性，党中央和国务院制定了一系列方针政策及帮扶措施，包括但不限于国家财政支持、教育支持、基础设施建设支持以及各项专项支持等，并且通过这些政策措施的实施取得了良好的帮扶效果，涌现了一大批致富增收能力不断提升的农户。因此，针对四省涉藏地区相对贫困人口提升其可持续发展动力存在的主要问题和相应的提升措施，有必要根据四省涉藏地区各地实际情况，借鉴成功的优秀致富增收农户的先进经验，有倾向、有侧重地构建提升相对贫困人口可持续发展动力的路径选择，包括党建引领、教育帮扶、产业支撑、健康保障以及创新培育五大方面，确保农户收入稳得住、有就业，逐步能致富。

（7）研究发现促进四省涉藏地区相对贫困人口提升可持续发展动力的机制保障发挥了一定的作用，但仍需进一步创新与优化。在帮扶实践中，党中央和国务院为使乡村振兴取得良好成果，制定了一系列保障政策与机制，为实现乡村振兴保驾护航。四省涉藏地区作为防止规模性返贫的主战场，那些有助于提升相对贫困人口可持续发展动力的机制保障也体现在各个方面，包括国家和当地政府对四省涉藏地区相对贫困人口的帮扶机制、激励机制，对帮扶致富成果的考核机制以及防止相对贫困人口再返贫的预防机制等，这些机制虽然在提升四省涉藏地区相对贫困人口可持续发展动力上发挥了积极的作用，但是就目前情况来看，在一定程度上也造成了"输血式"帮扶问题。因此，要结合四省涉藏地区各地的实际情况，从党建引领、教育帮扶、产业支撑、健康保障、创新培育五个方面着手进一步完善现有的保障机制，依据四省涉藏地区相对贫困人口致富增收的发展进程，在原有的基础上扬长避短，进一步优化与创新，持续推进党建驱动机制、帮扶工作机制，完善政策优惠、奖惩结合、释放市场红利的激励机制，建立群众参与的监督与问责机制，优化衡量巩固脱贫取得成效的考核机制，建立与执行多样化的返贫人口监测机制与返贫阻断机制，多维度提高四省涉藏地区提升相对贫困人口可持续发展动力的效率，调动相对贫困人口的自主致富积极性，稳固致富成果。

《中共中央 国务院关于做好2022年全面推进乡村振兴重点工作的意见》的发布对乡村振兴八个方面的重点工作作出了安排部署，其中第三项重点工作提出要坚决守住不发生规模性返贫底线。2022年政府工作报告也指出要全面巩固拓展脱贫攻坚成果，确保不发生规模性返贫。在全面打赢脱贫攻坚战之后，有必要实施过渡政策，确保相对贫困人口脱贫之后的可持续发展动力能随着新时期的发展要求可持续地提升，更进一步地，要做到使可持续发展动力提升路径及机制设计，能巩固拓展脱贫攻坚成果，同乡村振兴有效衔接，坚决守住不发生规模性返贫的底线。

脱贫攻坚战取得全面胜利后，中共中央把"三农"工作重心从脱贫转移到防止返贫与全面推进乡村振兴上。做好脱贫攻坚与乡村振兴有效衔接，有助于构建发展新格局新态势，迈出新时代新步伐，取得高质量发展新成效。2023 年政府工作报告也提出要做好一系列重要工作，旨在交接好脱贫攻坚与乡村振兴的"接力棒"，从而逐步实现由集中资源支持脱贫攻坚向全面推进乡村振兴平稳过渡。

在确保不发生规模性返贫以及全面推进乡村振兴的过程中，帮扶对象以及政策供给方式也要有所转变，从原来的集中以农户为主体的专项帮扶转向对所有乡村低收入居民的普惠型帮扶，并且推动"输血式"政策向"造血式"政策的有效转变，激励农户形成发展的内在驱动力。今后，要在相对贫困人口已有一定可持续发展动力的基础上进行考虑，精准施策，落实到位。提升相对脱贫人口的可持续发展动力不能全部沿用之前的战略以及方式，在相对贫困人口有一定可持续发展能力的基础上，进行开发式的帮扶，主要通过发展产业、参与就业的方式进一步持续性提升可持续发展动力；同时，政府部门要及时转变帮扶理念，在帮助相对贫困地区补齐技术、基础设施、营销等短板上下足功夫，发展当地特色产业，利用好光伏致富增收工程的优势，完善联农带农机制，稳步提高当地农户的经营性收入；创建国家农村产业融合发展示范园，引进"数商兴农工程"，促进农业电商的发展；做好稳岗就业工作，发挥好以工代赈的作用，加强当地相对贫困户技能培训和新职业新业态培训，促进相对贫困地区劳动力就业创业；大力发展县域优势产业，以此推动农村农业发展，扩大就业容量，将县域发展成"一县一业"的新格局；稳步推进四省涉藏地区商业体系建设，提升农户消费质量，加快当地物流网点的建设，大力实施"快递进村"工程；落实好四省涉藏地区的各类帮扶政策，促进东西部地区之间的友好协作，不断深化区县、村企、医院、学校等之间的结对帮扶，动员全社会的力量加入到帮扶队伍中，深入推进"万企兴万村"行动；坚持可持续发展理念，坚持"绿水青山就是金山银山"的生态保护理念，加强四省涉藏地区的自然环境治理，推进农业农村绿色发展局面的形成，实现生态保护和致富增收的双赢局面；强化乡村振兴金融服务，加强对涉农金融机构的支农支小再贷款、再贴现的支持力度，发挥好农业保险的风险管理职能，完善落实四省涉藏地区的"保险＋期货"模式。

结合本书课题组实地调研启示以及四省涉藏地区在调研期间发生的自然灾害事件，脱贫攻坚战胜利之后，地震、洪涝、旱灾等自然灾害成为导致相对贫困人口返贫或濒临返贫的重要外界因素。自然灾害返贫有着返贫面积大、涉及人口多、影响后续产业发展的特点，并且四省涉藏地区自然灾害频繁，基础设施建设滞后，产业结构调整缓慢，农民收入结构单一，其返贫风险相对更大。因此，针对四省涉藏地区自然灾害频发的现实困境，未来相关政府还应建立健全自然灾害生活救助机制，持续发挥政府的主导作用，对因自然灾害返贫风险户提供有效帮扶。

此外，在后续巩固脱贫攻坚成果的工作进程中，提升相对贫困人口可持续发展动力的内涵首先是要充分激发相对贫困人口的可持续发展意愿，调动相对贫困人口的积极性、主动性，发掘相对贫困人口的发展能力。实施乡村振兴离不开人才的推动和帮助，要注重人才的引进和培育，为乡村振兴和共同富裕作出贡献。一方面，要发挥好村干部、第一书记等在乡村振兴和产业帮扶上的作用，在帮扶实施过程中，不仅要重视自身能力与素质的建设，也要积极投入到乡村低收入群体的发展致富中去；另一方面，推动乡村人才培育体制机制的创新，持续激发人才活力，推进"神农英才"计划的实施，加快培养一批科技型的领军人才，抓牢"在乡人才"，抓实"返乡创业人才"，抓活"下乡人才"，发挥好人才在农户家庭经营发展过程中的带头作用，进一步激发相对贫困人口在可持续发展中的主观能动性。习近平总书记在《扎实推动共同富裕》一文[①]中曾指出，促进共同富裕，最艰巨最繁重的任务仍然在农村。在新发展阶段，实现脱贫攻坚与乡村振兴的有效接续，要坚持在发展中保障和改善民生，缩小贫富差距，改善收入分配不公现状，致力于将推动高质量发展放在关键位置，为提高农民受教育程度、增强其发展能力创造更加普惠公平的条件，提升全社会人力资本与专业技能，提高就业创业能力，增强致富本领，全方面多角度激发农户的可持续发展能力，巩固拓展当前脱贫攻坚成果，解放和发展社会生产力，扎实推动共同富裕。

---

① 习近平：《扎实推动共同富裕》，《求是》，2021 年第 20 期。

主要参考文献

［1］包国宪，杨瑚．我国返贫问题及其预警机制研究［J］．兰州大学学报（社会科学版），2018，46（6）：123－130．

［2］毕红静，仝晨曦．基层政府精准扶贫政策执行困境及对策研究：以山西省 X 村为例［J］．中国市场，2019（7）：24－25，37．

［3］陈标平，吴晓俊．"破"农村返贫困境，"立"可持续扶贫新模式：农村反贫困行动60年反思［J］．生产力研究，2010（3）：60－61，72．

［4］陈传波，王寯穆，刘勇强，等．四川藏区科技精准扶贫的实施效果绩效分析［J］．软科学，2020，34（5）：139－144．

［5］陈光军．基于可持续发展视角的涉藏地区贫困人口反贫困路径选择［J］．城乡社会观察，2014：94－107．

［6］陈弘，周贤君，胡扬名．后精准扶贫阶段农村精准扶贫综合绩效提升研究：基于4省38市数据的实证分析［J］．中国行政管理，2019（11）：12－18．

［7］陈红花，尹西明，陈劲．脱贫长效机制建设的路径模型及优化：基于井冈山市的案例研究［J］．中国软科学，2020（2）：26－39．

［8］陈井安，柴剑峰．川甘青毗邻藏区贫困农牧民参与旅游扶贫新探索［J］．民族学刊，2019，10（3）：14－20，103－105．

［9］陈良兵，李秀铎．对实施"四省一区"涉藏地区精准脱贫的多维审视［J］．西藏大学学报（社会科学版），2017，32（2）：172－176．

［10］陈水生，叶小梦，侯德志．后精准扶贫时代的返贫治理机制创新：基于江苏省 H 县的实证调查［J］．江苏行政学院学报，2021（3）：113－120．

[11] 陈向明. 质的研究方法与社会科学研究 [M]. 北京：教育科学出版社，2000：30 – 100.

[12] 陈晓东. 人力资本视域下宁夏南部山区脱贫乡村精准防贫研究 [J]. 北方民族大学学报，2020（5）：28 – 34.

[13] 成卓. 社会资本视角下破解西部民族地区农村深度贫困难题的路径选择 [J]. 西南金融，2020（9）：38 – 48.

[14] 戴宁宁. 新疆南疆地区内生动力难题及其应对措施探析 [J]. 北方民族大学学报（哲学社会科学版），2020（2）：33 – 40.

[15] 邓金钱. 习近平扶贫重要论述的生成逻辑、理论内涵与价值意蕴 [J]. 财经问题研究，2021（1）：14 – 22.

[16] 丁建彪. 政策学习视角下农村扶贫政策演变的内在机理研究 [J]. 理论探讨，2021（1）：146 – 152.

[17] 丁忠毅. 边疆地区乡村振兴与整合的特殊使命与着力点选择 [J]. 四川大学学报（哲学社会科学版），2020（3）.

[18] 董跃民. 农业现代化背景下我国农业可持续发展的现实困境与法律应对 [J]. 农业经济，2021（6）：20 – 22.

[19] 豆书龙，叶敬忠. 乡村振兴与脱贫攻坚的有机衔接及其机制构建 [J]. 改革，2019（1）：19 – 29.

[20] 杜兴洋，杨起城，邵泓璐. 金融精准扶贫的绩效研究：基于湖南省9个城市农村贫困减缓的实证分析 [J]. 农业技术经济，2019（4）：84 – 94.

[21] 段小力. 返贫的特征、成因及阻断 [J]. 人民论坛，2020（3）：90 – 91.

[22] 房彬，房婷. 脱贫攻坚背景下贫困人口思想教育的内在逻辑与现实路径 [J]. 齐齐哈尔大学学报（哲学社会科学版），2021（5）.

[23] 冯华超，钟涨宝. 精准扶贫中农民争当贫困户的行为及其阐释：基于武汉近郊Q村的实地调查 [J]. 中国农业大学学报（社会科学版），2017，34（2）：78 – 87.

[24] 付少平，石广洲. 乡村振兴背景下脱贫人口面临的生计风险及其防范 [J]. 西北农林科技大学学报（社会科学版），2021，21（2）.

[25] 傅安国，张再生，郑剑虹，等. "脱贫内生动力"机制的质性探究

[J]. 心理学报，2020，52（1）：66 – 81，86 – 91.

[26] 傅若云，傅安国. 脱贫内生动力：一个中国化的心理学概念 [N].
中国社会科学报，2020 – 02 – 14 (3).

[27] 甘娜. 中国西南涉藏地区脱贫后的持续反贫困对策研究：以川滇
藏连片贫困区为例 [J]. 西南民族大学学报（人文社会科学版），2020，41
(9)：16 – 23.

[28] 高志琦. 对县级财政精准扶贫项目资金绩效评价思考与探索 [J].
财经界（学术版），2017 (2)：14，22.

[29] 格桑卓玛. 从生计资本角度分析西藏牧区贫困成因：以班戈县为
例 [J]. 中国藏学，2017 (2)：18 – 22.

[30] 耿达. 民族地区脱贫攻坚与乡村振兴有效衔接的文化路径：基于
一个少数民族村寨的文化扶贫实践 [J]. 思想战线，2021，47 (5).

[31] 耿军会，孙璐. 河北省深度贫困县金融精准扶贫脱贫的长效机制
研究 [J]. 经营与管理，2019 (12)：105 – 107.

[32] 耿新. 民族地区返贫风险与返贫人口的影响因素分析 [J]. 云南民
族大学学报（哲学社会科学版），2020，37 (5)：68 – 75.

[33] 公丕明. 精准扶贫脱贫攻坚中社会保障兜底扶贫研究 [J]. 云南民
族大学学报（哲学社会科学版），2017 (11)：89 – 96.

[34] 管睿，王文略，余劲. 可持续生计框架下内生动力对农户家庭收入
的影响 [J]. 西北农林科技大学学报（社会科学版），2019，19 (6)：130 –
139.

[35] 郭劲光，俎邵静. 参与式模式下贫困农民内生发展能力培育研究
[J]. 华侨大学学报（哲学社会科学版），2018 (4)：117 – 127.

[36] 郭宁宁，钱力. 集中连片特困地区精准扶贫效率影响因素分析
[J]. 盐城工学院学报（社会科学版），2019，32 (2)：51 – 57.

[37] 郭秋萍，赵静，郭祥. 基于结构洞的人际情报网络分析 [J]. 情报
理论与实践，2016，39 (3)：26 – 31.

[38] 郭世优，龙涛，孔令阳，等. 可持续生计框架下四川省藏区精准
脱贫持续性研究 [J]. 决策咨询，2016 (6)：51 – 55.

[39] 郭纹廷. 西部少数民族地区脱贫攻坚的困境及对策研究 [J]. 天津

师范大学学报（社会科学版），2019（5）：73-80.

［40］韩广富，辛远．后扶贫时代中国农村兜底保障扶贫：形势、取向与路径［J］．农村问题研究，2021（2）：147-154.

［41］韩科飞，蔡栋梁，陈韶晖．"推动力"还是"摩擦力"？：金融素养对农户农业生产投资的影响［J］．商业研究，2021（3）：73-82.

［42］韩克庆．就业救助的国际经验与制度思考［J］．中共中央党校学报，2016（5）：75-81.

［43］韩喜平，王晓兵．从"投放—遵守"到"参与—反馈"：贫困治理模式转换的内生动力逻辑［J］．理论与改革，2020（5）：61-71.

［44］杭承政，胡鞍钢．"精神贫困"现象的实质是个体失灵：来自行为科学的视角［J］．国家行政学院学报，2017（4）：97-103，147.

［45］何华征，盛德荣．论农村返贫模式及其阻断机制［J］．现代经济探讨，2017（7）：95-102.

［46］何静，徐晓阳．新发展阶段激发内生动力赋能巩固脱贫成果研究［J］．黑龙江粮食，2021（7）.

［47］何仁伟，李光勤，刘邵权，等．可持续生计视角下中国农村贫困治理研究综述［J］．中国人口·资源与环境，2017，27（11）：69-85.

［48］何侍昌．激发贫困治理共同体内生动力的影响因素及其应对策略［J］．重庆社会科学，2021（10）.

［49］何植民，朱云鹏．构建脱贫"可持续性"的评估体系［J］．中国行政管理，2021（11）：151-153.

［50］贺志武，胡伦．社会资本异质性与农村家庭多维贫困［J］．华南农业大学学报（社会科学版），2018，17（3）：20-31.

［51］侯军岐，杨艳丹．改革开放以来政府推动扶贫减贫政策分析［J］．西北农林科技大学学报（社会科学版），2021（9）：39-47.

［52］侯志茹，郭玉鑫，吴本健．行为经济学视角下贫困户内生动力不足的内在逻辑［J］．东北师大学报（哲学社会科学版），2019（3）：170-176.

［53］胡孟．湘西州润雅乡农民脱贫内生发展能力研究［D］．华中科技大学，2019.

[54] 胡蓉，邓小昭. 网络人际交互中的信任问题研究 [J]. 图书情报知识，2005（4）：98-101.

[55] 胡扬名，陈军. 政府农村科技服务绩效及其影响因素实证研究：基于超效率 DEA - Tobit 模型 [J]. 江苏农业科学，2018，46（22）：319-323.

[56] 胡原，卢冲，曾维忠. 四省涉藏地区多维贫困空间分异及基层能力建设 [J]. 经济地理，2020，40（2）：171-180.

[57] 胡志平，余珊. 卫生治理能力、内卷化与健康扶贫 [J]. 中共中央党校（国家行政学院）学报，2020，24（4）：97-104.

[58] 黄承伟. 激发内生脱贫动力的理论与实践 [J]. 广西民族大学学报（哲学社会科学版），2019，41（1）：44-50.

[59] 贾甫. 中国农村脱贫奇迹、动力机制及世界意义 [J]. 农业经济，2021（1）：67-69.

[60] 贾海彦. 基于心理与行为双重视角的脱贫内生动力研究 [J]. 湖北民族大学学报（哲学社会科学版），2021，39（2）.

[61] 贾圳珠. 全面建成小康社会背景下西藏农牧民致贫因素分析及脱贫对策研究 [J]. 经贸实践，2018（4）：118，120.

[62] 江晓军，史上智，周宏春，等. 近三十年中国可持续发展研究热点、演化趋势与未来展望：基于 CiteSpace 知识图谱的分析 [J]. 中国人口·资源与环境，2023，33（3）：148-159.

[63] 蒋和胜，李小瑜，田永. 阻断返贫的长效机制研究 [J]. 吉林大学社会科学学报，2020，60（6）：24-34，231-232.

[64] 蒋和胜，田永，李小瑜."绝对贫困终结"后防止返贫的长效机制 [J]. 社会科学战线，2020（9）：185-193，282.

[65] 焦克源，陈晨，焦洋. 整体性治理视角下深度贫困地区返贫阻断机制构建：基于西北地区六盘山特困区 L 县的调查 [J]. 新疆社会科学，2019（1）：137-145，148.

[66] 康涛，周真刚. 乡村振兴战略下民族特色村寨的可持续发展：以四川省阿坝州民族特色村寨为例 [J]. 中南民族大学学报（人文社会科学版），2019，39（5）.

[67] 康镇，林闽钢."以工代赈"作为国家治理工具的历史考察 [J].

理论探讨，2017（2）：34-38.

[68] 喇娟娟，阙光新，李倩．西部地区精准扶贫工作绩效评价指标体系研究[J].西部经济管理论坛，2018，29（1）：15-22.

[69] 郎亮明，张彤，陆迁．农业科技扶贫的多维效应：增收、扶智与扶志：基于陕西省821份农户调研数据[J]农业技术经济，2021（9）：129-144.

[70] 劳德祥，黎昌珍．激发贫困群众脱贫内生动力探析[J].合作经济与科技，2020（2）.

[71] 李冰．农村贫困治理：可行能力、内生动力与伦理支持[J].齐鲁学刊，2019（3）：84-91.

[72] 李波，刘丽娜．深度贫困地区农户多维贫困测度及影响因素研究：基于青海藏区四县的实证调查[J].北方民族大学学报，2020（5）：5-12.

[73] 李长安．乡村振兴战略背景下就业扶贫的机制与措施[J].中国高校社会科学，2018（6）：29-36.

[74] 李长亮．深度贫困地区贫困人口返贫因素研究[J].西北民族研究，2019（3）：109-115.

[75] 李创，吴国清．乡村振兴视角下农村金融精准扶贫思路探究[J].西南金融，2018（6）：28-34.

[76] 李春仙．精准扶贫、人力资本投资与制度供给[J].黑龙江粮食，2020（10）：42-43.

[77] 李瑞华．精准扶贫背景下民族贫困地区国家通用语言的教育价值探析：基于对青海省贫困涉藏地区语言使用情况的调查[J].民族教育研究，2019，30（6）：58-63.

[78] 李化，杜彦坤，陈宇．农业可持续发展机制的构建[J].农业经济问题，2007（S1）：41-44.

[79] 李辉．基于Logistic模型的深度贫困地区贫困人口致贫因素分析[J].西北民族研究，2018（4）：51-58.

[80] 李继刚，毛阳海．可持续生计分析框架下西藏农牧区贫困人口生计状况分析[J].西北人口，2012，33（1）：79-84.

[81] 李俊杰，等．民族地区特殊类型贫困与反贫困研究[M].北京：

经济科学出版社, 2019.

[82] 李鸥, 叶兴建. 农村精准扶贫: 理论基础与实践情势探析: 兼论复合型扶贫治理体系的建构 [J]. 福建行政学院学报, 2015 (2): 26 – 33, 54.

[83] 李卿. 四省藏区金融扶贫调查 [J]. 青海金融, 2014, 000 (10): 36 – 38.

[84] 李图梦. 基于激励机制分析脱贫攻坚中贫困户的行为 [J]. 现代商贸工业, 2020, 41 (29): 30 – 31.

[85] 李小云, 唐丽霞, 张雪梅. 我国财政扶贫资金投入机制分析 [J]. 农业经济问题, 2007 (10): 77 – 82.

[86] 李小云. 冲破 "贫困陷阱": 深度贫困地区的脱贫攻坚 [J]. 人民论坛·学术前沿, 2018 (14): 6 – 13.

[87] 李晓冬, 马元驹, 南星恒, 等. 精准扶贫政策落实跟踪审计: 理论基础、实践困境与路径优化: 基于审计结果公告文本分析的证据 [J]. 理论月刊, 2020 (8): 51 – 63.

[88] 李晓明. 贫困代际传递理论述评 [J]. 广西青年干部学院学报, 2006 (2): 75 – 78, 84.

[89] 李治兵, 肖怡然, 毕思能, 等. 深度贫困地区旅游精准扶贫的多维约束与化解策略: 以四川藏区为例 [J]. 湖北民族学院学报 (哲学社会科学版), 2019, 37 (3): 142 – 147.

[90] 李壮, 李亚雄. 论精准扶贫中驻村工作队的双重联结与双轨治理: 鄂西 L 镇的个案研究 [J]. 社会主义研究, 2020 (2): 90 – 97.

[91] 廖桂蓉. 四川藏区贫困农牧民的社会资本研究 [J]. 西北人口, 2009 (4): 95 – 98.

[92] 廖桂蓉. 四川藏区贫困状况及脱贫障碍分析 [J]. 农村经济, 2014, 000 (1): 53 – 55.

[93] 林闽钢. 激活贫困者内生动力: 理论视角和政策选择 [J]. 社会保障评论, 2019, 3 (1): 119 – 130.

[94] 林闽钢. 如何面对贫困和消除贫困: 贫困视角及其政策转换的社会历程 [J]. 南国学术, 2018.

[95] 刘春. 经济发展与资源环境的矛盾运动是可持续发展的动力 [J].

学术交流，2003（2）：69 - 71

［96］刘欢，韩广富．后脱贫时代农村精神贫困治理的现实思考［J］．甘肃社会科学，2020（4）．

［97］刘姣．主体性视角下贫困农户内生动力不足的原因及对策［J］．农业经济，2021（6）．

［98］刘军豪，许锋华．教育扶贫：从"扶教育之贫"到"依靠教育扶贫"［J］．中国人民大学教育学刊，2016（2）：44 - 53.

［99］刘利．四川民族地区深度贫困区教育扶贫脱贫的路径［J］．西南石油大学学报（社会科学版），2019，21（2）：18 - 25.

［100］刘培哲．可持续发展：通向未来的新发展观：兼论《中国21世纪议程》的特点［J］．中国人口·资源与环境，1994（3）：17 - 22.

［101］刘守威，张玉玲．内生性因素的多维贫困测度及因素变动分析：基于南疆四地州农村调查问卷［J］．新疆大学学报（哲学·人文社会科学版），2020，48（1）：11 - 19.

［102］刘思华．对可持续发展经济的理论思考［J］．经济研究，1997，（3）：46 - 54.

［103］刘伟，彭琪．结构洞理论视角下的乡村精英与乡村振兴［J］．江汉论坛，2020（11）：133 - 138.

［104］刘欣．内生偏好与社会规范：脱贫内生动力的双重理论内涵［J］．南京农业大学学报（社会科学版），2020，20（1）．

［105］刘颖，陈佳．乡村振兴战略背景下绿色金融扶贫实现路径与政策保障分析［J］．海南金融，2019（9）：68 - 72.

［106］刘泽，陈升．大数据驱动下的政府治理机制研究：基于2020年后精准扶贫领域的返贫阻断分析［J］．重庆大学学报（社会科学版），2020，26（5）：216 - 229.

［107］柳礼泉，杨葵．精神贫困：贫困群众内生动力的缺失与重塑［J］．湖湘论坛，2019，32（1）：106 - 113.

［108］龙彦．激发贫困户内生动力是脱贫的关键［J］．青春岁月，2020（11）.

［109］卢宝蕊．基于可持续生计生态下失地农保的路径选择［J］．重庆

社会科学, 2007 (4): 124 - 126.

[110] 卢秀容, 陈伟. 论农业可持续发展的动力结构 [J]. 华中农业大学学报, 2002 (1): 32 - 35

[111] 吕文利, 张玲. 中国边疆治理的文化"内驱力"建设研究: 以西南边疆为中心 [J]. 西南民族大学学报 (人文社会科学版), 2021, 42 (4).

[112] 罗君名. 乡村振兴视域下农村内生发展能力建设研究 [J]. 湖北经济学院学报 (人文社会科学版), 2020, 17 (5): 25 - 27.

[113] 罗明辉. 贫困地区农户技术采纳行为及影响因素研究 [D]. 四川农业大学, 2019.

[114] 罗一斌, 史贤华, 辛玉军."疾病—贫困"陷阱形成的环境因素分析 [J]. 黑河学院学报, 2020, 11 (8): 52 - 54, 73.

[115] 马静, 刘金林. 少数民族地区推普助力脱贫攻坚的内在机理及实证分析: 基于人力资本视角: 语言与国家治理系列研究之一 [J]. 民族教育研究, 2020, 31 (5): 57 - 69.

[116] 马胜春, 高睿, 郎明辰. 西藏及四省藏区人口经济关系的特征分析 [J]. 中国藏学, 2019 (4): 145 - 150.

[117] 马胜春. 西部大开发以来民族地区经济发展的主要成效 [J]. 北方民族大学学报, 2020 (3): 45 - 49.

[118] 马媛, 孔龙. 甘肃省精准扶贫绩效评价及对策研究 [J]. 云南农业大学学报 (社会科学版), 2017, 11 (4): 17 - 21.

[119] 纳麒, 马志翔. 边疆民族地区文化扶贫: 理论探讨、政策体系及制度创新 [J]. 民族艺术研究, 2020, 33 (3).

[120] 聂君, 束锡红. 青海藏区精准扶贫绩效评价及影响因素实证研究 [J]. 北方民族大学学报 (哲学社会科学版), 2019 (1): 31 - 39.

[121] 宁朝锋. 精准扶贫资金绩效管理初探 [J]. 西部财会, 2017 (7): 8 - 10.

[122] 平卫英, 罗良清, 张波. 就业扶贫、增收效应与异质性分析: 基于四川秦巴山区与藏区调研数据 [J]. 数量经济技术经济研究, 2020, 37 (7): 155 - 174.

[123] 齐义山. 江苏农村贫困人口稳定脱贫长效机制研究: 基于"四维

资本"视域下 [J]. 北方经贸, 2020 (8): 46-51.

[124] 羌洲, 曹宇新. 文化资本视角下民族教育扶贫的实现机制: 以"组团式"教育人才援藏为例 [J]. 西北民族研究, 2019 (2): 106-115.

[125] 邱乐. 激发脱贫内生动力: 建立解决相对贫困长效机制的基础 [J]. 长沙大学学报, 2020, 34 (3).

[126] 曲海燕. 激发贫困人口内生动力的现实困境与实现路径 [J]. 农林经济管理学报, 2019, 18 (2): 216-223.

[127] 邵凯, 董传升. 从"脱贫攻坚"到"返贫阻断": 我国体育产业助力精准扶贫的机制创新 [J]. 沈阳体育学院学报, 2021, 40 (1): 109-115.

[128] 申学锋, 赵福昌, 于长革, 等. 构建稳定脱贫机制的制约因素与思路原则 [J]. 地方财政研究, 2020 (3): 4-12.

[129] 沈权平. "后扶贫时代"东北边疆民族地区返贫预警机制研究 [J]. 北方民族大学学报, 2020 (6): 41-48.

[130] 史志乐, 张琦. 脱贫攻坚保障: 贫困县考核机制的改进完善和创新 [J]. 南京农业大学学报 (社会科学版), 2018, 18 (2): 45-55, 159.

[131] 舒颖, 孙琳, 胡思哲, 等. 家庭生命周期视角下农村精准扶贫策略研究 [J]. 湖北农机化, 2017 (5): 52-54.

[132] 帅竞, 成金华, 帅传敏, 等. IFAD 中国项目精准脱贫绩效评价: 基于农民人均收入视角 [J]. 中国人口·资源与环境, 2017, 27 (2): 126-134.

[133] 帅昭文. 人力资本提升视角下扶贫工程成效评估体系的"光环效应": 以教育扶贫和健康扶贫为例 [J]. 华南师范大学学报 (社会科学版), 2019 (6): 19-27, 191.

[134] 孙久文, 张静, 李承璋, 等. 我国集中连片特困地区的战略判断与发展建议 [J]. 管理世界, 2019, 35 (10): 150-159, 185.

[135] 孙向前, 高波. 四省涉藏地区金融精准扶贫路径探究 [J]. 青海金融, 2016 (2): 38-41.

[136] 孙咏, 熊坤新. 武陵山少数民族地区经济可持续发展现状研究: 以恩施土家族苗族自治州为例 [J]. 黑龙江民族丛刊, 2020 (1): 71-76.

[137] 孙咏梅. 中国农民工精神贫困识别及精准扶贫策略: 基于建筑业的调查 [J]. 社会科学辑刊, 2016 (2): 76-84.

[138] 孙征. 我国农村脱贫户返贫类型与阻断机制研究 [D]. 长春：长春工业大学，2019.

[139] 索南旺杰，鄂崇荣. 涉藏县域基层宗教事务治理考察：以青海省同德县为例 [J]. 青海社会科学，2020 (4)：49 – 54.

[140] 覃青兰. 基于"精准扶贫"视角下群众思想问题及脱贫对策探索 [J]. 东方企业文化，2020 (S2)：163 – 164.

[141] 覃业彬. 基于"结构洞"理论的民族社会工作实务模型探索 [D]. 重庆大学，2017.

[142] 谭银清，王志章，刘贵蓉. 我国连片特困地区人力资本对农民收入的影响研究 [J]. 调研世界，2014 (10)：27 – 31.

[143] 唐钧. 城市扶贫与可持续生计 [J]. 江苏社会科学，2003 (2)：126 – 133.

[144] 唐任伍，肖彦博，唐常. 后精准扶贫时代的贫困治理：制度安排和路径选择 [J]. 北京师范大学学报（社会科学版），2020 (1)：133 – 139.

[145] 田逸飘，廖望科，张卫国. 基于生命周期理论的贫困地区特色产业扶贫路径选择 [J]. 农业经济，2019 (9)：16 – 18.

[146] 田园，蒋轩，王铮. 中国集中连片特困区贫困成因的地理学分析 [J]. 中国农业大学学报（社会科学版），2018 (10)：32 – 43.

[147] 图登克珠，杨阿维，张建伟. 基于人力资本理论视角下西藏农牧区反贫困问题研究 [J]. 西藏研究，2014 (6)：29 – 35.

[148] 汪三贵，钟宇. 贫困县何以摘帽：脱贫攻坚中的央地关系与干部激励 [J]. 贵州财经大学学报，2021 (5).

[149] 王英，单德朋，庄天慧. 金融知识和社会网络对民族地区减贫的影响研究 [J]. 民族学刊，2020，11 (1)：32 – 43，127 – 129.

[150] 王恒，朱玉春. 社会资本对农户多维贫困的影响：基于劳动力流动的中介效应分析 [J]. 中国农业大学学报，2021，26 (4)：240 – 254.

[151] 王怀勇，邓若翰. 后脱贫时代社会参与扶贫的法律激励机制 [J]. 西北农林科技大学学报（社会科学版），2020，20 (4)：1 – 10.

[152] 王欢. 社会资本对川滇藏区农户贫困脆弱性的影响研究 [D]. 成都：四川农业大学，2016.

［153］王家斌，荆蕙兰．后扶贫时代青海省涉藏地区的相对贫困及其治理机制构建［J］．青海社会科学，2020（5）：54－61．

［154］王杰森．后扶贫时代脱贫内生动力培育的长效机制研究：基于马克思的全面发展理论［J］．内蒙古农业大学学报（社会科学版），2021（4）．

［155］王林雪，殷雪．精准扶贫视角下教育扶贫绩效评价体系构建［J］．统计与决策，2019，35（3）：65－68．

［156］王强．贫困群体脱贫内生动力及影响因素研究：基于全国农村困难家庭2014～2016年面板数据的实证分析［J］．云南民族大学学报（哲学社会科学版），2020，37（1）：90－99．

［157］王太明，王丹．后脱贫时代相对贫困的类型划分及治理机制［J］．求实，2021（2）．

［158］王璇．精准扶贫的绩效评价及影响因素研究［D］．电子科技大学，2019．

［159］王卓．四川乡镇贫困群体的社会支持网研究：基于农村贫困群体社会支持网的比较分析［J］．农村经济，2016（4）：8－14．

［160］韦艳，张明健，李美琪．健康扶贫政策对贫困地区居民疾病风险认知的影响［J］．医学与社会，2021（8）：6．

［161］卫小将．精准扶贫中群众的"求贫"心理与情感治理［J］．中国行政管理，2019（7）．

［162］卫志民，于松浩，张迪．政策群视域下的扶贫政策体系研究：演化过程、政策衔接与路径优化［J］．江苏行政学院学报，2019（1）：36－43．

［163］魏名星，李名威，杨美赞．绩效评价视角下河北省精准扶贫指标体系的构建与实践分析［J］．安徽农业科学，2017，45（24）：242－245．

［164］吴国琴．贫困山区旅游产业扶贫及脱贫绩效评价：以郝堂村为例［J］．河南师范大学学报（哲学社会科学版），2017，44（4）：63－68．

［165］吴海琳，曾坤宁．激活"附近"视域下的数字乡村可持续发展［J/OL］．理论与改革，2023（6）：1－14．

［166］吴洪，罗承舜．小额保险精准扶贫机制研究［J］．金融与经济，2019（10）：93－96．

［167］谢克昌．因地制宜推进区域能源革命的战略思考和建议［J］．中

国工程科学，2021，23（1）：1-6.

[168] 谢治菊，陈香凝. 政策工具与乡村振兴：基于建党100年以来扶贫政策变迁的文本分析 [J]. 贵州财经大学学报（中国共产党100周年理论与实践），2021（5）：8-19.

[169] 谢治菊，李小勇. 认知科学与贫困治理 [J]. 探索，2017（6）：127-135.

[170] 谢治菊，肖鸿禹. 培育贫困户脱贫内生动力的本土经验与路径：以杨浪村"三扶三转"为例 [J]. 广州大学学报（社会科学版），2020，19（5）.

[171] 邢慧斌，刘冉冉. 集中连片特困区教育精准扶贫绩效的空间差异研究：以燕山—太行山区8个连片特困县为例 [J]. 教育与经济，2019（1）：7-15.

[172] 徐戈，陆迁，姜雅莉. 社会资本、收入多样化与农户贫困脆弱性 [J]. 中国人口·资源与环境，2019，29（2）：123-133.

[173] 徐进，康芳. 乡村振兴推进新型职业农民培育的现实挑战与实现路径 [J]. 教育与职业，2021（1）.

[174] 徐艳晴. 中国反贫困政策演变研究：基于政策文本的量化 [J]. 山东大学学报（哲学社会科学版），2021（3）：41-55.

[175] 严仲连，花筝，李键江. 教育扶贫、教育公平与教育效率的互动效应研究：基于中国省际面板数据联立方程组的实证检验 [J]. 西南大学学报（社会科学版），2021（9）：110-120.

[176] 颜盛男，孙芳城，王成敬，等. 精准扶贫政策跟踪审计与问责路径研究 [J]. 财会月刊，2019（2）：114-120.

[177] 杨璧全. 融媒时代直播带货助力精准扶贫创新路径 [J]. 青年记者，2021（14）：121-122.

[178] 杨高升，庄鸿，田贵良，等. 乡村经济内生式可持续发展的实现逻辑：基于江苏省Z镇的经验考察 [J]. 农业经济问题，2023（6）：121-134.

[179] 杨健吾. 四川省涉藏地区贫困问题的现状和成因 [J]. 西藏研究，2005，000（4）：55-65.

［180］杨明洪. 统筹西藏与四省藏区协调发展的战略意义与实践 ［J］. 开发研究, 2017 (3): 7 - 15.

［181］杨永伟, 陆汉文. 贫困人口内生动力缺乏的类型学考察 ［J］. 中国农业大学学报 (社会科学版), 2019, 36 (6): 128 - 136.

［182］杨照, 朱明, 陈伟忠. 约束与激励: 农业农村可持续发展机制研究 ［J］. 农业经济, 2019 (2): 6 - 8.

［183］于乐荣. 影响贫困农户脱贫的动力及能力因素: 基于河南 X 县实地调查数据 ［J］. 南京农业大学学报 (社会科学版), 2019, 19 (3): 9 - 17, 155.

［184］于琳. 新疆特色农业产业化可持续发展的机制 ［J］. 农业经济, 2006 (3): 60 - 62.

［185］袁晓文, 陈东. 辨证施治: 四川省涉藏地区农牧民致贫原因的实证调查与分析 ［J］. 中国藏学, 2017 (2): 33 - 39.

［186］曾莉, 周浩男, 王寅. 中国农村扶贫政策范式的变迁与未来趋势: 基于 305 份国家层面政策文本的分析 ［J］. 天津行政学院学报, 2019, 21 (4): 27 - 35.

［187］张大维. 生计资本视角下连片特困区的现状与治理: 以集中连片特困地区武陵山区为对象 ［J］. 华中师范大学学报 (人文社会科学版), 2011, 50 (4): 16 - 23.

［188］张芳瑜. 基于农民文化心理结构视角的 "扶志扶智" 路径规划 ［J］. 理论探讨, 2020 (2): 52 - 56.

［189］张海燕. 基于贫困人口感知的乡村旅游扶贫绩效评价研究: 以湘西自治州为例 ［J］. 商学研究, 2017, 24 (4): 111 - 119.

［190］张航, 谢长征, 彭翔. 治理视角下新时代中国的反贫逻辑与改革路径 ［J］. 宁夏社会科学, 2020 (4).

［191］张航, 邢敏慧. 脱贫能力、内生动力与教育扶贫政策满意度研究 ［J］. 教育与经济, 2020, 36 (3): 10 - 17.

［192］张俊飚. 民族地区反贫困研究的力作 ［N］. 中国民族报, 2019 - 11 - 12 (6).

［193］张丽君, 罗玲, 吴本健. 民族地区深度贫困治理: 内涵、特征与

策略 [J]. 北方民族大学学报 (哲学社会科学版), 2019 (1): 18 – 23.

[194] 张龙, 尹伟先. 民族地区精准扶贫的困境及对策研究: 基于甘肃省临夏州东乡族自治县果园镇的调查 [J]. 西北民族大学学报 (哲学社会科学版), 2020 (4): 141 – 148.

[195] 张琦, 李顺强. 内生动力、需求变迁与需求异质性: 脱贫攻坚同乡村振兴衔接中的差异化激励机制 [J]. 湘潭大学学报 (哲学社会科学版), 2021, 45 (3): 65 – 72.

[196] 张莎莎, 郑循刚. 农户相对贫困缓解的内生动力 [J]. 华南农业大学学报 (社会科学版), 2021, 20 (4).

[197] 张师瑜, 韩佳伶. 基于可持续生计分析框架下对河北省深度贫困地区稳定脱贫的现实思考 [J]. 湖北经济学院学报 (人文社会科学版), 2020, 17 (6): 20 – 22.

[198] 张翔, 云立新, 罗中华. 甘肃省脱贫攻坚机制创新研究 [J]. 当代经济, 2019 (8): 124 – 127.

[199] 张训谋. 习近平总书记关于宗教工作重要论述研究 [J]. 中国宗教, 2018 (8): 24 – 26.

[200] 张引. 巩固脱贫攻坚成果全面推进乡村振兴 [N]. 贵阳日报, 2020 – 12 – 21 (7).

[201] 张志胜. 精准扶贫领域贫困农民主体性的缺失与重塑: 基于精神扶贫视角 [J]. 西北农林科技大学学报 (社会科学版), 2018, 18 (3): 72 – 81.

[202] 章轲. 昔日雪山草地今天牦牛遍地 高海拔红原的脱贫攻坚 [J]. 绿色中国, 2018 (17): 30 – 33.

[203] 章文光, 宫钰, 吴义熔. 基于致贫原因的帮扶措施精准性评估分析 [J]. 公共管理与政策评论, 2021, 10 (4): 26 – 35.

[204] 赵天河, 崔丽君. "志智双扶" 共促乡村振兴 [J]. 乌鲁木齐职业大学学报, 2021, 30 (2): 30 – 35.

[205] 赵雪雁. 生计资本对农牧民生活满意度的影响: 以甘南高原为例 [J]. 地理研究, 2011, 30 (4): 687 – 698.

[206] 赵玉琛, 陈德旭, 王赞, 等. 返贫阻断: 体育精准扶贫治理的战略转向及行动模式 [J]. 沈阳体育学院学报, 2020, 39 (3): 29 – 34, 42.

[207] 郑瑞强，曹国庆．脱贫人口返贫：影响因素、作用机制与风险控制 [J]．农林经济管理学报，2016，15（6）：619－624.

[208] 周苏娅．我国农业可持续发展的制约因素、动力机制及路径选择 [J]．学术交流，2015（4）：145－149.

[209] 周文，李晓红．社会资本与消除农村贫困：一个关系—认知分析框架 [J]．经济学动态，2008（6）：67－70.

[210] 周晓红．增强经济运行内生动力亟须改革提速 [J]．江苏行政学院学报，2015（2）：49－54.

[211] 周永．创新教育培训助力乡村振兴 [J]．中国石化，2021（8）.

[212] 朱方明，李敬．习近平新时代反贫困思想的核心主题："能力扶贫"和"机会扶贫" [J]．上海经济研究，2019（3）：5－16.

[213] 朱秀变，崔志坤．城市化进程中失地农民可持续生计问题 [J]．合作经济与科技，2005（23）：43－44.

[214] 庄天慧，张海霞，傅新红．少数民族地区村级发展环境对贫困人口返贫的影响分析：基于四川、贵州、重庆少数民族地区67个村的调查 [J]．农业技术经济，2011（2）：41－49.

[215] 卓仑·木塔力甫，刘海燕，谭刚．"一带一路"背景下边境贫困县人才引进的探讨：以乌什县为例 [J]．科技管理研究，2018（17）.

[216] 左凌宇，彭华涛．后扶贫时代扶贫资金配置成效的组合效应研究 [J]．财会月刊，2020（24）：139－146.

[217] 左停，李卓，赵梦媛．少数民族地区贫困人口减贫与发展的内生动力研究：基于文化视角的分析 [J]．贵州财经大学学报，2019（6）：85－91.

[218] 左停，田甜．脱贫动力与发展空间：空间理论视角下的贫困人口内生动力研究：以中国西南一个深度贫困村为例 [J]．贵州社会科学，2019（3）：140－148.

[219] 左停．脱贫攻坚与乡村振兴有效衔接的现实难题与应对策略 [J]．贵州社会科学，2020（1）：7－10.

[220] Appadurai A. "The capacity to aspire", in（V. Rao and M. Walton, eds.），Culture and Public Action, The International Bank for Reconstruction and Development [M]. Washington DC：The World Bank，2004，pp. 59－84.

[221] Becker Gary, Tomes Nigel. An Equilibrium Theory of the Distribution of Income and Intergenerational Mobility? Journal of Political Economy, 1979 (6), 87, p. 1153 – 1189.

[222] Durlauf, Steven N. "Group, Social Influence, and Inequality", in Samuel Bowles, Steven N. Durlauf & Karla Hoff (eds), Poverty Traps [M]. Princeton and Oxford: Princeton University Press, 2006, pp. 101 – 112.

[223] Ghatak, Maitreesh. Theories of Poverty Traps and Anti – Poverty Policies. The World Bank Economic Review, Vol. 29, 2015, pp. 77 – 105.

[224] Incentive systems: Incentives, motivation, and development performance. Capacity Development Group, Bureau for Development Policy, United Nations Development Programme, 2006.

[225] Lewis, Oscar. Five Families: Mexican Case Studies in the Culture of Poverty [M]. New York: Basic Books, 1959, p. 215.

[226] Mickelson, Kristin D, Williams, Stacey L. Perceived Stigma of Poverty and Depression: Examination of Interpersonal and In-trapersonal Mediators [J]. Journal of Social and Clinical Psychology, Guilford Publications Inc. 2008, 27 (9), pp. 59 – 84.

[227] Sweetland Scott R. Human Capital Theory: Foundations of a Field of Inquiry. Review of Educational Research, Vol. 66, No. 3, 1996, pp. 341 – 359.

[228] UNDP. Human Development Report 1997. New York: Oxford University Press, 1997, p. 5.

[229] Yeatman A. Mutual Obligation: What Kind of Contract is This? Sydney: National Social Policy Conference, 1999, pp. 257 – 268.

附录　调研问卷

附录一：2018～2020 年调研问卷

《四省涉藏地区精准扶贫》调研问卷

尊敬的女士/先生：

您好！非常感谢您抽出时间接受访问。我们是四川农业大学的教师和学生。

受全国哲学社会科学规划办公室资助的国家社会科学基金《四省涉藏地区微型金融精准扶贫机制及政策研究》《四省涉藏地区深度贫困人口内生动力提升路径及机制保障研究》支持，我们正在对四川、青海、云南、甘肃四省涉藏地区的精准扶贫进行调查，目的是了解当前精准过程取得的效果以及存在的问题，以便向政府和有关部门提出改进建议。您的回答对我们的评估非常重要，也与您充分获得权益息息相关。希望能够得到您的支持与协助。

您提供的所有信息将严格保密，且仅用于科学研究工作。您只需根据自己的实际情况和想法回答问卷中的问题即可。谢谢您的支持与合作！

第一部分　名　簿　卡

调研地址：　　省　　　市/州　　　区（县）　　　乡（镇）村

调查员：　　　调查时间：　年 月 日　　问卷编号：

受访者：　　　联系电话：

1. 2018 年全村大概有_____人，其中贫困人口_____人，常住人口_____人。

2. 2017 年全村的贫困人口有_____人，返贫人口有_____人（如果没有，请填写"0"；如果有，请注明主要返贫原因_____）。

3. 2017 年全村外出打工人员占比_____%；2018 年全村外出打工人员占比_____%。

4. 本村是否有小学？_____；是否有中学？_____；是否有村诊所？_____。

5. 本村是否有寺庙？_____，寺庙及宗教活动场所数量_____；全村具有宗教信仰的人数占比_____%；本村是否通电信网络？_____；是否有乡村公路？_____

6. 全村耕地面积_____亩。

7. 本村贫困户建档立卡的标准：

_____

_____

8. 2018 年全村年人均收入_____元；2017 年全村年人均收入_____元。

9. 受访户户主姓名_____；民族_____；年龄_____；性别_____。

10. 受访（者/户）是否为建档立卡贫困户：是_____；否_____。

—如果是，受访（者/户）建档立卡为贫困户的时间是：_____年。

—如果是，主要致贫原因是（可多选，填写时请按照主次原因，依次注明）_____。

（1）病残原因　　　　　　　（2）技能欠缺

（3）生活资源缺少（条件恶劣）（4）缺少资金

（5）缺少产业或市场　　　　　（6）不太想干事情

（7）家庭人口负担重　　　　　（8）文化水平低

（9）其他（请说明：_____）

第二部分 家庭人口统计

为所有家庭成员填写，以此顺序：受访者最先，其配偶其次，然后是其他人。家庭成员主要是指直系亲属，或实际上一起居住、共同生活的家人（同一屋檐）

ID编码	姓名（不一定要写全名，但要能区分，如王老大、老二）	11. 性别：男1 女2	12. 婚姻状况：从未结婚1 已婚2 离婚3 鳏寡4 分居5 其他（说明：___）注：未领结婚证但自称结婚，也能算是已婚	13. 年龄（岁）	14. 居住方式：独居1 与配偶一起2 与子女一起3 与配偶及子女一起居住4 与孙子女一起住5 其他6（说明：___）	15. 与户主关系：户主1 配偶2 儿女3 孙子女4 兄弟姊妹5 父母6 岳父母7 其他亲戚8 其他非亲属9（说明：___）	16. 主要职业（生计）：农牧民1 乡镇企业工人2 农民3 村教师4 经商*5 工 打临工6 待业7 其他（说明：___）注：如果已经处于养老状态（即60（含）岁以上），请在"其他"里说明	17. 是否为村干部？是1 否2	18. 您家目前享有哪种扶助政策？低保或特困1 医疗救助2 住房救助3 搬迁4 生产就业5 教育培训6 其他（说明：___）	19. 您家主要劳动力都居住在本乡吗？在1 不在2	20. 如果有人外出打工、外出有几个人？（直接填写数字）
H01											
H02											
H03											
H04											
H05											
H06											
H07											

21. 您家里劳动力有_____个，男性有_____个，女性有_____个。

22. 您家劳动力是否有一定的技能？_____（有具体技能可以写出）

（1）没有技能　　　　　　　　（2）有经验

（3）有特殊的技能　　　　　　（4）有现代经营技能

23. 您家去寺庙的频率是_____？

（1）从来不去　　　　　　　　（2）很少去

（3）每年去一次　　　　　　　（4）特别的宗教节日去

（5）每月去一次　　　　　　　（6）每周去一次

（7）每周去一次以上

24. 您家是否喜欢参与抽奖？_____

（1）是　　　　　　　　　　　（2）否

25. 2017 年和 2018 年您家是否缺粮食？

（1）是（_____年）　　　　（2）否（_____年）

26. 您家用的主要能源是什么？（用量最多的 2 种）_____

（1）煤气或天然气　　　　　　（2）电

（3）薪柴　　　　　　　　　　（4）煤炭

（5）沼气　　　　　　　　　　（6）其他（请说明：_____）

27. 您家参加专业技术协会了吗？（例如果树协会、牦牛协会等）_____

（1）有　　　　　　　　　　　（2）没有

第三部分　主要家庭财产、收入和消费

28. 主要财产

1. 您家共有土地多少亩？_____

2. 您家土地质量、土壤肥力_____。

（1）很差　　　（2）比较差　　　（3）一般　　　（4）比较好

（5）非常好

3. 您对您家土地水利、灌溉方面的满意度是_____。

（1）很不满意　　　　　　　　（2）比较不满意

（3）一般　　　　　　　　　　（4）比较满意

（5）很满意

4. 您家共有人用房屋多少间？（不包括牲畜圈等）_____

5. 您家的房屋是砖混结构吗？_____

（1）是   （2）否（是_____结构）

6. 您家有多少头牦牛？2017 年_____头；2018 年_____头。

7. 您家有耕牛吗？_____

（1）是   （2）否

8. 您家有机动车吗（含摩托车)？_____

（1）有   （2）没有

9. 您家有电视机吗？_____

（1）有   （2）没有

10. 您家有电话（含手机）吗？_____

（1）有   （2）没有

11. 您家有电脑吗？_____

（1）有   （2）没有

---

29. 家庭收入

1. 2017 年您家的种植业（含粮食、经济作物和林业等）收成价值是_____元。

2. 2017 年您家养殖收入（牲畜和特种种植养殖）是_____元。

3. 您家同时兼职做生意吗？（例如虫草、菌、特产等）_____

（1）是   （2）否

4. 如果是，从生意中得到多少利润？_____元/年

5. 2017 年您家从房屋和土地租金中收入多少？_____元/年

6. 2017 年您家外出打工的劳务工资（含村干部的工资）收入是多少元？_____元/年

7. 同本村其他户相比，您认为您家富裕程度？_____

（1）穷   （2）平均水平   （3）富   （4）不知道

8. 在住房、养老、看病和教育等问题中，什么是您家目前最担心的？

_____

9. 您家的主食是_____。

10. 您家的主要肉类产品是_____（请记录频率最高的两种）。

11. 您家每天都吃鸡蛋吗？_____

12. 您家主要的蔬菜类型是_____（请记录频率较高的两种）。

30. 2017 年家庭生活消费项目	消费金额（元）
1. 食品、饮水和饮料（包括把自家粮食折算成现金部分、饮酒等）	
2. 衣着服装	
3. 房屋居住（含房屋室内外装修，但不包括建房）	
4. 家庭设备、用品及服务（含家用电器、家具和类似理发等服务）	
5. 医疗保健（购买体育用品和保健品）	
6. 交通费	
7. 通信费	
8. 文化 　　—成年人的技术培训/年 　　—子女教育总支出/年	
9. 娱乐用品及服务（购买 DVD、磁带、看电影、旅游等）	
10. 其他商品和服务（用于宗教信仰方面的支出）	
11. 户主平均每月吸多少包烟？_____包（大概_____元）	
12. 户主平均每月喝多少酒？_____斤（大概_____元）	

13. 您家是否购买牦牛险?_____ （1）买　　　　　　（2）没有买（原因_____） 14. 保费每年多少?_____元/年 15. 2017年牦牛是否发生损失?_____；共损失多少钱?_____元 16. 保险公司补偿多少?_____元

31. 您家距离县城的距离是_____千米。

32. 您对到乡镇路况的满意度是_____。

（1）很不满意　　　　　　（2）比较不满意

（3）一般　　　　　　　　（4）比较满意

（5）很满意

33. 如果请您在牦牛与其他理财产品上（例如股票、存款、证券、基金等）选择，您会选择?_____

（1）牦牛　　　　　　　　（2）其他理财产品

（3）两样都想要　　　　　（4）随便，不确定

第四部分　微型金融部分

（一）小额储蓄服务

1. 2017年，您家有_____张银行卡（包括储蓄卡、信用卡）在使用。

2. 2017年，您家银行卡开通了以下哪几种功能?_____（多选题）

（1）手机银行　　　　　　（2）网上银行

（3）短信余额提醒　　　　（4）没有开通上述任何功能

（5）其他（请注明）

3. 2017年，您的收入中有_____比例的结余资金用于储蓄。

（1）5%以下　　（2）5%～15%　　（3）16%～30%　　（4）31%～45%

（5）超过45%

4. 2017年，您的结余收入主要用于_____。

（1）储蓄　　　　　　　　（2）还债

（3）投资，从事商业活动　（4）扩大农业经营规模

（5）寺庙捐助　　　　　　　　（6）其他（请说明：＿＿＿＿）

5. 通常情况，您若有结余收入，主要存放在＿＿＿＿。

（1）家里　　　　　　　　　　（2）亲戚、朋友

（3）正规金融机构（例如银行）　（4）村级资金互助合作社

（5）宗教组织（例如寺庙）　　　（6）其他（请说明：＿＿＿＿）

6. 2017 年，您是否有去银行等正规金融机构存款？是＿＿＿＿；否＿＿＿＿

7. a 如果有去银行存款，2017 年大概去银行存过＿＿＿＿次款。

7. b 如果未曾去存款，具体原因是＿＿＿＿。

（1）对正规金融机构存款的程序不熟悉

（2）家庭传统的文化观念里没有去银行金融机构存款的意识

（3）与银行等金融机构的距离太远

（4）银行工作人员服务态度不好

（5）其他（请说明：＿＿＿＿）

8. 您对金融机构提供的存款服务满意程度评价是＿＿＿＿。

（1）非常不满意　　　　　　　（2）比较不满意

（3）一般满意　　　　　　　　（4）比较满意

（5）非常满意

（二）小额贷款服务

9. 目前您家有银行贷款吗？有＿＿＿＿；没有＿＿＿＿

10. 除了银行贷款外，目前您家有没有从其他渠道借过钱？有＿＿＿＿；没有＿＿＿＿

若选择"有"，回答 11。

11. 主要通过哪些非银行渠道借钱？＿＿＿＿

（1）亲朋好友　　　　　　　　（2）农民专业合作经济组织

（3）寺庙　　　　　　　　　　（4）政府扶贫项目

（5）其他渠道

12. 您是否听说过小额贷款？是＿＿＿＿；否＿＿＿＿

注意：若 12 题选择"否"，直接跳至 14 题继续回答。

13. 如果听说过，您是通过以下哪种渠道获得的信息？＿＿＿＿（可多选）

（1）扶贫工作人员

（2）亲朋好友

（3）村干部宣传

（4）其他组织人员（例如企业、合作社）

（5）报刊/杂志/收音机

（6）电视新闻/手机新闻

（7）其他（请说明：＿＿＿＿＿）

14. 您是否需要小额信贷资金？＿＿＿＿＿

（1）不知道　　　（2）不需要　　　（3）需要　　　（4）很需要

15. 如果需要小额信贷，实际需要的资金额度是＿＿＿＿万元。

16. 2015～2017 年您是否申请到了小额信贷？＿＿＿＿＿

（1）没得到　　　　　　　　（2）得到了部分信贷

（3）得到了而且全部满足实际需求

注意：若 16 题选择（2）或（3），回答 17～28 题；否则，跳至 29 题继续回答。

17. 若申请过小额信贷，请将相关信息填在下表中。

项目	1	2	3	4	5	6
申请时间						
贷款来源						
贷款项目名称（是否为政府的扶贫项目）						
利率（%）						
期限（月）						
除利息以外的费用（元）						
获得的贷款数额（万元）						
未还金额（元）						

18. 您获得小额贷款资金担保的主要方式是＿＿＿＿（可多选）。

（1）个人信用担保　　　　　　（2）小组联户担保

（3）政府担保　　　　　　　　（4）寺庙担保

（5）其他组织担保（例如企业、合作社）

（6）土地经营权抵押　　　　（7）房屋产权抵押

（8）林权、养殖水面抵押　　（9）农机设备以及其他家庭财产抵押

（10）未来收货的农产品收益质押　（11）其他（请说明：_____）

19. 您申请的小额贷款主要用于_____（可多选）。

（1）还债　　　　　　　　　（2）消费

（3）用于农业或畜牧业　　　（4）寺庙捐助

（5）做生意　　　　　　　　（6）建房

（7）看病　　　　　　　　　（8）教育或参加培训

（9）习俗或人情支出　　　　（10）其他（请说明：_____）

20. 您申请的小额贷款对您的生活以及生产活动是否有较大的改善作用？
_____

（1）改善非常小　　　　　　（2）改善比较小

（3）改善一般　　　　　　　（4）改善比较大

（5）改善非常大

21. 您对当前提供小额贷款机构服务满意程度的评价是_____。

（1）非常不满意　　　　　　（2）比较不满意

（3）一般满意　　　　　　　（4）比较满意

（5）非常满意

22. 若是不满意，原因是_____。

（1）利息太高　　　　　　　（2）从其他借款渠道更容易获得借款

（3）申请手续太复杂　　　　（4）贷款附加的条件太多

（5）银行工作人员服务态度不好　（6）贷款审批手续时间太长

（7）贷款额度太小不能满足需要　（8）其他（请说明：_____）

23. 您对小额信贷产品申请和使用的便利性评价是_____。

（1）非常不满意　　　　　　（2）比较不满意

（3）一般满意　　　　　　　（4）比较满意

（5）非常满意

24. 若是不满意，原因是_____。

（1）申请手续太复杂　　　　（2）贷款附加的条件太多

（3）银行工作人员服务态度不好　（4）贷款审批手续时间太长

（5）贷款额度太小不能满足需要　（6）其他（请说明：_____）

25. 您对小额信贷产品审批及时性的评价是_____。

（1）非常不满意　　　　　　（2）比较不满意

（3）一般满意　　　　　　　（4）比较满意

（5）非常满意

26. 若是不满意，原因是_____。

（1）申请手续太复杂　　　　（2）贷款附加的条件太多

（3）银行工作人员服务态度不好　（4）贷款审批手续时间太长

（5）贷款额度太小不能满足需要　（6）其他（请说明：_____）

27. 您是否认为银行提供的贷款和政府给的补贴是一样的？

是_____；否_____

28. 如果遇到经济来源不足，但是需要到期还款的情况，您首先考虑的第一还款对象是_____，第二还款对象是_____，第三还款对象是_____，第四还款对象是_____。

（1）政府扶贫贷款　　　　　（2）银行个人信用贷款

（3）小额贷款公司　　　　　（4）寺庙

29. 若没有申请过小额贷款，原因是_____（可多选）。

（1）不需要贷款　　　　　　（2）没有人际关系

（3）利息太高　　　　　　　（4）没有被评为信用户

（5）从其他借款渠道更容易获得借款　（6）申请手续太复杂

（7）贷款附加的条件太多　　（8）距离太远

（9）银行工作人员服务态度不好　（10）贷款审批手续时间太长

（11）借了担心还不了　　　　（12）贷款额度太小不能满足需要

（13）对贷款不了解

（14）从其他借款渠道可以获得更低利息的贷款

（15）其他（请说明：_____）

30. 若29题不选择（1），请问您目前需要借款的额度是_____元，预期的利率是_____%（年利率），预期借款的期限是_____月。

31. 若没有听说过小额贷款，那么您对"小额贷款"必要性的评价是_____。

（1）非常不必要　　　　　（2）比较不必要

（3）中立　　　　　　　　（4）比较必要

（5）非常必要

（三）小额支付服务

32. 2017 年，您通常采用以下哪几种方式进行转账/支付/汇款？_____（可多选）

（1）现金　　　　　　　　（2）银行柜台

（3）自动提款机　　　　　（4）转账电话

（5）POS 机　　　　　　　（6）手机银行

（7）移动支付（支付宝、微信等）（8）网上银行

（9）其他（请说明：_____）

33. 上述转账/支付/汇款方式，您使用最频繁的方式是_____。

34. 2017 年，您对当前的转账/支付/汇款方式满意程度的评价是_____。

（1）非常不满意　　　　　（2）比较不满意

（3）一般　　　　　　　　（4）比较满意

（5）非常满意

35. 上述转账/支付/汇款方式对您当前的生活以及生产活动是否有较大的改善作用？_____

（1）改善非常小　　　　　（2）改善比较小

（3）改善一般　　　　　　（4）改善比较大

（5）改善非常大

（四）涉农保险服务

36. 日常生活中，您最担心以下哪些风险？_____（可多选，请按重要性进行排序）

（1）农业灾害　　　　　　（2）假种子、假农药

（3）农产品价格波动　　　（4）土地经营权变更

（5）房屋、财产丢失或破坏　（6）家庭遭受疾病或意外事故

（7）养老

37. 您认为在农业生产中，遭遇农业灾害损失程度的大小，请打分：_____（1 分代表损失的程度非常小，9 分代表损失的程度非常大）

（1）1分　　　（2）3分　　　（3）5分　　　（4）7分

（5）9分

38. 您有没有采取措施以减轻灾害对产量的影响？_____

（1）没有　　　（2）有，采取的主要措施是：_____

39. 灾害发生之后，您将通过何种筹资渠道，来开展第二年的农业生产？

_____

（1）保险理赔　　（2）政府救济　　（3）动用存款　　（4）向亲朋好友借

（5）银行贷款　　（6）其他（请说明：_____）

40. 您目前参加的涉农保险项目有_____（可多选）。

（1）农业保险（种植＋养殖）　　　（2）农房保险

（3）农机保险　　　　　　　　　　（4）其他

（5）无

41. 您购买过农业保险吗？（包括种植业保险、养殖业保险、政策性农业保险、商业性农业保险等，险种包括但不限于农产品保险、生猪保险、牲畜保险、奶牛保险、牦牛保险和藏系羊保险等）_____；如果没有购买，主要原因是_____（可多选）。

（1）不知道　　　　　　　（2）国家灾后救济

（3）不信任保险公司　　　（4）保费太贵

（5）赔付太少

如果有购买，您购买的是哪种农业保险？_____（种植/养殖，注明具体险种）

每单位保费支出：种植_____/亩；养殖_____/头。近5年购买了_____次，平均每年保费支出约_____元。

42. 您为什么购买农业保险？_____（可多选）

（1）因为了解到农业保险是减少灾害损失的有效方法

（2）因为村里要求统一投保

（3）因为国家提供保费补贴

（4）因为相关企业要求投保并垫付部分保费

（5）因为看到别人投保农业险后得到的好处

（6）因为经常发生灾害

（7）其他（请说明：_____）

43. 您购买农业保险的方式是_____。

（1）村里统一购买　　　　　　（2）通过所参加的合作组织购买

（3）保险公司上门推销　　　　（4）自行去保险公司购买

44. 您今年购买农业保险了吗？_____

（1）买了　　　　　　　　　　（2）没有买

45. 您明年会继续购买吗？_____

（1）会　　　　　　　　　　　（2）不会

46. 您知道农业保险有中央和地方政府的保费补贴吗？_____

（1）明确知道补贴比例　　　　（2）知道但不清楚比例

（3）不知道

47. 理赔程序是否复杂？_____

（1）非常复杂　　（2）比较复杂　　（3）一般　　　　（4）挺容易

（5）非常容易

48. 保险公司赔付能弥补多少损失？_____

（1）10%~30%　（2）31%~50%　（3）51%~80%　（4）80%以上

49. 您对当前农业保险产品保障额度的评价是_____。

（1）满意　　　　（2）一般　　　　（3）偏低　　　　（4）非常低

对农业保险的需求及负担能力调查（种植问50、51题；养殖问52、53题）。

50. 您最需要提供以下哪种保障的种植业保险？_____

（1）成本　　　　（2）产量　　　　（3）收入　　　　（4）价格

51. 如果交的保费越多，赔付比例越大（即得到的赔款越多），您最多愿意给一亩地交多少钱保费？_____

（1）10元及以下　　　　　　　（2）11~20元

（3）21~30元　　　　　　　　（4）30元以上

52. 您所需要的养殖业保险品种是_____。

（1）奶牛　　　（2）能繁母猪　　（3）育肥猪　　　（4）牦牛

（5）藏系羊　　（6）其他

53. 如果交的保费越多，赔付比例越大（即得到的赔款越多），您最多愿意为一头牲畜交多少钱保费？_____

（1）10 元及以下　　（2）11 ~ 20 元

（3）21 ~ 30 元　　（4）30 元以上

（五）金融知识

54. 同等条件下，有抵押品的贷款利率是高于还是低于无抵押品的贷款利率？________

（1）高于　　（2）低于　　（3）不知道

55. 欠银行的钱是否影响个人信用？________

（1）不会影响个人信用　　（2）会影响个人信用

（3）不一定　　（4）不知道

56. 您认为以下哪种投资方式的风险最大？________

（1）银行储蓄　　（2）股票投资　　（3）人寿保险　　（4）房产投资

（5）不知道

第五部分　健康与医疗保障部分

接下来我们问一些与您健康状况相关的问题。

1. 您觉得您的健康状况怎么样？________

（1）很好　　（2）好　　（3）一般　　（4）不好

（5）很不好

2. 您的身高是________；您的体重是________。

3. 您或家里直系亲属是否有残疾？（如果选择“有”，请回答第 4 题；否则，跳到第 5 题）

（1）有　　（2）没有

4. 如果有残疾，那么您是否有下列残疾问题？________【如果是直系亲属，请标注：　　　　】

（1）躯体残疾　　（2）大脑损伤/智力缺陷

（3）失明或半失明　　（4）聋或半聋

（5）口吃或严重口吃

5. 您是否患过经医生诊断的慢性病？（访员注意：强调必须有医生明确诊断）（如果回答“有”，请继续回答第 6、7、8 题；否则，请直接跳到第 9 题）

____

（1）是　　　　　　　　　　（2）否

6. 您患有几种慢性病？（直接填写数字）_____

7. 您患有以下哪类慢性病？_____（可多选，最多选 3 种）

（1）心血管疾病（包括心肌梗死、冠心病、心绞痛或充血性心力衰竭及其他心脏疾病）

（2）高血压

（3）血脂异常（高血脂或低血脂）

（4）中风或脑血管疾病

（5）高血糖或糖尿病

（6）慢性肺部疾病（慢性支气管炎或肺气肿、肺心病）

（7）哮喘

（8）关节炎或风湿病

（9）骨质疏松症

（10）癌或恶性肿瘤（包括白血病、淋巴癌）

（11）胃溃疡或十二指肠溃疡

（12）与记忆相关的疾病（例如帕金森病、老年痴呆症、脑萎缩）

（13）白内障

（14）髋骨或股骨骨折

（15）其他慢性病（请说明：_____）

8. 过去一年内，您因为患慢性病耽误的工作或生活天数各多少天？（访员注意："耽误生活天数"指需要家庭其他成员留在家中照顾的时间；如果没有耽误，请在对应答案中填 "0"，并直接跳到第 9 题）

（1）耽误工作天数_____　　　　（2）耽误生活天数_____

9. 如果这期间有亲属在家照顾您，是哪位亲属？_____

（1）配偶　　　（2）父母　　　（3）子女　　　（4）兄妹

（5）其他（请说明：_____）

10. 您是否患有地方病？_____

（1）是　　　　　　　　　　（2）否

11. 您患的是何种地方病？_____（可多选，最多选 2 种）

（1）大骨节病　　（2）包虫病　　（3）鼠疫

（4）其他（请说明：_____）

12. 您是否有医疗保险？（如果回答"否"，请记录原因后跳到第 18 题）_____

（1）是　　　　　　　　（2）否（原因）_____

13. 您参加的是哪种医疗保险？（访员注意：2018 年起四川省新农合与城居保已经全面统筹为城乡居民基本医疗保险）_____（可多选）

（1）城乡居民基本医疗保险　　（2）大病医疗保险

（3）城镇职工商业保险　　　　（4）其他

14. 您每年缴纳多少保费？保费_____元/年

15. 是您自己支付保费的吗？_____

（1）是

（2）否（说明是谁帮助您支付或减免）_____

16. 您认为目前的医疗保险报销后能否缓解您看病就诊的经济负担？_____

（1）完全能够　　　　　　（2）作用一般

（3）报销水平仍然偏低　　（4）没有什么作用

17. 您还想继续参保吗？（访员注意：询问的是意愿）_____

（1）会　　　　　　　　（2）不会（原因）_____

（3）不知道，考虑一下（原因）_____

18. 您是否享有医疗救助？（如果回答"否"，请跳到第 23 题）_____

（1）是　　　　　　　　（2）否

19. 您认为医疗救助对缓解经济负担有帮助吗？_____

（1）有　　　（2）作用一般　　　（3）没有

20. 您认为医疗保险与医疗救助哪个更重要？_____

（1）医疗保险　　（2）医疗救助　　（3）两者都重要

21. 您认为医疗保险报销后，是否还需要医疗救助的补充？_____

（1）需要　　（2）不需要　　（3）看情况　　（4）不知道

22. 您认为自己是否持续需要医疗救助？_____

（1）极度需要　　（2）需要　　　（3）不需要

23. 您过去一年内是否做过体检？_____

（1）是（次数）_____　　　　　　（2）否

24. 怀孕期间是否产检？（该题只针对刚好在怀孕的妇女询问）_____

（1）是　　　　　　　　　　（2）否

25. 您认为孕期是否有必要产检？_____

（1）有必要　　（2）没有必要　　（3）不知道

26. 您认为生孩子是否有必要到正规医疗机构？_____

（1）需要　　　（2）没有必要　　（3）不知道

27. 过去一个月里，您是否生病或受伤？（访员注意：如果一个月内多次生病，请记录最近一次生病后的情况）（如果回答"否"，请跳到第38题）_____

（1）是　　　　　　　　　　（2）否

28. 这次生病或受伤后，有去看病吗？（访员注意："看病"包括自己去诊所买药）（如果回答"没有"，请跳到第37题）_____

（1）有　　　　　　　　（2）没有（原因）_____

29. 过去一个月里，您是否去哪个医疗机构看过门诊或接受过上门医疗服务？（访员注意：不包括去医院做体检）_____

（1）省级医院　　　　　　（2）市/州级医院

（3）县医院/区医院　　　　（4）乡镇医院

（5）村诊所/私人诊所　　　（6）自己去药店买药处理

30. 您是如何去这家医疗机构/诊所/药店的？_____

（1）汽车（私人/公共）　　（2）摩托车

（3）骑马　　　　　　　　（4）走路

（5）其他

31. 去这家医疗机构/诊所/药店（采用以上交通方式的前提下），单程花费了_____分钟。

32. 去这家医疗机构/诊所/药店（采用以上交通方式的前提下），单程距离大概是_____公里。

33. 去这家医疗机构或诊所看病时，您等待了大概_____分钟。

34. 本次治疗或看病的总费用是_____元。（访员注意：包括药费、诊疗费，药费包括在这家医疗机构或其他药店购买医生开的处方药）

35. 其中，就这次花费中，您自付了_____元（访员注意：自付是指扣除医疗保险报销后，自己实际的花费，自付不可能超过总费用）。

36. 其中，保险报销了_____元。

37. 是否因本次生病而不能参加工作或劳动？是/否，如果"是"，耽误_____天。

38. 过去一年里，您是否生过大病或受过重伤？（访员注意：大病或重伤是指卧床休息一天以上的情况）（如果回答"否"，请跳到第51题）_____

（1）是   （2）否

39. 过去一年里，您是否因这次大病或重伤住过医院？（访员注意：住院以办理手续为准）_____

（1）是   （2）否

40. 您最近一次接受住院治疗的医疗机构类型是_____。

（1）省级医院   （2）市/州级医院

（3）县医院/区医院   （4）乡镇医院

（5）村诊所/私人诊所

41. 您住院_____天。

42. 您是如何去这家医疗机构或诊所的？_____

（1）汽车（私人/公共）   （2）摩托车

（3）骑马   （4）走路

（5）其他

43. 去这家医疗机构或诊所（采用以上交通方式的前提下），单程花费了_____分钟。

44. 去这家医疗机构或诊所（采用以上交通方式的前提下），单程距离大概是_____公里。

45. 去这家医疗机构或诊所看病时，您等待了大概_____分钟。

46. 本次住院的总费用是多少？_____元（访员注意：只包括付给医院的费用，不包括陪护工资、家人或自己的交通费和住宿费，但含医院住院的病房费）

47. 自己和家人往返医院的交通费、伙食费及家人陪护的住宿费一共_____元。

48. 其中，就这次花费中，您自付了_____元（访员注意：自付是指扣除医疗保险报销后，自己实际的花费，自付不可能超过总费用）。

49. 其中，保险报销了_____元。

50. 是否因本次生病而不能参加工作或劳动？是/否，如果"是"，耽误_____天。

51. 家里的老人是否参加养老保险？（如果回答"否"，请跳到第六部分）_____

（1）是　　　　　　　　　　（2）否

52. 参加的何种养老保险？_____（可多选）

（1）企业职工基本养老保险　　（2）企业补充养老保险

（3）商业养老保险　　　　　　（4）城乡居民社会养老保险

（5）城镇居民养老保险　　　　（6）新型农村社会养老保险（新农保）

（7）征地养老保险（失地养老保险）（8）高龄老人养老补助（补贴）

（9）其他（请说明：_____）

53. 您是以什么方式缴费的？_____

（1）按年_____元

（2）一次性缴费_____元

（3）参保时距离领取年龄不足15年，因此一次性补缴_____元，再按年缴费_____元/年

（4）已经超过60岁不用缴费

第六部分　教育部分

1. 您的最高学历是_____（如果回答是（1）或（2）或（3）或（4）或（5），请继续第2题；否则跳至第3题）。

（1）未受过教育　　　　　　（2）未读完小学，但能读、写

（3）小学毕业　　　　　　　（4）初中毕业

（5）高中毕业/职高/中专　　（6）大专毕业

（7）大学本科　　　　　　　（8）硕士及以上

2. 您为什么没有继续学业？_____

3. 您是否会说普通话？_____

（1）会，可以流利交流　　　（2）一般，不怎么会

（3）不会

4. 您配偶的最高学历是_____（如果回答是（1）或（2）或（3）或（4）或（5），请继续第 4 题；否则跳至第 7 题）。

（1）未受过教育　　　　　　（2）未读完小学，但能读、写

（3）小学毕业　　　　　　　（4）初中毕业

（5）高中毕业/职高/中专　　（6）大专毕业

（7）大学本科　　　　　　　（8）硕士及以上

5. 她/他为什么没有继续学业？_____

6. 她/他是否会说普通话？_____

（1）会，可以流利交流　　　（2）一般，不怎么会

（3）不会

7. 她/他是否具备某种技能？_____

（1）是（请说明：_____）　（2）否

8. 您参加过成人教育吗？（访员注意：成人教育包括电大、夜校、自考、函授）_____

（1）是　　　　　　　　　　（2）否

9. 您所有适龄子女现在上学吗？_____

（1）在　　　　（2）不在　　　（3）有的上，有的没有上

10. 目前孩子在哪里读书？_____（记录学校名）（如果第 9 题回答（2），请跳过此题）

11. 您是否送过小孩去寺庙？_____

（1）是（什么时候送的？____岁）（2）否

12. 孩子是否从未上过学？_____（该名孩子的性别：_____）（如果第 9 题回答"在"，请跳过该题）

（1）是（原因）_____

（2）否

13. 孩子是否有过退学？_____（该名孩子的性别：_____）（访员注意：退学是指停止上学的行为，不是毕业生，一般在学期学完后退出）

（1）是（原因）_____

（2）否

（3）他/她是什么时候退学的？ _____（访员注意：有多个孩子退学的情况请分别记录并标注序号）

14. 孩子中途是否有过辍学？ _____（该名孩子的性别：_____）（访员注意：辍学是指中途停止上学，一般学期的中途退出）

（1）是（原因）_____

（2）否

（3）他/她是什么时候开始辍学的？ _____（访员注意：有多个孩子辍学的情况请分别记录并标注序号）

15. 孩子是否有过休学？ _____（该名孩子的性别：_____）（访员注意：休学是指因病或其他原因停止上学，但学籍仍保留在该学校，休学期满后要返回学校继续学习）

（1）是（原因）_____

（2）否

（3）从何时开始休学？ _____大概休学了多长时间？ _____天

16. 目前孩子是几年级？ _____（如果孩子从未上学或访谈时未在上学，请跳过该题）

17. 您为适龄子女每人每年交多少学费？（访员注意：如果有多个子女同时读书，请分别记录学费，并标注子女序号）

_____

_____

18. 孩子是如何到达学校的？ _____（交通方式）

（1）走路   （2）汽车（私人/公共）

（3）校车   （4）马车

（5）其他（请说明：_____）。

19. 在以上交通方式下，单程路大概需要_____分钟。

20. 在以上交通方式下，单程距离是_____公里。

21. 孩子每天早上大概几点起床？ _____；大概几点开始上课？ _____

22. 孩子每天放学回家是否还需要帮忙干农牧活？ _____

（1）是   （2）否

23. 孩子每天放学回家是否还需要帮忙干家务活？_____

（1）是　　　　　　　　　　（2）否

24. 上学孩子的午餐如何解决？_____

（1）自己带饭（米饭/馍＋菜）　　（2）学校准备（自己给钱，营养餐）

（3）学校免费提供（营养餐）　　（4）简餐（如一个馒头＋一杯水）

（5）不吃

25. 在没有经济约束条件下，您对待孩子教育的态度是_____。

（1）必须读书　　　　　　　　（2）看孩子自己，想读就读

（3）无所谓　　　　　　　　　（4）没有必要

26. 您认为打工挣钱与读书哪个更重要？_____

（1）打工挣钱　　（2）读书　　　　（3）不知道

27. 您的孩子学习普通话吗？_____

（1）学习　　　　　　　　　　（2）未学习

28. 通常放寒假或暑假时，孩子会做什么？_____

29. 您认为目前孩子上学的学校教学质量如何？_____

（1）很满意　　（2）比较好　　（3）一般　　　（4）不太好

（5）很差　　　（6）不知道

30. 您认为让孩子就近读书（在本村范围内）与到市州的学校读书相比，哪一个更好？_____

（1）就近读书　　　　　　　　（2）市州学校

（3）无所谓　　　　　　　　　（4）不知道

31. 孩子长大后，您对孩子的期望是_____。

（1）留在本地发展　　　　　　（2）到全国其他大城市发展

（3）无所谓　　　　　　　　　（4）不知道

附录二：2021 年调研问卷

可持续发展动力问卷——询问脱贫第一书记或询问村民居委会主任

_____县_____镇_____村

第一书记/村民居委会主任姓名：_____电话：_____邮箱：_____

一、人口情况

1. 2020 年全村的总户数有_____户，总人口有_____人，常住人口有_____人，外来流动人口有_____人。

2. 2020 年全村外出打工人员占比_____%；2019 年全村外出打工人员占比_____%。

3. 村里留守人口主要的年龄段_____（可多选）。

（1）0～15 岁　（2）16～40 岁　（3）41～60 岁　（4）60 岁以上

4. 村里人会说汉语的比例是_____%。

5. 2020 年您村村民人均年收入是_____元；2019 年您村村民人均年收入是_____元。

6. 您村村民收入来源主要是_____（可多选）。

（1）工资性收入（打工的劳务工资、村干部工资）

（2）经营性收入（养殖收入、种植收入、做生意收入等）

（3）财产性收入（房租收入、土地流转收入、村集体经济分红）

（4）转移性收入（政府补贴）

二、自然条件与交通

7. 全村行政区划面积_____平方公里，其中耕地面积_____亩，牧场面积_____亩，林果地面积_____亩【注意单位：1 公顷 = 0.01 平方公里 = 15 亩，1 亩 = 10 分】。

8. （访员可自查）您村平均海拔是_____米，经度是_____，纬度是_____。

每年最高气温_____℃，最低气温_____℃，每年干旱时间段是

_____。

9. 本村农牧业类型是_____。

(1) 农区　　　　(2) 牧区　　　　(3) 半农半牧区

10. 近三年内，您村是否遭受过以下自然灾害？_____（可多选）

(1) 旱灾　　　　　　　　　　　(2) 洪涝

(3) 森林火灾　　　　　　　　　(4) 冻害、雹灾

(5) 台风、风暴潮　　　　　　　(6) 滑坡、泥石流

(7) 农林病虫害　　　　　　　　(8) 地震

(9) 传染病　　　　　　　　　　(10) 其他（请说明：_____）

(11) 以上都没有

11. 本村乡村公路修建便利状况_____。

(1) 通到主干道　　　　　　　　(2) 通到村民家门口

(3) 其他（请说明：_____）

12. 大多数居民主要的出行方式是_____（可多选）。

(1) 步行　　　　　　　　　　　(2) 骑自行车

(3) 骑摩托车或电动车　　　　　(4) 乘公共交通

(5) 开车　　　　　　　　　　　(6) 其他（请说明：_____）

13. 您村委会所在地距离最近的集镇有多远？_____千米；采用最常用的交通方式（如步行、乘车、骑车等）从您村委会到最近的集镇要花多少时间？_____小时。【访员注意：若村委会就在集镇中，则填0】

14. 您村上有快递代收点吗？_____，若有（跳过16题），您村委会所在地距离最近的快递代收点有多远？_____千米

15. 您村委会所在地距离本县县城有多远？_____千米；采用最常用的交通方式（如步行、乘车、骑车等）从您村委会到本县县城要花多少时间？_____小时【访员注意：若村委会就在本县县城中，则填0】

16. 您村委会所在地距离最近的银行网点有多远？_____千米；采用最常用的交通方式（如步行、乘车、骑车等）从您村委会到银行网点要花多少时间？_____小时

17. 您村委会所在地距离最近的电商网点（如快递代收点等）有多远？_____千米；采用最常用的交通方式（如步行、乘车、骑车等）从您村委

会到电商网点要花多少时间？_____小时

三、社会条件

18. 您村内有以下哪些设施？_____（可多选）

(1) 小商店/小卖部　　　　　　　(2) 幼儿园

(3) 小学　　　　　　　　　　　　(4) 中学

(5) 医院/卫生院/诊所　　　　　　(6) 药店

(7) 家族祠堂　　　　　　　　　　(8) 老年活动场所/老年服务机构

(9) 敬老院/养老院　　　　　　　(10) 体育运动场所

(11) 儿童游乐场所　　　　　　　(12) 村务公告栏

(13) 举报箱　　　　　　　　　　(14) 以上都没有

19. 您村从脱贫攻坚开始有以下哪些基础设施或经历过以下哪些变革？_____（可多选）

(1) 通电　　　　　　　　　　　　(2) 通有线广播

(3) 通有线/卫星电视　　　　　　(4) 通邮

(5) 通电话　　　　　　　　　　　(6) 有手机信号

(7) 通自来水　　　　　　　　　　(8) 通管道燃气

(9) 创建集体经济组织　　　　　　(10) 实施村委直接选举

(11) 实施"村改居"（"村改居"：农村户口改为居民户口，"农转非"，村委会改为居委会或社区委员会）

(12) 以上都没有

20. 本村是否有村集体收入分红？_____

(1) 是，2020 年大致分红_____元/户

(2) 否

21. 本村是否有寺庙？_____；寺庙及宗教活动场所数量为_____；全村有宗教信仰的人数占比_____%。

22. 本村是信用村吗？_____

(1) 是　　　　　　　　　　　　　(2) 否

【访员注意：信用村一般要有牌匾，挂牌；如果没有，则不算】

23. 本村移动通信网络的覆盖状况是_____（可多选）。

(1) 有中国移动的移动网络　　　　(2) 有中国联通的移动网络

（3）有中国电信的移动网络　　　（4）有固定宽带

（5）可以接听电话　　　　　　　（6）没有任何移动通信网络

24.【主观题】（请提供相关文件资料）

（1）本村之前开展过哪些扶贫项目？

扶贫项目	投入资金（元/2020 年）

（2）村"两委"、第一书记基本信息（姓名、电话、邮箱、任职时间）。

（3）针对您村的治理情况，制定了哪些村规民约，设立了哪些岗位？

（4）您认为本村之前面临最大的脱贫难题是什么？

（5）现在面临的返贫风险是什么？

（6）为巩固本村脱贫成果和实现可持续发展，助力乡村振兴，您有什么想法或者建议吗？

可持续发展动力问卷——询问农户部分

【访员注意：问卷最好由户主及配偶回答，如果户主或配偶外出打工，则由实际抚养孩子或和孩子一同居住的长辈回答，记录受访人姓名：_____】

_____县_____镇_____村

一、劳动力情况部分

1. 受访户户主姓名：_____；民族：_____；年龄：_____；性别：_____；婚姻状况：_____。

2. 受访（者/户）是否曾为建档立卡贫困户：是_____；否_____。

如果是，受访（者/户）建档立卡为贫困户的时间是：_____年，退出建档立卡的时间是：_____年。

如果是，主要致贫原因是_____（可多选，填写时请按照主次原因，依次注明）。

（1）病残原因　　　　　　　　　（2）技能欠缺

（3）生活资源缺少（条件恶劣）　（4）缺少资金

（5）缺少产业或市场　　　　　　（6）不太想做事情

（7）家庭人口负担重　　　　　　（8）文化水平低

（9）其他（请说明：_____）

3. 您家目前享受的帮扶政策有以下哪些？

帮扶方式	获得资金 （元/2020 年）	具体内容 （如具体项目）
（1）产业支撑（如生产技术帮扶、旅游业帮扶、电商市场帮扶、资金帮扶、组织联合、品牌建设等）		
（2）兜底保障（低保或特困、住房救助、生产就业）		
（3）教育帮扶		
（4）健康保障		
（5）易地搬迁		
（6）其他（请说明）		

4. 户主的政治面貌是_____。

（1）中共党员（包括预备党员）　（2）共青团员（不超过 28 岁）

（3）民主党派　　　　　　　　　（4）群众

（5）其他（请说明：_____）

5. 您是户主_____。

（1）本人　　　　　　　　　　　（2）配偶、伴侣

（3）父辈　　　　　　　　　　　（4）爷爷辈分

（5）子女辈分　　　　　　　　　（6）其他同辈

6. 与您常住的家庭人口数为_____人，其中男性有_____人，女性有_____人，16 岁及以上的劳动力有_____人，60 岁及以上的老年人有_____人，16 岁以下的儿童有_____人，外出从事非农工作的劳动力有_____人。

【访员注意：劳动力是指在一定市场工资率条件下，切实参与劳动（工作）的人】

7. 家庭人口统计学【访员注意：仅此表格内记录所有家庭成员信息，其余部分仅就受访人提问，并记录答复】

填写所有家庭成员，以此为序：受访者最先，其配偶其次，然后是其他

人。家庭成员主要是指直系亲属，或实际上一起居住、共同生活的家人（同一屋檐下）。

ID编码	姓名（不一定要写全名，但要能区分，如王老大，老二）	7.1 性别 男1 女2	7.2 婚姻状况 未婚1 同居2 一妻一夫3 一妻多夫4 一夫多妻5 离婚6 丧偶7 注：未领结婚证但自称结婚，也能算是已婚	7.3 年龄（岁）	7.4 您目前从事的工作 无1 务农2 放牧3 自由职业4 临时性工作5 受雇于他人或单位6 经营个体或私营企业、自主创业、开网店7 其他（如志愿者）（请说明）_____	7.5 身高（厘米）	7.6 体重（千克）
H01							
H02							
H03							
H04							
H05							
H06							
H07							

注：
自由职业：不受雇于某一单位或个人，如画家、自由撰稿人、独立的演员或歌手等；
临时性工作：没有签订正规劳动合同，如打零工；
受雇于他人或单位：签订正规劳动合同。

【访员注意：目前如果有工作，但因度假、生病、照顾家人、生小孩、天气等原因正在休假而无法上班的，也算是有工作】

8. 您家目前的居住方式是_____。

（1）独居 　　　　　　　　（2）与配偶一起居住

（3）与配偶、父母一起居住 　　（4）与配偶及子女一起居住

（5）与子女一起居住 　　　　（6）与子女、父母一起居住

（7）与配偶、父母及子女一起居住（8）与孙子、孙女一起居住

（9）其他（请说明：_____）

9. 您的家庭结构类型是_____（可以根据第8题的居住方式，访员自己选）。

（1）核心家庭（父母和子女生活在一起，包括只有夫妻两人组成的家庭）

（2）主干家庭（有两代以上的夫妻，主要表现为祖孙三代人一起生活的家庭）

（3）其他家庭（请说明：_____）

10. 您手机的通讯录联系人有_____人。

11. 在本地，您有多少关系密切、可以得到他们支持和帮助的朋友/熟人？_____

（1）0个　　　　（2）1~2个　　　（3）3~5个　　　（4）5个以上

12. 您家有成员是村干部吗？_____

（1）过去当过，现在没当　　　　　（2）现任村干部

（3）没当过

13. 您家亲朋好友中是否有能人带头脱贫致富？_____

（1）有，你愿意开展相关事业吗？_____

（2）没有

14. 您家移动通信网络的覆盖状况是_____（可多选）。

（1）有中国移动的移动网络　　　（2）有中国联通的移动网络

（3）有中国电信的移动网络　　　（4）有固定宽带

（5）可以接听电话　　　　　　　（6）没有任何移动通信网络

15. 您家成员使用智能手机的人数是_____人；您家是否使用微信、支付宝等电子支付工具？_____

（1）是　　　　　　　　　　　（2）否

16. 您家是否加入了合作社？_____

（1）是，具体是_____　　　（2）否

17. 您家是否有成员参与了电商平台？_____

（1）是，具体是_____　　　（2）否

18. 您家离以下最近的场所有多远？（单位：千米）

项目	寺庙	医院	合作社	集市	村委会	车站
距离						

二、健康状况部分

19. 您家目前主要的饮用水来源是_____。

（1）公共自来水厂集中供水的自来水

（2）地表水蓄水设施集中分户供水

（3）自家的水井　　　　　　（4）村里/乡镇的公共水井

（5）自然地表水（溪水或河流）　（6）其他（请说明：_____）

20. 您家目前使用的厕所是_____。

（1）自家修建的旱厕　　　　（2）自家修建的冲水厕所

（3）公共厕所　　　　　　　（4）没有厕所

（5）其他（请说明：_____）

21. 您家主要使用以下哪种做饭燃料？_____

（若回答了两种以上燃料，访员就填写最主要的，同时在每种燃料下询问占比，例如记录柴草60％，煤炭40％）

（1）柴草/牛粪　　　　　　（2）煤炭

（3）罐装煤气/液化气　　　　（4）天然气/管道煤气

（5）太阳能/沼气　　　　　　（6）电

（7）其他（请说明：_____）

22. 您觉得您的健康状况怎么样？_____

（1）很不好　　（2）不好　　（3）一般　　（4）好

（5）很好

23. 如果生病是否会优先选择藏医院就医？_____

（1）是　　　　　　　　　　（2）否

24. 您身体不好会考虑去寺庙治病吗？_____

（1）会　　　　　　　　　　（2）不会

25. 您是否患过经医生诊断的慢性病？_____（访员注意：高血压、心脏病等，强调必须有医生明确诊断）

（1）是　　　　　　　　　　（2）否（跳过26题）

26. 您患有以下哪类慢性病？（可多选，最多选3种）_____（访员注意：按确诊时间记录顺序）

（1）心血管疾病（包括心肌梗死、冠心病、心绞痛或充血性心力衰竭及其他心脏疾病）

（2）高血压

（3）血脂异常（高血脂或低血脂）

（4）中风或脑血管疾病

（5）高血糖或糖尿病

（6）慢性肺部疾病（慢性支气管炎或肺气肿、肺心病）

（7）哮喘

（8）关节炎或风湿病

（9）骨质疏松症

（10）癌或恶性肿瘤（包括白血病、淋巴癌）

（11）胃溃疡或十二指肠溃疡

（12）与记忆相关的疾病（如帕金森病、老年痴呆症、脑萎缩）

（13）白内障

（14）髋骨或股骨骨折

（15）其他慢性病（请说明：_____）

27. 您是否患有地方病？

（1）是，请说明_____（大骨节病、包虫病、鼠疫、甲亢病等）

（2）否

28. 您是否参加医疗保险？_____

（1）是（继续回答第29、30题）　　（2）否（跳过第29、30题）

29. 您参加的是哪种医疗保险？_____（可多选）【访员注意：2018年起四川省新农合与城居保已经全面统筹为城乡居民基本医疗保险；大病医疗保险是指政府引导的医疗保险，是对新农合和城居保的补充】

（1）城乡居民基本医疗保险（含新农合与城居保）

（2）城镇职工医疗保险

（3）大病医疗保险

（4）商业医疗保险

（5）其他（请说明：_____）

30. 您每年缴纳多少保费？（注意：第29题的回答有几种，就记录这几种的费用）

第_____种，保费_____元/年；第_____种，保费_____元/年；第_____种，保费_____元/年

31. 您认为医疗保险的作用如何？＿＿＿＿＿＿

（1）作用很小　　　　（2）作用一般　　　　（3）作用很大

32. 您还想继续参保吗？＿＿＿＿＿＿（访员注意：询问的是意愿）

（1）想　　　　　　　　　　　　（2）不想（原因）＿＿＿＿＿

（3）不知道，考虑一下（原因）＿＿＿＿＿

33. 您是否享有医疗救助？＿＿＿＿＿＿【访员解释医疗救助：医疗直接救助是针对受助人群，通过发放现金、派发医疗救助卡、政策减免等方式使其能享受基本医疗服务。医疗间接救助则是医疗救助部门通过与医疗服务机构核算，将救助资金拨付给医疗机构，由医疗机构为受助人员提供服务的形式】

（1）是　　　　　　　　　　　（2）否

34. 您认为医疗救助的作用如何？＿＿＿＿＿＿

（1）作用很小　　　　（2）作用一般　　　　（3）作用很大

35. 您认为医疗保险与医疗救助哪个更重要？＿＿＿＿＿＿

（1）医疗保险　　　　（2）医疗救助　　　　（3）两者都重要

36. 您家目前有几位老人领取社会保障养老金？＿＿＿＿＿＿，每月领取＿＿＿＿＿＿元养老金【访员注意：可能需要相应的估算，完整的社会保障一共有五种，分别是养老保险、医疗保险、工伤保险、生育保险和失业保险，社会保障养老金就是指养老保险】（若选（1）则跳过第37题）

（1）没有　　　（2）1位　　　（3）2位　　　　（4）3位

（5）4位及以上

37. 您对目前政府提供的社会养老保障感觉＿＿＿＿＿＿。（若选（2）（3），继续回答第38题；否则，跳过第38题）

（1）不清楚　　　（2）不满意　　　（3）一般　　　　（4）比较满意

（5）非常满意

38. 您对目前政府提供的社会养老保障不太满意的原因是＿＿＿＿＿＿（可多选）。

（1）对养老保险办理流程不了解

（2）对养老保险经办机构开展政策不了解

（3）养老保险经办人员的工作效率较低

（4）养老保险经办人员的服务态度较差

（5）当前农村养老保险自愿缴费档次设置不合理

（6）当前农村养老保险基础养老金发放额度较低

（7）养老金发放及时性较差

（8）参保及领取养老金不方便

（9）其他（请说明：_____）

（提示：若受访者为老人，则跳过第39~41题）

39. 您的父母是否参加了养老保险？_____

（1）是　　　　　　　　　　（2）否（原因）_____

40. 参加了何种养老保险？_____（可多选）

（1）企业职工基本养老保险　　（2）企业补充养老保险

（3）商业养老保险　　　　　　（4）城乡居民社会养老保险

（5）城镇居民养老保险

（6）新型农村社会养老保险（新农保）

（7）征地养老保险（失地养老保险）

（8）高龄老人养老补助（补贴）

（9）其他（请说明：_____）

41. 您对目前养老保险感觉_____。

（1）不清楚　　（2）不满意　　（3）一般　　（4）比较满意

（5）非常满意

三、文化教育部分

42. 您的最高学历是_____。

（1）没上过学，也未在寺庙正规学习过

（2）没上过学，曾经在寺庙正规学习过

（3）小学　　　　（4）初中　　　（5）高中　　　（6）中专/职高

（7）大专/高职　　　　　　（8）大学本科

（9）硕士及以上　　　　　　（10）其他（请说明：_____）

43. 您的汉语读写能力如何？_____

（1）能说、会读、会写　　　（2）会说，但不认字

（3）不会说，也不会写

44. 您的配偶最高学历是_____。

（1）没上过学，也未在寺庙正规学习过

（2）没上过学，曾经在寺庙正规学习过

（3）小学　　　（4）初中　　　（5）高中　　　（6）中专/职高

（7）大专/高职　　（8）大学本科　　（9）硕士及以上

（10）其他（请说明：_____）

45. 您配偶的汉语读写能力如何？_____

（1）能说、会读、会写　　　　（2）会说，但不认字

（3）不会说，也不会写

46. 家里孩子的上学情况_____。

（1）从未上过学　　　　　　　（2）有过退学

（3）有过中途辍学　　　　　　（4）正常上学

（5）其他（请说明：_____）

47. 您是否曾送孩子去寺庙学习？_____

（1）是　　　　　　　　　　　（2）否

48. 您的孩子学习普通话吗？_____

（1）学习　　　　　　　　　　（2）未学习

49. 您家有人参加过特殊教育培训吗？_____【访员注意：特殊教育培训是指政府针对中途辍学后返学的群体开办的培训班】

（1）是　　　　　　　　　　　（2）否

50. 在不考虑教育费用前提下，您对待孩子教育的态度是_____。

（1）必须读书　　　　　　　　（2）看孩子自己，想读就读

（3）无所谓　　　　　　　　　（4）没有必要

51. 您对目前政府提供的义务教育感觉如何？_____（若选（2）（3），继续回答第 52 题；否则，跳过第 52 题）

（1）不清楚　　　（2）不满意　　　（3）一般　　　（4）比较满意

（5）非常满意

52. 您对目前政府提供的义务教育不太满意的原因是_____（可多选）。

（1）提供义务教育的学校师资水平较低

（2）提供义务教育的学校教学质量较差

（3）提供义务教育的学校管理能力较低

（4）提供义务教育的学校环境及教学设施较差

（5）提供义务教育的学校后勤食宿较差

（6）家庭距离接受义务教育的学校距离较远

（7）其他（请说明：_____）

53. 您家参加了什么专业技术协会吗？（例如果树协会、牦牛协会等）_____

（1）有   （2）没有

54. 您家庭成员有哪些非农技能？_____

（1）无   （2）机械维修   （3）园艺   （4）木工

（5）电工   （6）开车   （7）其他（请说明：_____）

55. 您家庭成员是否参加技能培训？_____

（1）是，参加的项目是_____（如牦牛养殖、虫草挖掘等），具体的培训技能是_____（如生产技能、销售技能、健康生活技能等），主办方是_____（如政府、村委、第三方公司、村民自发组织等）

（2）否，没参加的原因是_____

四、个体宗教文化部分

56. 您家去寺庙的频率是_____。

（1）从来不去   （2）很少去

（3）每年去一次   （4）特别的宗教节日去

（5）每月去一次   （6）每周去一次

（7）每周去一次以上

57. 当缺乏资金时，您是否考虑向寺庙借贷？_____

（1）是   （2）否（跳过第58题）

58. 寺庙借贷能否满足资金需求？_____

（1）能   （2）不能

59. 您认为寺庙对产业发展是否有帮助？_____

（1）有，具体帮助是_____（如提供资金借贷、提供相关培训、提供销售渠道、精神鼓励等）

（2）没有   （3）不清楚

五、家庭收支状况部分

60. 2019 年和 2020 年家庭收入项目：

1. 工资性收入：

1.1 您家 2019 年外出打工的劳务工资为_____元，2020 年为_____元。

1.2 2019 年村干部工资收入为_____元，2020 年为_____元。

2. 经营性收入：

2.1 2019 年您家养殖收入为_____元，2020 年为_____元；您家饲养的牲畜或家禽的种类和数量（头/只）：（分别填 2019 年和 2020 年）

（1）牦牛_____，_____　　　（2）藏羊_____，_____

（3）犏牛_____，_____　　　（4）黄牛_____，_____

（5）奶牛_____，_____　　　（6）马_____，_____

（7）驴_____，_____　　　（8）骡_____，_____

（9）猪_____，_____　　　（10）鸡_____，_____

（11）鸭_____，_____　　　（12）其他_____，_____

2.2 2019 年您家的种植业（含粮食、经济作物和林业等）收入为_____元，2020 年为_____元。

2.3 您家同时兼职做生意吗？_____；如果是，一年大概能有多少收入？_____元/2019 年，_____元/2020 年

3. 财产性收入：

3.1 您家是否有房租收入和土地流转收入？

（1）有，分别是 2019 年_____元，2020 年_____元

（2）无

3.2 您家是否有村集体经济分红？

（1）有，分别是 2019 年_____元，2020 年_____元

（2）无

4. 转移性收入：

4.1 您家是否有收到政府补贴？

（1）是　　　　　（2）否（跳过第4.2题）

4.2 收到的政府补贴及金额：

（1）低保补贴2019年＿＿＿＿＿元，2020年＿＿＿＿＿元

（2）农业/牧业补贴2019年＿＿＿＿＿元，2020年＿＿＿＿＿元，大概每亩地补贴＿＿＿＿＿元

（3）养老保障2019年＿＿＿＿＿元，2020年＿＿＿＿＿元

（4）家电下乡2019年＿＿＿＿＿元，2020年＿＿＿＿＿元

（5）建房补贴2019年＿＿＿＿＿元，2020年＿＿＿＿＿元

（6）民政补贴2019年＿＿＿＿＿元，2020年＿＿＿＿＿元

（7）大病补贴2019年＿＿＿＿＿元，2020年＿＿＿＿＿元

（8）其他（请说明：＿＿＿＿＿）

（特别请注意：2019年和2020年已经申请了但还未能发放的补贴不算在内）

---

61. 2019年和2020年家庭支出项目：

1. 食品、饮水和饮料（包括把自家粮食折算成现金部分、饮酒等）支出总共是2019年＿＿＿＿＿元，2020年＿＿＿＿＿元。

2. 衣着服装支出总共是2019年＿＿＿＿＿元，2020年＿＿＿＿＿元。

3. 房屋居住（含房屋室内外装修，但不包括建房）支出总共是2019年＿＿＿＿＿元，2020年＿＿＿＿＿元。

4. 交通费支出总共是2019年＿＿＿＿＿元，2020年＿＿＿＿＿元。

5. 通信费（包括电话、电视网络费）支出总共是2019年＿＿＿＿＿元，2020年＿＿＿＿＿元。

6. 家庭设备、用品及服务（含家用电器、家具和类似理发等服务）支出总共是2019年＿＿＿＿＿元，2020年＿＿＿＿＿元。

7. 医疗保健（购买体育用品和保健品）支出总共是2019年＿＿＿＿＿元，2020年＿＿＿＿＿元。

8. 文化

——成年人的技术培训支出总共是 2019 年＿＿＿＿＿元，2020 年＿＿＿＿＿元。

——子女教育支出总共是 2019 年＿＿＿＿＿元，2020 年＿＿＿＿＿元。

9. 娱乐用品及服务（购买 DVD、磁带，看电影，旅游等）支出总共是 2019 年＿＿＿＿＿元，2020 年＿＿＿＿＿元。

10. 人情往来支出（如婚丧嫁娶、生日、满月酒、节假日红包等）支出总共是 2019 年＿＿＿＿＿元，2020 年＿＿＿＿＿元。

11. 宗教活动中的花费（寺庙捐赠等）支出总共是 2019 年＿＿＿＿＿元，2020 年＿＿＿＿＿元。

12. 购买牦牛的支出总共是 2019 年＿＿＿＿＿元，2020 年＿＿＿＿＿元。

13. 购买牦牛保险的支出总共是 2019 年＿＿＿＿＿元，2020 年＿＿＿＿＿元。

62. 您愿意将家中的牦牛出售吗？＿＿＿＿＿

（1）愿意（继续回答第 63 题，跳过第 64 题）

（2）不愿意（跳过第 63 题）

63. 您愿意出售牦牛的原因？＿＿＿＿＿（可多选）

（1）增加收入　　　　　　　　（2）牛太多养不起

（3）愿意卖掉少部分用于生活应急（4）风俗习惯

（5）其他（请说明：＿＿＿＿＿）

64. 您不愿意出售牦牛的原因？＿＿＿＿＿（可多选）

（1）是家庭成员的一分子　　　（2）不杀生

（3）家庭财富的一部分

（4）家庭社会地位的象征，牛越多越好

（5）其他（请说明：＿＿＿＿＿）

65. 您是否购买了畜牧保险（如牦牛保险等）？＿＿＿＿＿

（1）已购买，购买的种类是＿＿＿＿＿，其中政府补贴的比例占＿＿＿＿＿%（跳过第 66 题）。

（2）未购买

66. 为什么没有购买畜牧保险？＿＿＿＿＿（可多选）

（1）不划算　　　　　　　　　（2）不想买

（3）联系不到保险公司　　　　（4）没钱购买

（5）不了解　　　　　　　　　（6）其他（请说明：_____）

67. 假设每头牦牛将为您担保 100 元，请问您愿意支付的保费是_____元，您认为政府应分担_____元。

68. 您对畜牧险保险现状是否满意？_____（若选（1）（2），继续回答第 69 题；否则，跳过第 69 题）

（1）不满意　　　（2）一般　　　（3）满意

69. 对畜牧险现状不太满意的原因是什么？_____

（1）服务态度差　　　　　　　（2）出险不及时

（3）理赔效率不高　　　　　　（4）不容易获得理赔

（5）其他（请说明：_____）

70. 您消费时网络购物的频率怎样？_____

（1）经常网购　　（2）有时网购　　（3）很少网购　　（4）从不网购

71. 每个月平均网购消费金额大概是多少？_____

（1）[0，500]　　　　　　　　（2）（500，1000]

（3）（1000，2000]　　　　　　（4）（2000，+∞)

72. 面对较大支出压力时，您采取的解决办法是_____（多选，按照优先顺序填写）。

（1）政府救济　　（2）亲友借贷　　（3）寺庙借贷　　（4）外出打工

（5）发展产业　　（6）其他（请说明：_____）

73. 您对 2020 年从政府获得的各种补贴感觉_____（若选择（1）（2），请回答第 74 题；否则跳过第 74 题）。

（1）不满意　　　（2）一般　　　（3）比较满意　　　（4）非常满意

74. 您对 2020 年从政府获得的各种补贴不太满意的原因是_____（可多选）。

（1）金额额度小　　　　　　　（2）获得的补贴使用渠道受到限制

（3）发放程度复杂　　　　　　（4）申请要求高

（5）其他（请说明：_____）

75. 您对您家 2020 年收入状况是否感到满意？_____

（1）不满意　　　（2）一般　　　（3）比较满意　　　（4）非常满意

76. 您大概多久会去一次银行服务点？_____（若选择（5）（6），请回答第77题；否则，跳过第77题）

（1）一周以内 （2）一周以上至一个月以内

（3）一个月以上至三个月以内 （4）三个月以上至半年以内

（5）半年以上至一年以内 （6）从未

77. 您去银行服务点频率较低的原因是什么？_____（可多选）

（1）服务态度不好 （2）沟通不畅

（3）交通不便 （4）程序困难

（5）其他（请说明：_____）

78. 您家是否申请过小额信贷？_____（若选（2），继续回答第79、第80题；否则，跳过第79、第80题）

（1）是，金额为_____元 （2）否，想申请未申请成功

（3）否，不需要申请

79. 未申请成功小额信贷的原因是什么？_____（可多选）

（1）没达到贷款要求 （2）申请不来，不清楚申请审批流程

（3）放贷金额有限，无法满足所有申请人的贷款需求

（4）其他（请说明：_____）

80. 取得小额贷款的具体用途是什么？_____（可多选）

（1）小额日常消费 （2）耐用品等大额消费

（3）婚丧嫁娶 （4）看病

（5）出去打工的准备金 （6）还旧债

（7）借给亲戚朋友 （8）借给其他人

（9）通过借出给民间金融组织获取利息

（10）农业生产经营

（11）寺庙捐赠

（12）其他（请说明：_____）

81. 除了向银行贷款，您还通过哪些渠道借钱？_____（可多选，按优先顺序填写）

（1）亲朋好友 （2）寺庙组织

（3）民间金融组织 （5）其他（请说明：_____）

六、主观感受及帮扶评价部分

82. 您对自己目前的生活状况是否感到满意？_____

（1）不满意　　　（2）一般　　　（3）比较满意　　（4）非常满意

83. 您是否认为自己的收入不稳定、存在返贫风险？_____

（1）是（原因）_____　　　　　（2）否

84. 您之前参与扶贫项目和技能提升项目的情况是（比如当政府大力支持并推广现代化种养殖技术时）_____。

（1）不愿意且无能力参与　　　　（2）不愿意但有能力参与

（3）愿意但无能力参与　　　　　（4）愿意且有能力参与

85. 您是否愿意参与后扶贫时期的技能提升项目？（比如参与种养殖业技能培训班、小额信贷、股份制合作等）_____（若选（1）请回答第86题；否则，跳过第86题）

（1）不愿意　　　（2）不确定　　　（3）比较愿意　　（4）非常愿意

86. 您不愿意参加后扶贫时期的技能提升项目的原因是_____。

（1）已经脱贫，不需要加入项目　　（2）已掌握相关技能，无需参加

（3）没有时间　　　　　　　　　　（4）其他（请说明：_____）

87. 您对脱贫前政府扶贫政策的满意度如何？_____

（1）不满意　　（2）不了解　　（3）一般　　　　（4）比较满意

（5）非常满意

88. 您是否对脱贫前的政府扶贫政策有建议或意见？_____

（1）是，_____　　　　　　　　（2）否

89. 您对帮扶干部的满意度如何？_____

（1）不满意　　（2）不了解　　（3）一般　　　　（4）比较满意

（5）非常满意

90. 您是否愿意从事帮扶干部宣传的相关产业？_____

（1）不愿意　　　（2）一般　　　（3）愿意

91. 您家近期的经营发展计划是_____（可多选）。

（1）扩大牲畜养殖规模计划　　　（2）扩大种植规模计划

（3）扩大生意规模　　　　　　　（4）扩大采摘业规模，如虫草等

（5）未来打算外出务工　　　　　（6）其他（请说明：_____）